U0022501

國立中央圖書館出版品預行編目資料

鄉村發展的理論與實際/蔡宏進著.--初版
.--臺北市：東大發行:三民總經銷
，民82
面；　公分.--(滄海叢刊)
ISBN 957-19-1494-0（精裝）
ISBN 957-19-1495-9（平裝）

1.鄉村

545.5　　82000996

著　者　蔡宏進
發行人　劉仲文
財作財產權人　東大圖書股份有限公司
總經銷　三民書局股份有限公司
印刷所　東大圖書股份有限公司
地址／臺北市重慶南路一段
六十一號二樓
郵撥／〇一〇七一七五——〇號
初　版　中華民國八十二年三月
編　號　E 54031
基本定價　伍元伍角陸分
行政院新聞局登記證局版臺業字第〇一九七號

ISBN 957-19-1495-9（平裝）

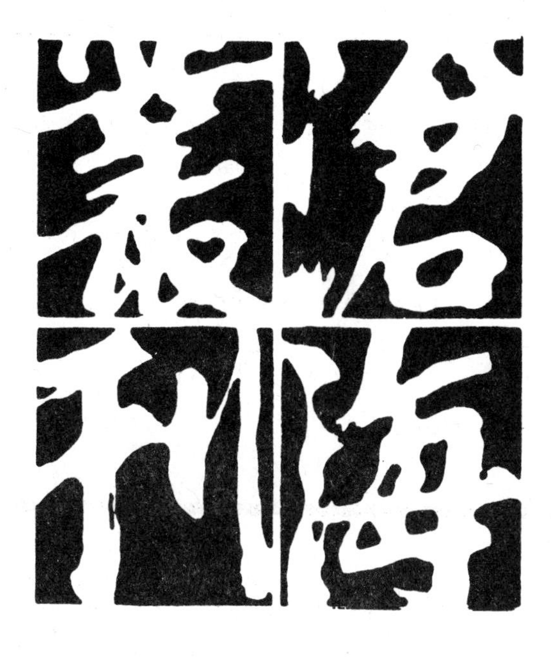

鄉村發展的理論與實際

蔡宏進 著

東大圖書公司印行

自 序

這是一本兼顧鄉村發展理論與臺灣地區鄉村實際發展的書。書中所談理論不是取自他人的發明，而是作者所自創；也不是集中於某些理論的發揚，而是將鄉村發展的廣泛面相、過程之現象與性質，給予概念化，進而從中凝聚理論概念。所述的理論與實際，涵蓋多種層面，包括鄉村發展過程中的問題與策略，故也是複雜性與整合性的觀點。

本書論述的理論與實際的鄉村發展層面，涵蓋農業生計、農村社區、農家生活、農民組織、鄉村工業以及農民休閒與福利等等範圍，目的在使讀者能從較廣濶的角度與眼光去了解鄉村社會與經濟的發展性質。

鄉村社會經濟發展事務的理論與實際情況之所以值得研究和闡揚，重要的理由有三：第一，發展與進步是人類所追求的重要目標，也關係國家的富强和人民的幸福。二十世紀中葉以後，學術界較有能力也較普遍地用心為社會經濟發展著書立說，各國政府也因應國民的要求，致力於國家社會發展的事務上，包括都市與鄉村的不同地區，也包括經濟、社會等不同的層面。第二，鄉村地區在發展上一向都較為落後。在落後國家，其發展的落後往往是政治動亂的根源，因而政府不得不去加以注意、改善，並致力其發展。在較為開發的國家，也因為基於公平正義的原則而不得不用心投入鄉村發展，以免有失公平與正義，成為開發進步上的缺失和恥辱。第三，政府的施政或公共事務有一大半是涵蓋鄉村地區，此一廣大地區的行政與發展事務錯綜複雜，必須經由用心地研究其過程——包括對現象的了解、問題的分析、策略的研擬與施展、理論的建立與應用等。學術界有職責從事這種學問的研究，以協助鄉村社會的公共行政與發展事務之推行。

有關鄉村發展理論與實際的研究或文獻很多，這些理論或實際現象與問題的探討，都是各國特殊鄉村背景下的產物。由於各國鄉村社會所處的生態、政治、社會及經濟等環境條件不同，所要探討的重要發展事項、問題的性質與策略方法也各有其特殊情形。臺灣地區在過去二、三十年間，有其特殊的時空背景，也有其特殊的社會、經濟及政治環境與條件，因此我們鄉村發展的現象、歷程、問題與策略也有特殊之處，與較開發國家或較落後國家頗有差別。本書所述的理論與實際情況，都是立基於晚近臺灣地區的鄉村發展基礎上，累積了點點滴滴的現象、歷程、問題與策略等的事實與理論概念。此一記錄除可供為了解過去臺灣鄉村發展的軌跡之外，也可作為探討今後臺灣鄉村發展方向的里程碑。身為國際體系的一環，臺灣鄉村發展的經驗，也可供為他國有類似經驗者作比較，或供為他國發展走向的參考之用。

自從國立臺灣大學農業推廣研究所於四年前設立博士班以來，即將鄉村發展的理論與規劃作為博士班學生的必修課程之一，在本系多門有關鄉村發展的課程中，本課程是直接以較綜合性的角度及較理論層次的方式來探討鄉村社會發展者。本書的出版也可作為此門課程的參考讀物之用，期能藉此了解鄉村發展的理論與實際，並增進鄉村發展的規劃能力。

蔡宏進　序於國立臺灣大學農業推廣學系

民國八十二與二月

鄉村發展的理論與實際

目　次

第三篇　鄉村社區與農家生活的變遷和發展

第四篇　農民基層組織的發展與運用策略

第五篇　今後鄉村發展的趨向

第一篇

鄉村發展的理念

壹　鄉村發展的概念、理論與實際

一　基本概念

何謂鄉村發展？有何重要性？範圍、策略及方法如何？這些都是研究鄉村發展所需知的基本概念，將之敍述如下。

(一)何謂鄉村發展

對於鄉村發展的定義，各家的說法大同小異，但也各略有所專與所偏。世界銀行所下的定義是：鄉村發展是一種策略，擬用爲改進鄉村貧窮人民的社會經濟生活。發展的利益延及在鄉村中尋求生活的最貧窮團體，包括小農、佃農及無土地者（1975a,3）。世界銀行很強調鄉村發展的目標在增加生產、提高生產力、增加就業、動員可用的土地、勞力及資本，同時也注重消減貧窮及所得的不均等。發展的層面則顧及生活的價值與品質。

David A. M. Lea 及 D. P. Chaudhri，鑒於大多數開發中國家的鄉村經濟與社會條件百病叢生，且各種問題都糾結在一起，於是對鄉村發展提出整合性的觀念，把整合的鄉村發展（Integrated Rural Development）之目的看爲包括：(1)改善鄉村大衆的生活水準，保障其基本安全及對食、衣、住以及就業等的基本需求；(2)增進鄉村地區的生產力，免受自然的災難，並改進與其他部門的互惠關係；(3)提倡自立的發展計畫，並使大衆都參與發展的計畫；(4)保障地方的自立性及減少對傳統生活方式的干擾（Lea and Chaudhri, 1983, pp.12～13）。

因爲鄉村中待發展的事務繁多，故學者專家對於鄉村發展的內涵認爲是整合性的，也是多面性的（Multidimension）。任何一項鄉村發展計畫也是多重目的的。廣義的鄉村發展涵蓋了社會、經濟、文化、政治、教育等多方面水準之提升。發展的目的除了改善鄉村居民的生活條件外，應也可提升國家的文明水準。

Inayatullah 在其編印的《鄉村發展的研究，亞洲的若干經驗》(*Approaches To Rural Development, Some Asian Experiences*) 一書中，把鄉村發展的意義着眼於三方面：(1)將之看爲是傳播適當及改進農場技術的過程；(2) 是傳統鄉村社會結構中的人民接觸外界而產生新技術與新態度的過程；(3) 把鄉村發展看爲是包含技術、社會、文化與政治等因素的複雜過程 (Inayatullah, 1979, pp.7～8)。此外，Raanan Weitz 也在其編印的《變遷世界的鄉村發展》(*Rural Development in a Changing World*) 一書中指出，鄉村發展着重在低度開發國家尋找使能促進發展過程的策略。當前最着重在經濟成長與人力發展理論的研究（Weitz, 1971, p.1)。

(二)鄉村發展的重要性

晚近鄉村發展的概念及行動在開發中國家普遍展開，乃有其必要性，其中最重要的理由是，鄉村地區的社會經濟條件都相對落後，許多鄉村地區非常貧窮，極需要藉着計畫性的發展行動，來克服貧窮與落後的問題，求能改進人民的生活條件與人性的公平與尊嚴。

鄉村發展的重要性也可由發揮國家資源的利用之觀點而視之。鄉村中蘊藏土地及人力等重要資源，若未予開發利用殊爲可惜，形同浪費。若加以計畫發展，是可提升國家的社會經濟水準，並增強國力。

在許多國家大規模的鄉村發展計畫是區域計畫下的一部分。區域計畫除了着重發展鄉村以外，也注意都市的發展。兩者構成區域計畫與發展的兩大項目。而區域發展計畫的最主要目的在於促成區域間發展的平衡性以及區域內鄉村與都市間發展的合理性與平衡性。

在政治較不安定的國家，政府以政策性推動鄉村發展的重要目的常是政治性的，期望藉着擴展鄉村發展以阻止政治的亂源，安定國家的政治。在這些國家，鄉村地區與都市地區的發展差距原很巨大，容易引起鄉村人民的不平與不滿，故也易爲反政府的革命勢力所煽動與控制。經由鄉村發展計畫——如推動土地改革等措施，使貧農獲有土地所有權，並增進其工作與生產的動機與能力。改善其經濟條件常可獲取意想不到的穩定政治之功效。

(三)鄉村發展的範圍

鄉村發展有異於其他的發展概念與計畫，故其有特殊的範圍，可分成地域的範圍與內容的範圍而大方面觀之。就地域範圍言，其發展計畫實施與受惠地區主要在鄉村，廣泛的鄉村蓋及所有非都市的地區，包括村落、集鎭及其外圍的開放土地 (open land)。發展內容的範圍則甚廣泛，包括社會性的、經濟性的、政治性的、文化性的、教育性的、娛樂性的、宗教性的等各種不同生活層面的發展等。其中經濟方面的發展內容常是最基本的，此與求得溫飽舒適的經濟生活是人類較基本的需求有關。許多國家在規劃及推動鄉村經濟發展時，不外是圍繞在農業發展及工業發展兩大方面進行，也即以兩方面的發展爲主要範圍。

(四)鄉村發展的重要策略

不同國家的鄉村發展各有其重要的策略，但最常見的是採用農業發展與工業發展爲鄉村經濟發展的策略。又在農業發展的策略下，更具體的發展策略與方法有農地改革、土地重劃、農業技術改進、增強農民組織、改善運銷系統、健全金融制度、訓練與教育人力資源、改善灌溉排水及道路交通運輸等基礎設施等。在發展工業方面重要的策略，則包括開發鄉村工業區，便利在鄉村地區設廠，實施優惠的稅制及資金流通等辦法以吸引資本下鄉、加強人力訓練、加強管理、增進效率、減少災害，以及改進公共建設等配合性措施等。

至於在非經濟性的發展項目下，也都含有更細項的合適策略與方法，例如，爲發展鄉村醫療衞生條件則可考慮採行設立醫療機構、充實醫護人員、實施健康保險、改進人民的衞生能力與習慣等。

從研究的立場看，對每種策略的關係事項的性質都應加以分析與檢討。需要分析與研究的發展策略性質包括目標、可行性、配合事項及成效的預期等，至於發展目標的關聯事項則還應包括影響因素等。在亞洲國家最常見的三個重要的鄉村發展目標是：(1)提高農業及鄉村的生產力；(2)提升或維護社區的團結與合作；(3)平等的制度化及減少不平等（Inayatullah, 1979, p.15)。

(五)衡量鄉村發展的重要指標

爲便於衡量一國之內在一定時間內重要鄉村發展的成效，或爲便於比較不同國家間鄉村發展的異與同，研究者常需要將鄉村發展列成若干具體的指標，而重要指標的選定係根據鄉村發展的定義及概念而來。在亞洲國家最常用的一個有關鄉村發展的定義是：提升鄉村人民控制環境的能力並藉以增進益處。又依此定義，則重要的發展指標約有七項即：(1)生產力的改變，如每甲土地的產量；(2)農村就業及失業的改變；(3)收入及財富分配的改變；(4)權力結構的改變，特指鄉村人民對地方性及全國性政府決策的影響力之改變；(5)地方階級結構的改變；(6)對控制較大環境的價値、信仰及態度的改變；(7)對接近福利服務之改變（Inayatullah, 1979, pp.12～13）。

二　鄉村發展的理論

鄉村發展的理論因着眼要點不同而有多種，本節摘其重要者述要於下：

(一)鄉村發展的認定與設計論

亞洲開發銀行（Asian Development Bank）於1978年出版《鄉村的亞洲，挑戰與機會》(*Rural Asia, Challenge and Opportunity*）一書，其中有專家討論鄉村發展的認定與設計（Rural Development, The Concept and Design)；堪稱爲有關鄉村發展概念的基本理論之重要者。這項理論的架構分爲：(1)範圍與取向(Scope and Orientation)；(2)社會政治環境與鄉村發展的關係(The Socio-political Milien and Rural Development)；(3)操作指南（Operational Guidelines）等三方面。

1.範圍與取向

在開發中的國家，鄉村發展成爲國家發展的一個重要環節，甚至是最主要的發展項目。其所以重要乃因鄉村地區普遍貧窮，極需要發展並改善。如果鄉村的地區沒有發展則整個國家的發展成果也無法為多數人所享有。

在發展的過程中，領導者往往先受到好處，而後逐漸延及其他人。在鄉村發展的過程中也是先由一小部分人獲得好處後，進而再傳及其他的人。事實上鄉村中的許多窮人常未參與發展的過程。鄉村發展的目標就是要發動這些被動的多數人參與經濟的發展與社會的進步。

當前亞洲等開發中國家，農業結構上普遍都包含許多小農或貧農，有必要由土地改革來改善其貧窮問題，但各國的情況不同，鄉村發展方案也應有差異。一般除從制度上加以改革外，也應改變技術及組織等。總之，鄉村發展的目標在於提高窮苦農村的生產力，以及促使窮苦的鄉村居民也參與發展計畫的設計與執行。

2.社會政治環境與鄉村發展的關係

亞洲國家的鄉村發展在其政治與社會條件上都有其限制，致使其目標與實際成效之間都有距離，重要的限制因素是：(1)人口增加太快，用去許多資源於生產糧食以供應消費之需要；(2)經濟發展受到知識不足所阻礙；(3)鄉村發展計畫缺乏國家政策的串聯。

3.操作指南

鄉村發展的操作指南共有五項重要者：(1)注重鄉村居民參與發展策略，使鄉村居民了解並提出需要，不能單由上方的設計來推行而不顧及地方需求；(2)把發展計畫制定成具體的方案，並成為社區的行動方案；(3)考慮選定在具體的地區推行，並應有具體的推行地點、受益團體、執行機關及推行策略等；(4)使小農、農家僱工等確實受惠；(5)建立地方性的農民組織，使地方民衆也能參與行政上的決策。

(二)現代化過程與鄉村發展的人類學理論

Jack M. Potter 在一篇論〈開發中國家現代化過程與鄉村發展之人類學觀〉(Modernization Process and Rural Development in Developing Countries: An Anthropological View) 的論文中，論及傳統的鄉民社會結構如何受到現代的文化、社會、經濟與鄉村發展計畫之影響。理論架構共分四大部分：第一部分是有關現代化的過程，作者先指出鄉民社會的文化、技術、科學及理念變遷一方面係受西方工業化國家的影響，另方面則受本國的優異分子所影響。變遷過程始於幾個世紀以前，但至本世紀時速度爲之加快。而變化的過程在國家層次及村落層次上都同時在進行中。在現代的社會，鄉民對於舊時的貧窮、無知及多病的生活方式不再嚮往，而普遍企望能過着都市化的生活。工業化及都市化，使鄉村人口的出生率下降，生活改善，尊嚴也爲之增加。都市工作機會增加，鄉民乃紛紛遷移進入都市。初到都會時有不能獲得適當就業的問題，但久之乃獲得更多的經濟機會，生活便可獲得改善。隨着工商業的發展，農業也商業化。此外，鄉村中的優異分子也計畫改變農民行爲，包括使農民改進農業技術、改進衞生設施及實行節制生育等。重要的鄉村發展計畫則包括鄉村推廣教育及社區發展等。

在工業化的初期農業經濟支援工業所需要的資本及人力。工業化與現代化也促使鄉民的生活與職業團體緊要地連結在一起，並促使鄉民的成就慾望提高。擴展式的家庭與氏族組織式微，逐漸變爲較小規模的核心家庭以利在工業社會中的流動。在傳統的社區，風俗的社會控制力量也逐漸爲科層性的法律及政治體系所取代。

世界上從鄉民社會變到現代社會的途徑，有兩種重要的不同的模式: 其一是在自由放任式民主架構的情況下轉變者，如十九世紀的西歐國家及當前印度的轉變；第二種方式是共產制度下的途徑，包括蘇聯、東歐、中國大陸、北韓及北越等。

Potter 理論的第二大部分是有關鄉村發展的階段性質。在多年的傳統社會，鄉村發展前的準備性社會變遷的情況是相同的，首先是由新優異團體經獲取政治實力來增進改進社會的動機，並由促進鄉村居民的政治改善來推動鄉村發展。土地改革是重要的步驟。由土地改革來減弱舊地主勢力，並使農民與新社會及政治秩序相結合。土地改革後鄉村社會逐漸由新興的農民中產階級所支配，鄉村的生活水準普遍提高。往後的鄉村發展則以領導在優異分子的理念爲指導，民族主義與社會主義常被採用爲政策的依據，而計畫的內容則包括農場形態、鄉村工業發展及鄉民的參與發展等。在鄉村現代化過程中也需要決定工業發展的模式。重要的選擇有三種: (1)強調重工業的發展，把農業置於次要；(2)農工業的發展並重；(3)推展輕工業的成長。

理論的第三部分是關於標準化鄉村發展模式的困難。這種發展模式主要係傳自西歐及日本，對許多開發中國家並不實際。一般看來這些國家都太強調農業發展，故對城市居民不能提供就業機會，以致自鄉村移往城市的人口在城市中製造了嚴重的社會及政治問題。在鄉村中的手工業不能滿足新消費者的需要。工業發展往往不夠快速，以致無法吸收農村中的就業人口。未來這些國家工業化的前途也不可觀，農村人口只能多數停留在原地。當前開發中鄉村發展計畫的另一些重要問題是技術、社會及觀念變遷與實際的不相配合。目前這些國家仿照以往西方國家的發展路徑是被誤導了，因爲兩種社會的條件，是很不一樣的。

第四部分的理論是有關人類學者對鄉村發展的貢獻。人類學者對於鄉村發展設計者所能提供的最主要協助是幫其了解變遷中的文化情節及預測其與別的部門人員的關聯性。由是發展計畫能不違社會文化秩序，而更易成功。最近人類學者對農民人際關係的研究結果指出農民對社區的外來事物普遍仍有疑問，且不十分合作，影響發展計畫者對於鄉村發展的領袖人才的發展及合作組織發展計畫需要更謹愼從事。此外，人類學者對農村與外界密切關係的分析也甚有助於發展計畫者作更適當的發展計畫。鄉村發展計畫必須與都市計畫相連結，且要與整個國家的經濟及政治發展計畫相結合。總之，人類事業可幫助發展計畫者提供有關鄉村社會的社會、文化及經濟性質的資料，供爲計畫之用，也可參與考評計畫的實施成效。

(三)農業與工業在鄉村發展中角色及相關性的理論

Joseph Klatzmann 在一篇論〈開發中國家的農業及工業〉(Agriculture and Industry in Developing Countries) 的論文中，強調在開發中國家要促進經濟發展應以農業發展爲先決條件。然而工業發展仍是這些國家經濟發展的重要目標。在理論中作者指出開發中的政治領袖鑒於已開發國家的經驗中，工業化是有效的經濟發展策略，乃認爲應由工業發展來促進本國的經濟發展。但在這些貧窮的國家要發展工業卻很缺乏資本，由發展農業增進農業生產則可增加農產品輸出、累積資本、增加外滙，以購進工業設備，幫助工業化的推展。農業發展也可增進國民的營養，增進體力，爲利於工業生產效率的提升。農業現代化使農業勞動生產能力提高，可以推出部分農業勞動力參與工業生產，包括全面轉業或變爲從事半農半工的職業。此外，農產品的出口也可換取工業的生產材料，由此可見農業發展是一種工業投資。

至於農業發展的目標，首先應注意到生產機會是很基本的重要目標，其次是生產工業加工原料，工業部門也應配合生產農業所需的生產財物，包括肥料、飼料及農藥等。要發展農業則也需要發展農產品的運銷組織、設施與服務等。農村中公共設施的建設也直接有助於農業及工業之發展，故也應看爲農業發展目標之一。爲使農業人口穩定，減少其外流至都市，則將工業引進農村也是重要的策略目標之一。爲使農業發展有效，則由發展農業試驗研究與推廣以推進農業之發展，也是重要有效的途徑。

按開發中國家以外地區的經驗，在英國也是先有農業革命，而後才有工業發展，蘇聯則在工業化以前並未注重農業發展。爲達成經濟的高成長率，故工業在短期內常以生產投資材爲重心，但長期以觀，就較有能力生產消費產品，日本的發展經驗，與此種理論相符合。

總之，Klatzmann 的理論強調農業在鄉村發展中的重要地位，但他也強調爲使鄉村有效發展，也應注意以農業發展成果來支持工業發展。

曾經爲農工業在鄉村發展上的角色提出理論概念的學者還有不少，其中 Gahriele Pescatore在一篇論〈工業在鄉村地區發展上的角色〉(The Role of Industry in the Development of Rural Areas) 之論文也有精闢的理論。他所指的工業之重要角色約可歸納成五點：(1)工業發展刺激農業部門更有效率調整作物結構，並更合理利用生產因素；(2)工業發展促進農產品的加工與運銷，有助於農業與工業間的整合，增進農業技術及經濟效率；(3)工業與農業爭用水等稀少性資源，影響農業對於這些資源的利用作更合理的配合；(4)工業因素的介入影響鄉村區域內的農業地帶需與工業作適當的配合與計畫，因而影響農業發展的計畫等決策需考慮更多的因素（Pescatore, 1971, pp.104～112)。

(四)鄉村組織在鄉村發展中角色的理論

亞洲發展及行政中心 (The Asian Centre for Development Administration, ACDA) 爲能了解組織在鄉村發展中的角色，乃於1977年在馬來西亞吉隆坡召開一項研討會。會後將論文摘要出版成書，對於組織的角色作成許多理論性的概念。綜合各專家的看法，鄉村組織在鄉村發展中的角色可分四方面說明，即 (1)衡量鄉村組織成就的標準；(2) 鄉村組織的功能與問題；(3) 決定鄉村組織成效的因素；(4)強化鄉村組織的途徑。

1.衡量鄉村組織成就標準的認定

鄉村組織有否成就與表現可用三種標準加以認定與評估，即: (1)依組織的特殊目標爲評估依據；(2)依國家的鄉村發展政策目標爲評估依據；(3)看是否達成增加農業生產力及所得有無提供福利服務，以及利益是否公平分配等。

2.鄉村組織的功能及問題

綜合各國鄉村組織的功能性質，發現功能不少，但問題也多。重要的功能可列舉爲: 促成家庭生命保險，增進成員的資產，擴展活動等業務，助長農業生產，影響與支配地方領袖，協調農民的活動，促進國家安全，增進非正式關係，協助實現國家的鄉村發展政策，減少地方衝突，提醒農民對政治的覺醒，增進鄉村人民的政治參與，促成社會變遷，改善鄉村環境，以及改善鄉村人民與政府的關係等。至於鄉村組織在功能上存在的問題也多，在東南亞國家普遍存在的問題是工業化的社會組織之存在常處於兩難的情況，一方面是有推動建設發展的任務，另方面則對政府、國家社會的安全會有威脅。此外，這種組織普遍為優異分子所領導與支配，貧苦的農人能參與的程度極低，組織太牽就政治的目的，於是少能發揮服務貧困鄉村人民的目的，許多組織甚至已接近死亡，也難產生功能等 (APDAC, 1977, pp.15～28)。

3.決定鄉村發展成效的因素

重要的決定因素有四項，即：(1)國際環境；(2)政府的政策；(3)科層制的角色；(4)地方的權力結構。許多國際性的組織都致力於鄉村發展工作，也有助於各國鄉村組織的形成並發展各種功能。重要的這種國際組織包括：聯合國糧農組織(FAO)、國際勞工組織(ILO)、世界衞生組織 (WHO)、國際文教組織 (UNESCO) 及 UNIDO、UNIICEF 與 UNFP、IBRD、ADB 等。這些國際性機構給予開發中鄉村組織的經費援助，有助於鄉村組織發生效能，但其宗旨與目標則太西方化，或太強調本身的目的，常不易與許多開發中國家的期望相符合。

一國的政策對鄉村組織成效的影響也很大，有些政策較鼓勵鄉村人民的活動與參與，有些政策則為求社會及政治的表面上的安定，對鄉村組織的活動採取干預與阻擋，這對鄉村組織的功能有反向的影響。

政治、貿易及國會等其他大型組織的複雜科層結構與鄉村組織相互影響。而這種關聯因國家大小而有差別。鄉村組織的目標越多，受科層化的影響也越大，工業化程度越高的國家，科層制加深，鄉村組織的功能也擴大，尤其是從經濟性的擴展到福利性及服務性的等。此外，科層制也可能影響鄉村組織更依賴性或趨於失敗。其實科層制也可能培育鄉村組織，在政治科層結構中，來自鄉村者將會較關切鄉村的組織及鄉村發展，否則便較不關切。

鄉村權力結構對於鄉村組織的影響可見於權力結構中的優異分子也掌握並控制了鄉村的組織。鄉村的權力結構也控制並影響生產結構、就業分配及土地所有權等。鄉村中的優異分子也會創造出鄉村的組織。鄉村中權力團體之間不能和諧也可能衝突，不和諧的權力結構性質必也影響鄉村組織的衝突性。

4.強化鄉村組織的途徑

從政策的觀點看，重要的強化鄉村組織使其能增加鄉村的生產力，增加鄉村收入水準及減少收入差距等的途徑有多種：(1)分散政治權力及行政的決策；(2)發動志願性的組織；(3)建立村里的建設委員會之類的組織，委員要定期改選；(4)給公民及軍隊教育有關鄉村組織的理念；(5)有規則的考評鄉村組織的發展功能；(6)補助鄉村組織所需經費及給其更多的決策權；(7)連結並協調各種已存在的組織；(8)對農民以生產性組織應給其獎勵；(9)訓練組織的人力及領袖；(10)運用政府以外的地方資源於鄉村組織的運作上；(11)分散權力，使組織能多作反應；(12)鼓勵鄉村優異分子加入組織；(13)協調各種鄉村組織；(14)促使鄉村居民獲得實際利益等好處；(15)給予適當的鄉村組織處事的權力；(16)訓練組織的工作人員，使其更能相互支援；(17)舉辦有關鄉村組織的座談會，使民衆了解如何投入；(18)改善鄉村中窮人的條件，使其覺醒並參與鄉村的發展活動；(19)強調社會政治及文化因素對鄉村組織成就及鄉村發展的效率（APDAC, 1977, pp.44～49)。

三　臺灣的鄉村發展

戰後臺灣的鄉村發展一向爲政府及民間所重視，在政府方面一向把鄉村發展當爲行政的重要部分之一，早前政府設有農村復興委員會，簡稱農復會或 JCRR，以中美基金專款推動農村的農業及衞生等多方面的發展，後來把農復會改組，併入行政院內，成爲行政院的一分支部門，專司鄉村建設事務，在省則以農林廳爲推動鄉村發展的最主要機構，至於民間參與鄉村發展事務的部門，則以農民所組成的各種合作組織以及企業家在鄉村投資設立工廠最值得一提。有關鄉村發展的內容則大致可分三大方面說明，卽農業發展、工業變遷及生活方面的改善等。在本文的前面章節中對於臺灣農業技術變遷及鄉村工業化的過程已略有說明，但都較偏重政府的政策性措施，於此對於農工業發展過程中，民間的參與及鄉村居民的生活改善與其遭遇的問題等再作分析與說明。

(一)農業發展的過程

過去約四十年來臺灣鄉村的農業發展者就技術方面看，有相當可觀的成就，各種進步的農業技術不斷地創新與採用，農業生產效率也曾達舉世注目的境界，成爲許多發展中國家的楷模。在農業發展過程中，農民的勤奮與積極曾表現過可圈可點的優良績效。農民也經由參與農會及水利會等團體組織，克服許多以個人的力量所難以克服的困難問題，由是臺灣的農地複種指數曾經提高數倍，單位土地生產力也發揮到極高點。農業生產結構也逐漸變爲更精緻及更可獲得較高收益的性質。

然而農業的發展也曾由盛而衰，農民的生產動機出現過減低的變化現象，單位土地面積產量及農業總生產量與生產值也都曾有下降的變化，農民所得相對低降。這種現象尤以1970年代以後更爲明顯。檢討原因，有不可抗拒的先天性條件不足的因素，但也有因人爲政策上的疏失所造成。就前者而言，則在官方及較大部分專家的解釋主要是農場面積狹小，資金不足以及工業快速發展之故。就政策上的疏失方面看，最受批評之點是，自從土地改革完成以後，政府的經濟政策明顯地轉向側重工業及貿易商業發展，財政的分配除一向以國防為重外，自然也偏向工商業方面的投資，長期間以來農業建設方面所分配的財政相對偏少。農業成為支持工業發展的工具性手段，農產品價值採行低價位的穩定政策，農民所得更加偏低，到了晚近世界經濟曾趨向自由化與國際化，臺灣的輸出物以工業製品占大部分，且每年貿易的出超額有加多趨勢，導致貿易伙伴國家，尤其是美國施以向臺灣輸出農產品的要求與壓力。又因我國的外交環境艱困，農產品缺乏外銷出路，更導致本地所生產的農產品的利潤下降，甚至無利或虧損，農民漸難能依賴農業立足與維生，農民及其子弟紛紛轉業或外移，農業發展乃面臨了前所未有的困難。其前途與去路也面臨了存亡的分歧路口，由保守的政策性看法，則認為農業仍然應該維護，藉以穩定糧源，維護國家社會的安全。但若考慮農民也要生存與生活，則政府的農業改革實也必要改弦更張，由實施大幅度的補貼及保護入手，農民才能免於虧損與苦難，農業也才能獲得生存。

(二)鄉村工業發展的過程

晚近臺灣的工業受政策上的支持與鼓勵而快速發展，發展的方向也廣及鄉村地區，鄉村人民在工業上的就業機會增多，從工業方面獲得的收入逐漸超過得自農業方面的收入。當前農民總收入中平均約有三分之二來自工業等非農業部門。鄉村家庭與人民參與工業生產的情形是多半的年輕子弟都完全轉移到工商業部門或其他的非農事業，成為非農民。較年長的農人則也有不乏成為半工半農的工作者。

在鄉村地區設立工廠從事工業生產者，有來自都市的資本家，也有由生長及分布在鄉村的農民或其子弟改變而來。鄉村工廠所得的利潤雖一大部分流入了都市，但在鄉的工廠工人所賺得的工資都存留在鄉村，成爲投資農業及改善生活的費用。鄉村工業乃直接幫助了鄉村經濟的再生及繁榮，但卻給鄉村地區帶來相當嚴重的環境污染問題，預計未來臺灣鄉村的工廠數量將會繼續增多，污染問題也將會更加嚴重，極待更加努力防治。

在鄉村工業化過程中可能發生地區間發展速度不均等的問題，接近都市及交通要點的地方，發展的速度通常比遠離都市及交通不便的地區較爲快速，故要由推行鄉村工業化來均衡鄉村人口及人力分布的目標不易達成，唯卻也有助於緩和人口流入都市的作用。鄉村工業化過程中遭遇的問題是有不少。

(三)生活改善的過程

過去臺灣鄉村人民的物質生活方面頗有明顯的改善，這與其收入水準的提升直接有關，其大部分的所得，並非來自農業，反而從工商部門賺進不少工資爲營利收入。

在生活改善方面，鄉村人民自會自己設想專由模仿他人的方式進行，但也因有機會接受多方面的生活改善推廣人員，其改善的速度乃能更爲加快。在鄉村中展開生活改善指導的工作人員主要有兩類：一種是各農會等機關的家政指導員，由其幫助農家婦女照顧嬰兒，改善厨房設施及炊煮技術和家庭生活的衞生等；另一種是家庭計畫訪問及指導人員，由其幫助農家婦女實施生育節制，此外還有巡廻鄉村從事義務診療的醫護人員及從事傳教的宗教人士，都對於鄉村人民的生活改善有直接的幫助。大衆傳播媒介如電視報紙以及離鄉外出工作的人口等，對於鄉村人民生活改善的影響也都功不可沒。

鄉村人民在生活上較明顯的改善之處有：翻新住宅、改進食物品質、享有更多的衣物及家電用品、衛生環境設施以及旅遊的機會等。

鄉村居民的絕對性生活程度只有提升的趨勢，但因所得相對偏低，故其與都市居民在生活上的差距，並未能有效縮短。目前部分鄉村中許多必要的現代生活設施與服務仍有缺乏的問題，尤以醫院設施及良好醫護人員缺乏的問題較爲嚴重。

晚近鄉村中獨自居住因而缺人照料的老人問題也越趨普遍，需要由發展醫療保險，加強對老人及其他社會服務來謀求改善。

鄉村人民在生活上面臨的新問題之一是：嗜好賭博性投機行爲。由簽各種彩券謀求幸運而貪圖利益，因各種惡習而致於破產者有之，更不幸者可能於破產後自殺者有之，也有人因爲偶發橫財而遭人暗算，可說是生活改善過程中一大敗筆與污點。很必要由鄉村人民加以反省與改進。

鄉村人民在改善物質生活過程中偶而有幾近浪費的情形。最常見在慶神活動或行婚喪之禮時，過度舖張，其消費支出常遠超過所能負擔的能力。常於事過之後負債累累，困擾不堪，故很必要由更改習俗，以求長期穩定的生活改善。

參考文獻

一、中文部分

1. 黃大洲，《鄉村建設文集》，環球書社印行，民國六十八年。
2. 楊懋春，《近代中國農村社會之演變》，巨流圖書公司印行，民國六十九年。
3. 蔡宏進，《臺灣社會的發展與問題》，漢新出版社印行，民國七十二年。
4. 蔡宏進，〈臺灣現代化農村之設計研究〉，農業會研究報告，民國七十年。
5. 蔡宏進，〈農村社區規劃與改進〉，刊於《臺灣經濟》，第一〇五期，民國七十四年，頁１～９。
6. 蔡明哲，《社會發展理論》，巨流圖書公司印行，民國七十六年。

二、英文部分

1. APDAC, 1978, Role of Rural Organizations in Rural Development in Selected Countries of Asia, *Asian & Pacific Development Administration Center,* Kuala Lumpur.
2. Asian Development Bank, 1978, *Rural Asia, Challenge and Opportunity*, Praeger Publishers.
3. Buttel, Frederick H. and Nelwby, Howard ed., 180, *The Rural Sociology of the Advanced Societies, Critical Perspectives,* Allanneld, Osmun, Monitclair; Croom Helm, London.

4. Chambers, Robert, 1983, *Rural Development, Putting the Last*, Longman, London, Lagos, New York.

5. Chang, Chi-Wen, 1969, *Rural Asia Marches Forward, Focus on Agricultural and Rural Development,* UPCA Textbook Board, College, Laguna, Philippines.

6. Greenshields, Bruce L. and Bellamy, Margot A., 1983, *Rural Development, Growth and Inequit International Association of Agricultural Economists.*

7. Inayatullah ed., 1979, *Approaches to Rural Development Some Asian Experiences,* Asian and Pacific Development Administration Center, Kuala Lumpur, Malysia.

8. Klatzmann, Joseph, 1971, "Agriculture And Industry in Developing Countries", in Weitz, Raanan ed., *Rural Development in A Changing World,* The MIT Press, Cambridge, Massachusetts, and London, England.

9. Lea, David A. M. and Chaudhri D. P. ed., 1983, *Rural Development and the State,* Methuen, London and New York.

10. Mathur, Hari Mohan ed., 1977, *Anthropology in the Development Process,* Vikas Publishing House PVT LTD., New Delhi, Bombay, Banglore, Calcutta, Kanpur.

11. Merril, Richard ed., 1976, *Radical Agriculture,* Happer Colophon Books, Harper & Rew, Publishers, New York, Hagerstown San Francisco, London.

12. Potter, Jack M., 1971, "Modernization Processes and Rural

Development in Developing Countries: An Anthropological View", in Weitz, Raanan ed., *Rural Development in A Changing World,* The MIT Press, Cambridge, Massachusetts and London, England, pp.353～363.

13.Perkings, Dwight and Yusuf, Shahid, 1984, *Rural Development in China,* A World Bank Publication, The Johns Hopkins University Press, Baltimore and London.

14.Pescatore, Gabriele, 1971, "The Role of Industry in the Development of Rural Areas", in Weitz, Raanan ed., *Rural Development in A Changing World,* pp.104～112.

15.Raper, Arthur F., 1970, *Rural Development in Action, The Comprehensive Experiment at Comilla,* East Pakistan, Cornell University Press, Ithaca and London.

16.Rau, S. K. ed., 1979, *Rural Development In India, Some Facets, National Institute of Rural Development,* Rajendranagar, Hyderabad.

17.Russell, Clifford S. and Nicholson, Norman K., ed., 1981, *Public Choice and Rural Development,* Resources for the Future/Washington, D. C..

18.Ruttan, Vernon W., 1982, *Agricultural Research Policy,* University of Minnesota Press, Minneapolis.

19.Weitz, Raanan ed., 1971, *Rural Development in A Changing World,* The MIT Press, Cambridge, Massachusetts and London, England.

20.Stevens, Robert D., Alavi, Hamza and Bertocci, Peter J.,

1976, *Rural Development in Bangladesh and Pakistan,* An East-West Center Book, The University Press of Hawaii.

21.United Nations, 1984, *Rural Development, A Select Bibliography,* New York.

貳　鄉村發展的關係人及人性因素

本文首先藉用美國社區研究學者 Roland L. Warren 的橫切面及縱切面的社區結構功能概念，分析農村地區發展的關係人的種類，進而再從組織管理學觀點檢討各關係人會障礙鄉村發展的人性因素的性質。最後指出可以協助各關係人化除心理障礙的協調人及其可預期的化除功能。

Roland L. Warren 有見於其他社區理論的缺點，乃提出一項修正性的理論。他認爲社區的結構功能變遷可從橫軸（Horizontal Axis）及縱軸（Vertical Axis）兩方面來分析。所謂橫軸面是指社區中個人與個人之間或團體之間的關係，而所謂縱軸面是指個人與興趣團體之間或地方團體與區域性、州級乃至全國性組織之間的關係（Warren, 1969; 1970）。Warren 的這種理論概念啓發我們了解到與農村社區的變遷及發展有關的社會單位及個人很多，不只包括鄉村社區內的每一個人而已，且還涉及到鄉村地區以外的許多人。本文將先對這些關係人及其與鄉村發展的重要關係面略作分析，以助大家了解人的因素在鄉村發展過程中的重要性及複雜性。

組織管理學上常把人力及人性（Human Being）的因素看爲是影響組織目標能否有效達成的重要因素，故談人的因素在鄉村發展中的重要性時也不可忽略人力的因素及人性的因素。由於人力的因素過去談論較多，本文乃特別重視一向較被忽略的人性因素，重要的人性因素乃指需要、意願、興趣、認知、動機及意識等較心理層面的概念。本文討論這些人性因素時無意將所有關係人在這些因素上對鄉村發展的正面功能作瑣細、累贅的說明，僅要針對各類重要關係人之有礙鄉村發展的人性因素加以檢討，以便可以尋出有助改善鄉村發展功能的出路。

一　阻礙鄉村發展的人性因素

參考 R. A. Warren 的縱橫軸的社區結構概念，則與鄉村發展有關的人除包括鄉村地區的居民外，也包括鄉村以外的許多人，故總共的數量非常衆多，幾乎涵蓋天下所有蒼生。但其中較重要者約可歸納成四類：(1)一般鄉村居民；(2)鄉村地區的領導者；(3)各階層的鄉村工作者及農業行政與服務人員；(4)國家上層機構中直接或間接籌謀與鄉村及農業發展有關的決策人士。如上各類重要關係人中均可再分爲個人及羣體兩個層面來看，故檢討其阻礙鄉村發展的人性因素或心態時也可分爲個人層次及團體層次來加以分析。

(一)一般鄉村居民的阻礙性心態因素

當前一般鄉村居民的心理意識中，固有不少可以助長鄉村發展的部分，譬如追求物質生活改善的動機普遍很強卽是重要的一項，然而若干想法對於鄉村發展卻頗有阻礙性。其中許多的個人，尤其是年輕人，厭倦辛苦而枯燥的農業及鄉村生活的心態，導成紛紛移出農村的行爲，終於使許多鄉村地區的發展遭受嚴重的損傷。這些年輕人大多有強烈謀求上進的需求，但卻也大半把這種需求寄望在都市地區來實現。除非我們能有辦法重振部分鄉村青年留戀鄉土的意願，否則鄉村地區的發展前途不無可慮。

就一般鄉村居民的團體性的心理意識層面看，其有害地方發展的部分也許以派系衝突意識最爲嚴重。近年來由於政治選舉等因素的影響，在各村莊之內或各鄉鎮內的各村之間形成派系分明、立場對峙的局面相當普遍，導致許多村莊或鄉鎮在建設事功上很難取得一致的意見，實際的鄉村發展事功因而也深受阻擾。

(二)地方領導者的阻礙性心態因素

於此所謂地方領導者特指正式組織中的主要負責人及各級地方民意代表等。此中雖有不乏以地方發展爲重之人，但以個人的名利爲重者卻也相當普遍。看重名利的地方領導人物一旦面臨領導角色與謀個人前途和利益的角色有衝突時，常不易把持領導原則。往往對私利及政治前途的考慮遠勝過正義感與服務心，於是領導地方發展的功能乃大打折扣。

本來在鄉村地區社會分化的程度較低，利益團體立場對峙的情形通常較少，然而當前在本省的鄉村地區，經由劇烈的政治性活動過程而獲得領導地位的人，很少不捲入相互對立的派系或利益團體。致使一般地方領袖在處理地方發展事務時，常受制於背後利益團體的意旨，而難作公正客觀的主張，地方建設可能因而容易偏失方向與失去效率。

(三)各階層鄉村工作及農業行政與服務人員的阻礙性心態因素

自鄉鎮以上至中央各階層的鄉村工作及農業行政與服務人員的心

理與作為影響鄉村發展的效果至鉅。這類人員一向與鄉村居民的心理距離相對較小，其中不少中基階層的工作人員甚至兼有鄉村居民或農業生產者的身分，基本上對鄉村發展事務並無摒拒的心理，但卻普遍顯得被動與消極。多半的人都僅能做到奉命行事，卻不願進而過問不合理的規定或規定外的建設事項。一般向上層反映地方問題的動機與勇氣也很缺乏，故其對地方建設與發展的貢獻僅能局限在上層交辦的範圍。下焉者甚至連這種規定內的職責也辦不到，乃至有存心將業務上的細節加以隱藏的現象，藉以滿足不該有的意圖。少數工作人員的此種心態常會導致受害人對地方建設的政策與方案失去信心，終也有損建設的成果。

(四)上階層決策人士的阻礙性心態因素

與鄉村發展有關的各重要方案多半都由上層的相關權力人士所決定，決策人士位居各部門而不僅限在農業界。不同的決策者在考慮訂定與鄉村發展有正面或負面關係的政策時，由於認知不同、立場不同，想法與作法也就不同。一般農業界的人士若能參與決策，對於有助鄉村發展的策略或方案都較能支持到底，但農業以外部門的決策人士決策時難免會以本位為重，較不能堅信鄉村或農業發展政策的當然性與必要性。本來國事複雜，不同立場的決策者多為自己的部門謀發展策略，乃是無可厚非之事。惟因在重要決策階層上，代表農業及鄉村部門者為數相對較少，地位也相對較弱，導致長年以來鄉村及農業發展之一面有失衡之現象。

探討部分決策者所以會有忽視鄉村及農業發展的心理，發現重要的障礙面有二，其一是由於經濟成長至上的想法所引起的障礙，其二則是其與鄉村居民間的生活與心理差距所形成的障礙。主張經濟成長至上的決策者，常把農業發展看爲與工業發展相剋相爭，也認爲謀經濟成長必須強調工業而非重視農業。甚至也有進而視都市建設遠比鄉村發展較爲合理與經濟者。

決策者與鄉村居民，尤其是農民間有心理差距是必然的，因爲兩種人日常的生活內容不同，關心的事項也不同，由是決策人士在決策時就鮮能設身置境地以農民之喜好及利益爲前提。甚至所擬定的一些決策還會嚴重傷及鄉村居民與農民的福利。當前對進口大宗農產品的政策性決定可能就是一例。如果決策者與農民的心理差距能夠縮短，便能研擬更多有助鄉村及農業發展的政策，或制定更少會損及鄉村及農業發展的政策。

二　重要的「除障」專業角色

由如上所述數類與鄉村發展關係人的障礙心理性質，都非短期內所形成的，要當事人自動去消除，不是件容易的事。其中許多人對本身的障礙心態與鄉村發展間的不良關係很可能尙不自知，故有必要經身外的除障者給予指點後化除之。那麼誰可以或應該協助各種人對鄉村發展的阻礙性心態加以去除呢？適當人選的類別也許不只其一，其中有資格及能力去協助鄉村居民消除障礙者爲數可能相對較多，但能夠協助上層決策人士消除障礙心理因素的人就較少了。惟因很少人能有資格勸說上層的決策者，故決策人士只好多從探訪民隱及輿論反映以求改進，至於較能協助最基層鄉村居民做好心理建設的人或許包括地方行政人員、推廣教育人員、社會工作人員以及非正式的地方領袖等。其中前三者可說是一般鄉民的正式領袖或管理者，故可多運用其專業性的地位及角色來啓發鄉民發展鄉村的意願，並助其設計及推動有效的發展方案；後者則可運用其非正式的影響力指導鄉民多做點化消社會衝突並提昇發展意願的工作。

應該協助鄉村地方領導者消除或減弱其私利感及權力慾，以增強其對地方發展的貢獻，也許是以各級黨政工作人員最爲重要，因爲多半地方領袖的權與利之慾望的形成與擴展都與其政治活動有關，而這種活動是深受黨政工作的指導人員所影響的。

能夠協助各層鄉村及農業行政與服務人員去除其對參與鄉村發展工作所表現的被動與消極的心理障礙者，似乎應以各級行政主管最爲主要，如果各主管能夠善定升遷與獎懲的制度來管理部屬，則各工作人員或許就能轉被動及消極的工作態度，變爲較主動性及積極性。

叁　農村規劃與鄉村整合發展

一　問題性質的思考

對於「農村規劃」與「鄉村整合發展」這個題目的性質，從大處看可分成三方面思考：(1)農村規劃的性質；(2)規劃鄉村發展的性質；(3)兩者間關係的性質。其中第三種性質應是問題的重點所在，爲能便於說明兩者之間的密切關係，乃必要先對前兩種性質大致加以說明。

(一)農村規劃的性質

「農村規劃」是爲「農村發展或建設規劃」的簡稱，亦即規劃的目標在朝向發展與建設性，規劃的內容也著重在具體的發展與建設項目上。就大處著眼，「農村」的範圍應與「鄉村」無大差別，卽指向非都市的地區，包括所有農民、或非務農的漁民、鹽民或礦工等所居住的聚落及其外圍的廣闊田野、林木、鹽田及荒地等。唯若從狹窄的範圍角度看，則「農村」似乎應僅指以務農爲業的農民所居住的村落社區爲限。

廣義的農村規劃則大致涵蓋了對有形物質的發展或建設的規劃及

對無形的社會經濟，乃至教育、政治、文化、宗教、娛樂等全面性生活改善的規劃，不但是包括生產方面的，也包括生活方面的。但是較爲狹義的農村規劃則可依其特殊性質的定義與性質而加以縮小範圍。所謂「農村規劃」係側重在對「以務農爲業的農民所居住的村落社區的有形建設之規劃」，亦即側重在住宅、道路、水溝、路燈等方面建設的規劃。因爲執行機關是臺灣省住宅及都市發展局，該局的重點工作是在於推動有形方面的發展與建設，對此不能不加考慮。但爲使整合規劃更有效果，則有必要對農村規劃採取較廣闊的定義，卽應包含外形建設以外的無形方面之建設規劃。

(二)鄉村整合發展的性質

鄉村整合發展概念的提出基本上是基於一個主要的考慮，卽是鄉村的問題複雜，需要發展的事項繁多，主持與推行單位也多，彼此間容易衝突與分歧，故需要強調發展的整合性，使之能順利並有效發展，並使發展的結果達到和諧與完美的境界。

鄉村整合發展的含義不僅是要強調不同發展事項或層面間與不同推行單位之間的協調性，也應強調不同鄉村地區之間發展的和諧性與普及性，以及鄉村與都市之間發展的互惠性、互助性與平衡性。

(三)兩者間關係的性質

「農村規劃」與「鄉村整合發展」兩者間的關係可從多方面著眼，其中最重要的著眼點是「農村規劃」是爲達成「鄉村整合發展」的重要途徑與過程。要能有效達成「鄉村整合發展」的目標，顯然「農村規劃」的定義與範圍要取較廣泛者，因爲規劃的涵蓋面越廣，規劃的內容越周延，則達成鄉村整合發展的可能性就越大。反之，如果取用較為狹窄的定義，譬如僅以外形的建設規劃為限，則要依賴「農村規劃」來達成鄉村各方面的整合發展將受到局限。然而考慮臺灣省住宅及都市發展局有其特殊的立場與任務，故應先顧慮藉著經由農村社區外形發展與建設的規劃來達成鄉村整合發展的目標。也應考慮到僅僅經由外形建設的規劃，要達成鄉村整合發展顯然有所不足，因此不得不再經由更廣泛及更周延的鄉村發展規劃來達成鄉村整合發展的理想目標。

二 農村社區外形建設規劃與鄉村整合發展

從住宅及都市發展行政單位的立場看，將農村規劃的重點定在農村社區外形建設的規劃是天經地義的事。然而由這種規劃途徑所能達成的鄉村整合發展卻僅是片面的。但是究竟如何從事農村社區外形建設的規劃才能達成較高程度的鄉村整合發展呢？要回答這個問題，有必要先了解農村有形建設的缺失及其對於鄉村整合發展的影響，而後才能進一步思考如何做好農村外形建設的整合性規劃，以達成最高程度的鄉村整合發展。

(一)傳統農村外形建設的缺失及其對鄉村整合發展的不良影響

把農村當為大鄉村的一部分，又把外形建設當為整體發展或建設的一環節來看，則農村的外形建設在本質上是鄉村發展的一部分或一環節。如果這一部分或這一環節的建設或發展存有不整合的情形，譬如若存有不合理或矛盾的現象，則鄉村發展也就會顯得不夠整合。不僅如此，這一方面的建設不合理、不整合，還進而會影響其他方面鄉村發展的不整合性。如下先就較常見農村外形不整合的情形加以分析與說明，進而再分析其對於其他方面的鄉村發展所造成的不良影響。以此當作從事適當規劃鄉村外形建設時之考慮依據。

1.農村外形建設的不整合情形

臺灣省內多半的農村社區都已存在很久，歷經不同的朝代與政府，累積由自然發展而成許多點點滴滴的建設，但卻都缺乏經過整體性的認眞規劃。這與歷代政府都只能做到都市規劃，而未能做到農村計畫有關。故大體看來，農村的外形都甚不協調也不整合。建築物的座落極爲零亂，人畜住處非常接近，衞生不良，景觀也不美。常見前一戶人家的住宅與後一戶人家住宅的配合甚不相稱，形成通路甚不規則，排水不通暢，外觀不整齊。長期以來村民對於缺乏規劃的村落外形少有怨尤，那是因爲缺乏美好外觀的鄉村可做比較，以致少有更新發展的動機。若有之也因經濟能力侷促，難作理想的變更。光復以來政府曾經數度推展農村外貌的整建工作，例如社區發展計畫、吾愛吾村計畫、及綜合示範村的計畫，對於農村的外觀頗有改善，但對於零亂的住宅、道路與水溝等所更動的幅度則甚有限，直到晚近所完成的少數更新過的社區，在外形結構上更動與改善的幅度才較可觀。

2.不良的影響

經由長期自然發展而成的農村社區，在外形的結構上不調和、不整齊的情形，也將造成農村社區在其他方面的發展會有問題與弊端，較嚴重者是環境衞生不良，以及交通路線狹窄。舊式建築物的衞生設施普遍不足，譬如缺乏紗窗與浴室，因而容易引發疾病。又建築物排列與座落也甚不整齊，排水系統不流暢，蚊蠅叢生，空氣難聞。村中的小路也常彎彎曲曲，甚至佔用私地。由於環境衞生不良，乃有礙居民健康，道路佔用私地的問題也易引發社會糾紛與鄰居間的不睦。

未經規劃發展出來的不整合農村社區外形，在結構上也常缺乏合適的公共用地。可供全村民共用與公享。所以缺少可以促進村民產生凝聚的物理因素，在許多村落中若有公共場所也大都僅限於廟寺，但缺乏可從事戶外體育運動或休閒活動的場地。

(二)整合性外形建設的規劃

面對臺灣地區衆多農村社區外形上普遍無規則與不整合的情形，可作較大幅度改進的方法是進行計畫性的社區更新與重建，如果可以將住宅、道路、排水系統及公共活動及休憩場所都納入規劃的藍圖中，而後照圖整建，則村落的外形必然會井然有序，如住宅設施及環境衛生獲得改善，公共設施更加充足，交通道路較筆直與寬敞。目前政府正朝此方向努力，但是進行的速度很慢，社區居民接受的意願不高，主要是因爲更新過程常會勞師動衆，需要經過土地重劃、交換財產、拆屋建屋，糾纏不清，成本與代價不低，故村民都不甚願意接受。也因此住都局及地政處及農委會等多單位雖已出動不少力量推行這項計畫，但迄今成效尙屬有限。

於此，假設農村社區外形的更新與重建是一種理想的鄉村發展工作，那麼如何進行規劃才能達成鄉村整合發展的良好成效呢？且讓我們思考與討論若干重要原則如下:

1.更新重建計畫必須獲得村民的普遍同意

鄉村社區更新的工作已成爲政府施政的一部分，政府爲能有事可做，並有所表現，就需選擇村落社區加以更新。然而村民當中常爲顧及經濟負擔及更新過程中可能發生損失、糾紛與衝突，而不願辦理，故政府要辦理就要愼重加以選擇。選擇的最基本準則是要村民樂於同意接受，否則可能勞民傷財，政府雖投入了財力與人力，也不能獲得讚賞，德政不成反成了擾民措施。勉強辦理可能造成村民負擔，使其經濟條件惡化，及加深社會糾紛，對個別住戶及社區整體而言都談不上會有整合發展的功效。

2.更新規劃的內容需能顧及與鄉村居民的生產力及生活條件相配合

本來社區更新的主要目的是在於改善農村的住宅與農村的空間環境，因而更新的規劃工作須顧及達成這種效果。但村民的住宅及環境改善也應配合其生產及生活方式與習慣，不能因規劃更新反而造成不便或問題。比較可能造成村民不便或問題的社區更新是拆除房舍所造成負擔。過去在社區更新規劃過程中常爲了美觀與衛生而拆除部分老舊或髒亂的建築物，但是村民捨不得。規劃內容常增加公共用地或整體美觀的需求而需要部分村民捐地或賣地，致使村民割捨不得。有時規劃也會觸及破壞風水等違反社會規範之事，讓村民不樂或無奈。計畫更新後的道路改善可能便於車輛的行駛而增加速度，因而增多車禍的或然率。如是更新規劃雖然可使村落社區的外形煥然一新，但也使村落社區帶來新的問題與災難。在規劃更新過程之中都需要詳加顧慮，儘量避免或減少問題的發生，才能增加整合發展的程度。

配合村民的生產活動與生活習慣做良好的規劃，使更新後的村道有利農業機械的行駛及使農產品在收穫與貯藏過程中處理方便。

3.規劃的內容應兼顧住宅等社區外形的更新及生態環境的協調

農村社區包含了住宅，卻被生態系統所包圍。主要的生態系統包括水文、空氣、動植物及景觀等。與生態環境相調和的農村社區規劃可使其排水系統更順暢，空氣更清新，四周有價值的動植物包括美麗的鳥類及花草等都能獲得維護。社區內外的山水、古蹟及樹木等景觀經過規劃後而顯得更加美麗。如能顧全上列要素，則社區更新規劃不僅能改善社區的實用程度，且可增加實用之外的美麗感受。

4.符合法律規定的規劃

在現代法治的社會，國家的法規繁多，多種法規也都直接或間接關係鄉村的發展。農村社區更新規劃必須注意不與其相違相悖，才算是可以邁向鄉村整合發展的規劃。否則規劃的結果雖能片面地更新鄉村的建築及其他外形物體，卻可能與其他鄉村建設或發展相違背或相衝突，這就不能算爲整合性的發展規劃。農村社區規劃可能直接牽涉到的法規，包括非都市土地使用管制條例與建築法等，值得規劃工作者留意。

鄉村發展事項極爲複雜，除了有形的住宅及環境建設及發展外，也包括多方面非物理性的社會、經濟、文化、政治及教育發展及建設。良好的有形建設規劃可以達成良好的外形建設，也可帶動或協助許多無形方面的社會、經濟、文化等的發展，但不能保證多方面的非物質建設與發展都能依賴社區更新等外形發展規劃而達成。因此爲能達成多方面鄉村發展的整合，鄉村規劃工作是綜合性的，亦即應擴及無形方面的經濟發展規劃、社會發展規劃、文化發展規劃，乃至政治、教育等方面的發展規劃等。

然而這麼多方面的鄉村發展規劃工作不是僅由單獨的個人或單位所能勝任者，而需要許多規劃專家及單位的投入。且從事發展規劃的專家或官員還不能單獨作業，而需要相互照會，相互協調，相互配合，乃至必須相互容忍與相互犧牲，才能達成較高程度的整合發展。

三　整合性的鄉村社會發展規劃

(一)整合性鄉村社會發展目標的規劃

鄉村的整合性社會發展總目標不僅應顧及發展鄉村居民的社會能力及其福祉，且也應顧及促進全鄉村社會安定、和諧與進步。爲能達成這種整合性的社會發展目標，過去的社會行政部門都強調對於社會較弱勢或較有問題的個人或團體給予救助，或提供大衆較需要的服務：在救助方面，例如包括對於低收入民衆的生活補助、醫療補助、急難救助、及災害救助等。而在服務方面，則包括辦理各種保險及有關兒童、問題青少年、殘障同胞、老人及婦女的服務等。此外也還常提供就業輔導、勞工權益維護及民衆團體活動的服務等。然而在種種社會行政工作中，卻較少從社會教育方面去培養鄉村居民建立健全的社會心理並表現適當的社會互動行爲，更缺乏指導村民組成適當的社會團體以及建立並運用優良的社會制度。今後整合性鄉村社會發展規劃須從這些較爲根本但相對較爲薄弱、落後的社會條件爲重要目標。

(二)整合性鄉村社會發展內容的規劃

整合性鄉村社會發展內容的規劃，應以整合性鄉村社會發展的目標爲依據。由於現階段政府推行的各種重要社會行政及民間所推行的各項社會服務，都有助於增進鄉村居民社會能力與福祉及增進社會安定和諧與進步的目的，故應繼續當作未來鄉村社會發展的內容。除此以外，爲了健全鄉村居民的社會心理與社會互動行爲，以及爲了發展適當的社會組織與建立社會制度等目標，則社會發展的內容上需要再

增多或調整社會行政及服務的項目。就這四方面的社會發展內容之規劃構想略述己見於下:

1.健全社會心理的規劃

時下臺灣鄉村地區居民的心理出現若干嚴重的偏差與危機，需要加以建設，才能爲鄉村社會發展奠下良好的基礎。若缺乏健全的心理基礎，而徒增外形的社會設施，社會發展的性質也不能容易趨於健全與整合。據最近調查研究鄉村居民的價值觀念時，發現不少受訪樣戶都體認到鄉村居民普遍趨向拜金主義，崇尙物質及感官享受，而失去誠實、耐心及若干可貴的傳統規範與道德。雖然鄉村居民的心理態度與價値和都市居民相比較，仍可能相對較爲樸實、安分與務實，但卻也因快速都市化與工業化的衝擊和引誘而發生動搖與變質。今後整合性鄉村社會發展的規劃內容有必要將心理建設列爲重點工作之一。特別是對於青年男性的心理建設尤應側重，一來因爲這個人口羣的心理最容易陷入不穩定的混亂與危險性，二來因爲這個人口羣將是未來鄉村發展的主力所在。

2.適當社會互動行爲的發展規劃

隨著臺灣社會高度崇尙經濟發展，鄉村居民的態度也普遍變爲經濟取向，乃逐漸喪失適當的社會互動行爲表現，人倫變質，社會失序。都市人普遍表現自私自利、浮躁無理，鄉村居民也可能步其後塵。年輕人逐漸表現自我中心，目無尊長，少有禮讓。故整合性的社會發展內容必須加強重視人倫並合乎禮節的社會互動關係，如此才能達成社會的調和與融洽。

3.發展適當的社會組織內容之規劃

社會組織是社會生活的產物，其主要功用在於便利社會分子充裕並改進生活的內容。臺灣鄉村社會的組織都以傳統的家庭或家族組織以及村落中的宗教性組織爲主，少有現代化功能性的組織存在，主要原因是缺乏善於領導組織的人才能夠加以聚合，也因少有重要的現代化社會功能可作基礎以便能發展出現代化的社會組織。所以今後整合性的鄉村社會發展也應多加重視現代化社會的生活內容。如果鄉村居民能多參與這些組織而增進現代化的生活內容，則整個鄉村的進步將更爲快速，且在快速的進步過程中也較井然有序。個人則可不致脫離羣體性，以免成爲孤立無助的個體。這一類現代化的社會組織包括各種較企業化的生計性組織，或較高社會文化程度的生活性組織等。

4.發展優良社會制度內容的規劃

在快速變遷過程中的鄉村社會，許多社會制度瀕臨解體或失能，例如傳統的鄰閭間換工制度及守望相助的制度已不多見。原來的互助會常發生倒會的情形，村民自發自治性的冬防制度也已不復存在。村民面對許多問題，如污染、偸竊、賄選、犯罪等問題，除了依賴法律與警力外，缺乏由民衆本身自發性及自制性的社會制度爲之控制。有關的法律與警力執行起來又會有效果不彰情形，鄉村居民乃有必要再創新制度來維護社會的平安以及應對其複雜困難的社會生活。當前極待建立的社會制度是一些可以有效應對現代化社會生活所遭遇的困難與問題。

(三)整合性社會發展方法之規劃

重要的整合性社會發展目標要能有效的建立，以及發展內容要能有效設定都需要講究方法，而重要的方法之一是鼓勵對於這些目標與內容的研究與討論，包括對鄉村社會原理有了解與知識的專才之鼓勵以及對於鄉村居民與團體之鼓勵。能由了解社會原理的人及由多數鄉村居民商討獲得的發展目標及內容，必能符合多數鄉村居民的需求與願望，其被接受的程度高，整合程度自然就高了。如此許多的鄉村社會團體，包括政治性、教育性、社會性與文化性的團體等，若能經由集會共同商討研究並制定各種重要的社會發展目標與方法是最恰當不過的。

四　整合性的農業發展規劃

農業發展是鄉村綜合發展的最基本面，此一方面的發展關係到其他許多方面的發展，故也是鄉村整合發展之基石。發展的過程極需要整合性，故發展的規劃過程也需要整合性。

本省農業發展的規劃固有其整合之處，但也有不夠整合的地方。一般規劃的過程分成總體與個體，總體規劃都由政府的農政部門由上而下制定而成，個體規劃則由農場主自己擬定。政府的總體規劃通常較考慮配合農地利用及消費需求等國家利益條件，較少顧及農民的利益保障。對於農民利益或雖有心顧及，但常無力實現，致使農業發展的規劃很難爲農民感到興奮。

至於農民的個體規劃更難能與整體規劃取得整合，有時是因爲太一致了仍不見得對農民有利，有時是因爲農民個別條件特殊，不得不表現偏差。例如在政府規劃爲種植雜糧（如高粱或玉米）的專業區，農民普遍照政府的指示下種了，但卻常會遭遇到種植不夠，保證價格收購量受限，以及長期以來未能合理調升價格等問題，因此若依規劃政策生產，常不易獲得合理利益。此外，個別農場規劃不能與農業政策相整合的情形是，農家受到某種生產因素的限制，而不能照政策作最有利的生產配合，例如勞力缺乏，而不得不栽種長期價低且粗放性的作物，如甘蔗，不能按政府的農業專業區規劃來下種。

農業生產規劃不易整合的原因是運銷通路的受阻所致成，例如水果蔬菜在輸往都市消費地的過程中，拍賣程序超乎農民本身所能控制之外，可見農民很難自作整合性的產銷規劃。

總之，現代農業的生產是極爲複雜，即使僅是小小個別農場的產銷過程，牽涉的層面也極廣泛，規劃工作很難顧及有關事項的全部，故要作成十分整合性的發展規劃確也非常困難。然而發展的規劃工作仍不能不以達成最高度的整合性作爲努力的目標。而不同層次的規劃單位所應注意的整合要點是不同的。就各級規劃工作者在朝向整合性規劃的過程中所應努力的重點扼要提出以供參考。

(一)上層農政機關的整合性規劃

1.規劃目標

負責全國性農政機關對於農業生產的整合規劃目標最應強調兼顧國家的需要及農民的利益。超乎國家需要以及妨害農民利益的生產種類或數量都應摒棄在規劃生產的範圍之外。遇兩個目標具有衝突性時需作各犧牲一部分的仲裁與衡量，而不能只以顧全國家需要爲重，而有損農民之利益，否則對於農民造成不公平。這樣的規劃是國家主義的規劃，失去了福利政府的功能與責任。

2.規劃內容

長期以來，政府的農業政策中很難兼顧國家利益與農民利益之部分多半要讓農民遭受委曲，今後規劃時有必要加以調整。如下將上層農政機構需要加強整合國家利益與農民利益的農政內容列舉之，以供參考。這些重要的規劃內容包括：(1)適當節制農產品進口以保障國內農民的生產利潤；(2)適度准許農地變更利用，免除農民長期在利用土地上受到限制；(3)加強農業災害救助，協助農民渡過難關；(4)置農民利益至少與都市消費者利益相等看待，甚至應將之置於市民利益之上，藉以平衡農民與市民消費者之間的福利差距。

上列數項整合性農業發展內容背後的問題都是多年來農業政策的重要困境所在，也常是太強調國家利益，不得不使農民犧牲與吃虧，需要政府農政制定機關重新調整，使其能夠提升農民的利益以達成整合國家發展的理想境界。

3.規劃方法

上列的各種發展目標與內容要能實現不僅只由農政主管部門努力就可見效，而是需要政府其他許多機關與部門的共識與配合。因此在規劃的方法上不能僅由農業部門的主管機關單獨制定，而需要由農政與外交、工業、國防及都市行政部門之間共同商定，而農政部門在參與制定整合性農業發展政策時，特別需要多採納代表農民利益者之意見，例如農民領袖或農民代表們的意見。

高階層農業行政機關應做的農業規劃重點工作，除了設置發展目標與內容外，也需要規劃執行的方法，在這方面的主要規劃要點需要側重在與中基層執行單位之溝通與連貫。故在規劃方案中也應包括能體恤並鼓勵省、縣及鄉鎮級執行人員實現既定政策之辦法。

(二)中基層農業行政機關之整合規劃

推行農業發展的中基層行政機關之農業部門，如省政府的農林廳、縣政府的農業局及鄉鎮公所的建設課等，也需從事轄區內的農業發展規劃。這些中基層農業行政機關在從事規劃時，需要同時顧及水平與垂直的整合。水平的整合應顧及對轄區內發展資源作適當的分配，此外應顧及轄區農業生產單位之間能有良好的協調與合作，例如聚合各農戶加入農業合作組織體。

至於垂直的整合，是指規劃的藍圖省方面要與上層中央機構的規劃目標與內容相呼應，且要能顧及下層單位或農民，才能方便執行。如此才能上下整合，使政策易於貫徹並實現。

(三)個別農家的整合規劃

個別農家在從事農場經營的發展規劃時，也需要注意整合性。一方面需要與國家農業政策相整合，才較可能獲得利益或減少虧損。另方面也要注意將生產資源作整合利用的設計或規劃，如此才能有效。此外，個別農家也要知道與其他農家聯合也是整合的途徑之一，如聯合別的農家共同經營或共同運銷乃至共同議價或作其他合理爭議，這些都是有助於經營效率的整合性計畫與整合行為。

個別農家要能作好上述諸多的整合規劃，需要許多學問作為基礎，方法上包括要了解政府的農業政策及其相關的大計，了解有關生產資源配合的原理，以及適當的合作之道。這些整合性的規劃能力則需要經由農業推廣人員給予輔導而獲得之。

鄉村整合發展是一種理想的發展境界，也是一種很高遠的發展目標。整合性的發展性質是多方面的普遍性發展，也是協調性的發展。要達到這種理想的發展境界，有效的規劃工作很難做成，必須聚合多方面的規劃專家共同努力。而能從事這種規劃的專家本身要具備多方面的長才。本文所論的整合性鄉村發展規劃僅涉及三方面，即整合性外形建設的規劃、整合性社會發展的規劃及整合性農業發展的規劃。所提的規劃範圍都僅為各方面完整規劃之一小部分而已，卻都是當前考慮鄉村整合性發展所應注意改善的方面。

總之，整合性的鄉村發展要有整合性的發展規劃為之引導。整合性的發展規劃除了要注意有綜合性的眼光以外，也應注意對所規劃的事項作成合理健全的結構，並要注意到時間上的合理連續與銜接。要能做好這種規劃必須有良好的規劃制度及人才與之配合。

肆　鄉村發展與農業建設

鄉村發展與農業建設是世界性的重要國家建設內容之一部分，也是各國大學農學院師生所關切及研究的重要課題。鄉村發展的主要目標在改進鄉村地區較貧窮人民的社會經濟及文化生活，而農業建設的主要目標則在改進農業產銷與農民的收入及生活條件。世界上許多國家的政府都藉著加強鄉村發展及農業建設，來縮短鄉村與都市間在發展上的不平等與差距。同時也藉以發展鄉村社會中農業及非農業方面的許多潛在能力。經由推動鄉村發展與農業建設的計畫與行動，也可進而促進全社會與全國家的發展。當前世界上經濟發展水準越是低落的國家，鄉村發展與農業建設越受到政府及民間的重視。但在經濟水準已高的國家也不能忽視鄉村與農業的發展。

目前臺灣的社會經濟發展水準已達相當高的程度，但政府與民間不能因此忽視鄉村發展及農業建設。因爲這個社會還存在廣大的鄉村空間及衆多的農業人口，且鄉村與都市的關係密不可分，農業與工商的關係也密不可分，鄉村社會與農業經濟若不能與都市社會與工商經濟齊頭並進，顯然會有失衡的問題，必是一種缺失。又因臺灣的都市化及工業化的速度很快，許多居住在都市及從事工商業的人原本都與鄉村及農業有根源上的關係，因此之故，鄉村發展及農業建設不僅是鄉村居民才關心，許多都市居民也很關心。如果鄉村社會與農業經濟不能有效發展，不僅是鄉村居民不能同意，許多都市居民也不能諒解。

一　整合性鄉村發展目標

鄉村社會中需要及可以發展的事務雖不如都市發展事務之繁多與複雜，但也是多樣性的，除包含農業建設外，還包括許多其他的經濟性的、社會性的、文化性的、教育性的、政治性的、宗教性的、醫療性的及福利性的等。且不同發展事務之間都相互關聯，其間可能存有互補性，也可能存有衝突性。極需要有高度的整合，發展效果才能事半功倍，不致互相抵消。因此近來關切鄉村發展的國內外專家都甚注重整合性的鄉村發展概念。

為能有效達成鄉村發展的整合性，必須先使各項發展目標之間能夠去除衝突性。由於提出及管制各種發展目標的單位會有不同，其所站立場與所持的理由也會各有不同。為能達成各種發展目標間的整合，必須能有統籌的機關居間加以傳達與協調。目前政府組織中的經建會及農委會都是最有責任也是最有能力來負起鄉村發展整合工作的機關與單位。此兩機關在策劃有關鄉村發展及農業建設時必要注意幾個重要方面的整合，即鄉村發展與都市發展之間要整合，農業發展政策與工商貿易發展政策之間要整合，推行鄉村發展及農業建設的基層機構與上層制度發展政策及行政管理的機關在做法上也要整合。

當前臺灣鄉村發展工作最不整合而最需要運用政策性措施或行政性管理來使其整合的是，工業對農業的傷害，以及農業增產對農業收益的傷害。因此在政策上最需要致力於農業建設與工業建設間的整合，以及農業增產與農家收益改善之間的整合。

二　鄉村發展與農業建設角色之轉變

在先前很長一段時間內的鄉村發展過程中，農業建設是唯一重要的策略，因爲這時期農業是鄉村中唯一重要的產業，唯有使農業建設成功，鄉村的經濟及社會文化發展才有希望與成效。這時期農民的唯一生計是農業，故要改善生活也唯有建設或發展農業。通常都由改進生產技術，增加生產數量，改進農產價值來改善生活條件。

自從社會的發展水準進入工業化之後，鄉村中的工業活動逐漸取代了農業生產，這時期都市的發展快速，鄉村的發展卻相對落後。在臺灣約自民國五十年代開始，經濟結構逐漸變爲以工商業活動爲主要導向，在鄉村中工業發展也逐漸駕乎農業發展之上。到目前爲止，農民的收入中約有三分之二來自工業等的非農業部門，得自農業生產的收入約僅占三分之一的分量。在這種經濟結構下工業發展的利益也能由鄉村居民分享，因此今後若將鄉村發展的策略寄望在工業發展上，將會遠比寄望在農業發展上較爲實際並較有效率。

然而農業的建設因爲歷時悠久，且其具有調和自然與美化環境的性質，無法爲工業建設所代替，因此在現代鄉村發展過程中農業建設的經濟地位雖然下降了，其在區位上與社會歷史及文化上的地位並未減弱，反而更爲重要。維護農業的存在，可以保持寶貴的天然風景及水土資源，也可以挽救一點寶貴的古樸人心及重視草根性的價值觀念，並能延續歷史中最可貴的自然主義。

然而爲能維護農業以保全生態的完美，社會文化的調和以及歷史的生命，則農業建設卻也要使主要工作者的農民能夠合理的生活與生存，才不失爲合乎情理與人道。但是今日農民在從事農業經營的過程中卻面臨了前所未有的艱困與危機，幾近難以生存，多半的這些問題都不是其自身惹來的，也不是自己的能力所能改善與解決的，極需要政府以政策性的措施來幫其解決與改善，當前農業所遭遇到的較重大的困境，包括工業競爭的威脅、工業污染的危害以及國際勢力對農產市場的進逼等。

在今日鄉村的產業已進入工業主導的時代，要再依賴農業建設的角色來繁榮鄉村經濟是相當艱難的，當農業無法與工商業競爭時，本來將會逐漸削減乃至滅亡，但是我們的國家與社會卻因考慮了國防安全及生態健康等問題， 並不容許任由農業遭受自然淘汰與消失的命運，試圖使用保護農地政策，以不准優良農田變更使用的措施來達成保存農業的目的。這使農業及農民處於非常尷尬的地位與角色，等於將農民套牢，除非我們的社會能爲繼續維護生存的農業經營付出足夠的代價，否則對於部分被套牢的農民是不公平的。至於如何付出適當的代價來維護農業則是今日的國家政策所必要認眞考慮的。

三　正視其衝突性及整合性

本來農業發展及工業發展都是推展鄉村發展的有效策略。但是在工業興盛農業衰敗的時代，要再由重振農業以達成鄉村的經濟發展是很難的，實際上不如經由放棄農業發展工業及休閒設施或別墅住宅等途徑較爲有效。然而當鄉村不能增設工廠、住宅及其他公共設施時，雖然表示其經濟與社會條件處於發展之中，但卻帶給可爲鄉村發展助一臂之力的農業帶來許多的問題與限制。工廠的污水及廢氣對於農業造成傷害，工廠、住宅及其他設施所使用的基地也爭用了農業用地，這些非農業方面的發展也爭用了農業用的水資源及人力等。

面對鄉村社會非農業方面的發展所帶來的困難與問題，農業部門要圖謀生存與發展，除要費神費力去適應環境的騷擾與限制外，並要積極的去力求改善環境，這種努力是很艱辛的，但確是很必要的。

就消極的適應之道言，今後的農業建設必須順應鄉村工業發展、都市發展以及國際農產貿易的大趨勢來改變生產結構，凡是較不易爲工業污染所傷害，又爲工業原料所需要的農產品將會是較有可爲的農業生產種類。此外，較能爲市民所需求又較不易爲進口農產品所代替的地方性農產品，也將是較有利潤可得的農產品，實在值得農業建設的策劃人員及農民本身所注意與關切。然而工業所需要的原料，市民的需求以及進口農產品所較不易取代的農產品都會隨時間而改變的，農業建設的計畫人員及農民也當注意這種需求面的變動性。

就積極的改變環境限制方面看，在當前及未來所極需要的勞力項目也有不少，其中阻擋工業等所產生的公害，不使繼續污染農業水源及用地是很重要的一項。此外，經農民及農業團體的組織與結合來形成較堅強的力量，使能影響制定較有利農業的經濟及貿易等政策也是非常重要的。由是觀之，晚近不斷發生的農民自救運動雖然傷害了社會的和氣與秩序，但其爲謀求農業的生存與發展的努力實也有其值得同情與認可之處。往後農業部門爲求生存與發展，農民合作的力量必要加強，但最好是能由正常例行的組織及政治途徑便可達成，不必再經由尖銳的街頭衝突行動。但要能達成這種境界，則需要社會上多方面的部門願意共同努力與整合，尤其是因進口大宗農產品而獲利的企業界，必要回饋部分利益給受損的農民。

伍　農業科技與生活

一　農業科技發展概況

二次大戰以後臺灣地區農業科技的發展與應用相當可觀，促使農業增產、國家安定。農業科技的發展廣度，各種細分的農業結構與過程，大約可分成：(1)生產過程的機械化與自動化；(2)優良品種的培育與應用；(3)病蟲害防治方法的更新；(4)土壤地力的保育；(5)農產加工與運銷技術的改進等。

這些農業科技的發展與運用曾使全國農業產品的種類增多、產量提升、品質改善。農業科技的發展不僅在國內生根，也推展至援助國外，效果甚佳，影響廣泛深遠。其對於國人生活的許多層面也都產生效果，大而觀之，約可分成：(1)對工作與就業面的影響；(2)對物質生活的影響；(3)對社會文化生活的影響等。而其影響性質，大致上屬正面者多，但也不無負面者，玆分述於下：

二　對國人工作與就業的影響

工作與就業是大多數國人的重要生活內容之一。農業科技的發展與使用直接或間接影響國民的工作與就業生活，主要影響到農民、農產品與農用品加工製造業者與其他國民工作就業。

1.對農民工作與就業的影響

農民的工作與就業受到農業機械化、品種改善與採用、病蟲害防治、肥料與水土保持、農產加工與運銷等新技術的使用等的衝擊與影響很大。包括直接可使農民節省勞力、提高生產力、節省時間、提高產品品質與價值，因而也可能提升收益等，間接的影響農民兼業或轉業，使農民變爲非農民。

2.對農產品和農用品的加工製造及運銷業者的工作與就業的影響

除了農民的工作與就業會受農業科技所影響外，農產品及農用品加工、製造及運銷業者的工作與就業生活也會受到農業科技的影響，較爲重要的影響是，其工作方式可能爲遷就或配合相關科技的發展而有所改變，如變更工廠的設備與管理制度及改變運銷的工具與過程等。大致看來，受到農業科技發展影響之後，農業相關工業的經營型態都趨於大型化、自動化、標準化、複雜化與分殊化。而農產運銷型態也趨於機動化、技術化及精緻化。由是也影響部分傳統落伍的相關工作機構或人員遭受淘汰。

3.對其他國民工作與就業的影響

農業科技的發展，加速全社會就業結構變爲從事次級及三級產業工作的人力變多，而從事農事生產等初級產業的人力變少。一般國民的工作與就業性質受農業科技影響都比農民與其他農業從業人員所受到的影響少，但其中相對較多者，以都市中的服務業者受到農業科技所推移出來的衆多農業人口所影響，其工作性質會有較明顯的改變。例如正式商業的從業者受到農業移出人口的非正式經濟活動所影響而遭受很大的競爭與打擊卽爲一例。另一方面，在都市中的服務業經營者卻可較容易吸取被農業科技所逐出的農村人力。

三　對國人物質生活的影響

我們可把物質生活看爲是國人生活的另一重要層面，而農業科技對於這一生活方面也有顯著的影響，較重要者是，提供數量豐富和品質優良的糧食產品，以及改變了居住環境的品質。就其對糧食供應數量與品質的影響而言，效果相當明顯。經由機械化的耕作、優良品種的採用、良好的病蟲害防治及地力、水土保持技術的改善，使單位土地及勞力的農產量提升，產物的品質也改善。再加上運銷技術的改進，消費大衆普遍可以獲得豐富及質佳的糧食。農民除可直接享用自產的糧食外，也因產量增加、收量提升而可以換回較多較佳的非自產糧食。

然而正當國人因爲農業科技的發展而普遍可以增加消費量及改變消費品之際，許多國民也因食用過量的食品，攝取過多的營養，以及誤食被過多農藥及抗生素污染過的蔬果及肉類等食品而損傷健康。

四　對國人居住環境品質的影響

國人的居住品質因農業科技發展的影響，有受到改善的方面，但也有被損害的方面。較重要的改善影響是因觀賞園藝植物培育的技術改進與推廣而增添家居庭院及四周環境的美化。但是相反的，飼養毛豬、雞、鴨、鵝等動物及養殖魚蝦貝類技術的精進所導致的大規模生產，卻製造了排泄物嚴重的污染環境，也致使地層下陷，住處矮化，海水倒灌。山地農業開發技術的應用，則使本省的山坡地土壤流失，容易造成洪水，嚴重危害了居住的安全與衛生。

五　對國人社會文化與心理的影響

農業科技直接影響農業、農民及消費者有關的社會組織、社會制度、價值觀念、心理態度等非物質面的生活內涵。較明顯者，有關於應用新農業科技的結果產生了新的農民產銷組織，如各種特用作物的產銷研究班、共同經營班等。此外，爲了配合農業機械化而形成了委託代耕及委託經營的制度等。

農民因使用優良生產技術導致農產價格下跌，而引發心理不平衡，以致造成農民運動。這也是農業科技發生的後遺症之一。近來農民、運銷商人及消費者的價值觀念與生活態度等，也因農業科技的發展而發生諸多改變，包括信賴科技及運用科技而致富，但也由此養成功利主義，進而產生誤用科技或投機取巧。這種現象實值得國人注意及反省。

六　因應辦法與方案

農業科技的發展對國人多方面生活的影響確有許多是屬正面的貢獻，但也有屬負面的影響。對於可能產生正面的貢獻應繼續再發揚光大，而對於負面的影響則應設法防止並改進。

能夠發揮農業科技使對生活產生正面影響以及減少負面影響的因應辦法與方案很多也很複雜，但就大體觀之，則可分三大方面加以研擬，即：(1)農業科技的改進研究與應用方面；(2)配合農業科技發展所應改善的農業政策、制度與措施方面；(3)教育農漁民與消費者善於運用農業科技方面。

綜合參考「農業科技對國人生活影響研究」小組會議與會者的建議與意見，就這三方面可以採行的具體因應辦法與方案條舉如下:

1.改進農業科技的辦法與方案

(1)發展設施園藝技術。

(2)改進優良農、園藝產品的育種研究及產品加工運輸技術。

(3)發展高價值特殊食品生產及加工技術，開發新食品。

(4)利用胚移置及基因工程，技術改進豬隻等畜產品的生產。

(5)加強農漁產品污染的檢驗技術及防治技術之研究與應用。

(6)加強農業廢棄物利用與淨化技術的研究與應用。

2.改善配合性農業政策、制度與措施的辦法與方案

(1)訂定長期適當的農業發展政策與計畫，作爲農業工作人員及農民工作與經營的依循方針。

(2)健全農產運銷制度與價格政策，提高農民收益，減少農民運動。

(3)實施農業推廣法，健全農業推廣制度，發展農業人力。

(4)立法禁止溫體豬的販賣。

(5)建立種畜登錄與檢定制度。

(6)加強漁業行政組織，改善漁業試驗、監測與防止漁產受藥品等污染物之傷害。

(7)加強農漁村公共投資與設施，改善農漁民生活環境以增進農業科技對農漁民生活改善之效果。

3.教育農漁民與消費者的辦法

(1)加強推廣教育，使農漁民與消費者能多了解農業科技的性質，並能善加利用。

(2)教育農民合理利用有毒的農業科技產物，避免傷害消費者的健康。

第二篇

鄉村發展的問題與對策

陸　複雜性的農村問題與整合性的解決方法

一　前　言

歷屆縣市長及省市議員選舉時，候選人所提的政見中，常以有關農村及農業問題占最重要地位。足見農村建設在我們的政治及經濟建設中是最脆弱也是最應商議的一環。然而要能有效建設農村必須對其問題能有深入的了解，並能提出合適的解決方案作為應對之道。筆者基於此一認識，於此提出若干淺見供爲政府及民間從事農村建設的參考。

隨著時間轉移，臺灣農村問題的種類並未日趨減少，有些問題的嚴重性也未減輕，使我覺得農村問題的性質有日趨複雜之勢，看來要徹底解決農村問題不是一件容易的事，卽使僅要有效解決一項農村問題，也不是用任何單一方法所能濟事。總之，個人深深體會到當前農村問題的複雜性，同時也深感以整合性的方法去解決問題的重要性。本文的要旨卽在闡明農村問題的複雜性質及整合性解決問題的重要方法。

二　農村問題的複雜性

農村問題是否複雜？這一問題雖然具有見仁見智的性質，但個人的看法是肯定的。農村問題的複雜性質可從問題的多樣性、相關性、變動性以及差異性見之。如下就我們看到的這些複雜性質略加分析與說明。

(一)問題的多樣性

當前存在的農村問題中，雖有幾種被農村居民或研究農村問題的人認爲相對比較重要，因而也許可以說重要的農村問題僅有少數幾項，譬如今日大多數的農村居民，都認爲農業收益偏低是一項最嚴重的問題。事實上存在農村中的重要問題絕不只這一樣，除此以外，若干農業上及非農業上的問題也都很重要。這些相對重要的問題，包括曾經發生的芒果滯銷的問題、農作物遭受乾旱爲害的問題、多氯聯苯爲害村民健康的問題，以及日趨普遍的農地廢耕問題、農業受污染的問題都是。遭受這些問題而感困擾的農村居民爲數不少，困擾的程度也不淺，故不能不說這些也是農村中的嚴重問題。除了這些較常被報紙揭露的外顯性問題之外，農村中所存在的較內涵性的問題也還不少，其中某些問題對部分個別農家或農民而言，其嚴重性不見得就比一般外顯性問題的嚴重程度低。

顯然地，今日我們觀察農村問題不能只簡略地看其中的某一項或少數幾項，而應從較廣泛的角度去注意更多的項目。事實上我們卽使不去注意或不去揭露這些問題，這些問題也仍是存在著。那麼經我們用心之後，能夠看得到的農村問題究竟有多少呢？恐怕誰也沒辦法列出一張完整的清單，因為問題的種類與式樣實在很多。不過在很多數量的問題當中，卻也有幾大類與農村居民、農村社會乃至整個國家的活動、安危與禍福較有關係者，這些問題也許都值得大家去關心並認識，因而或許也值得於此一提。要將之一一詳細列舉實有困難，但至少可以大致加以歸類。

按類別而分，重要的農村問題或許可分成自然物理性的、技術性的、經濟性的、社會性的、政治性的、文化性的及醫療衛生性的等。其中重要的自然物理性問題，就包括了農地面積狹小及常有風雨及乾旱之災等。技術性的問題則有工業對農業的污染及農業機械化過程中所遭遇的種種技術難題等。重要的經濟性問題則除了農業所得偏低一項之外，還有勞動力缺乏、農業經營成本過高、稻價偏低、產銷失衡，及資金短缺等。社會性問題的種類尤為繁多，重要者有村民合作困難、組織鬆懈、缺乏領導力、迷信守舊、缺乏參與決策的管道及能力、務農老者辛苦乏助、生育率仍高、留村青年男子結婚困難、潛伏村中的賭博行為仍不能斷絕、過去優良的換工制度漸消失，以及公共墓地難求等。政治性的問題則除了賄選一事時有所聞外，還有民衆對村里民大會的參與率低、各級當選的公職人員中眞能始終盡心為民服務者少等。至於文化性的問題，也可分成許多種類，譬如高層次的文化設施如圖書館等尚付闕如，或不夠充實，村民使用文化設備的能力也低，婚喪禮俗中的過度浪費習慣仍不能根除。此外，傳統文化中具有藝術教育及娛樂價值的部分逐漸喪失，另方面則新興的文化事業（如電視節目）能夠符合村民興趣的程度低等。衛生及醫療方面所存在的問題亦多，例如居民中有不良的衛生習慣者、有不夠衛生與安全的求醫方式者以及有病不治者都還普遍，此外，農村中的醫療設施相對較差，這些都是較嚴重的衛生及醫療問題。

由以上所指出的種種問題，即可略知農村中的問題種類實在夠多，其中若干項目較常被人提及，另一些則較少被人提及，兩者對農村的生活與發展的影響都占有重要之分量。實際上農村問題的種類絕不僅上列的範圍而已，在不同的行家的觀察下還可能顯露出許多其他的問題。

(二)問題的相關性

農村問題之所以複雜，除種類繁多外，也因各種問題都不是孤立存在著，而是與其他問題或要素具有相互關聯的性質。譬如農家農業收益偏低的問題就與農地面積狹小、總收穫量有限、農產價格偏低等問題有關。而農產價格偏低問題又與大量進口農產品、爲安定軍公教糧源的農業政策，以及爲降低工業生產成本的經濟政策等有關。又進口農產品問題之背後也可能具有政治及外交意義的牽連。

再舉農村中勞動力缺乏的問題爲例，其最相近的關聯性問題無非是農村人口外流，而人力外流的問題則又與工業發展、都市發展、農地狹小、糧價偏低、教育普及等要素都相互有關。

進而我們再用在1983年發生的芒果棄入河中的事件來看，表面上這是由於產量過剩所引起，但仔細分析這一問題，其牽連的問題則又極爲複雜，包括近年來栽種普通作物如稻米、甘薯及樹薯等相對無利，導致玉井及大內兩鄉一帶農戶紛紛使用山坡地或平地栽種芒果，此外，也反映出我們的農產運銷制度與組織之不健全、農民組織力量薄弱、各層農會的領導能力與功能差、農民之計畫與眼光短淺、農政及其他機關的決策、計畫、輔導與行政等都不夠精密等等問題。當然這些問題，由於性質十分複雜，以致不易有效解決的缺陷，除令人扼腕之外也很令人同情。

其次，再讓我們來看看不久前農會總幹事賄選這一問題的各種牽連，首先我們也可看出其相關的問題也同樣夠複雜的。賄選現象給許多人的觀感是我們的農民容易被賄賂，但這一問題也不是及此就止，實也牽連到農民的教育程度不足、總幹事的遴選及間接選舉制度有缺點、農會組織方式與盈餘分配制度不當，以及農村領袖的出路及治事原則不佳等問題。

最後再舉農村中居民出生率高這一事象來看問題的相關性及複雜性。要分析這一問題的各種牽連之前，我們有必要先認清目前臺灣農村地區出生率仍比都市地區高的事實。根據內政部所出版的六十八年度臺閩地區人口統計報告，該年都市地區的粗出生率爲23.2‰，各鄉(不包括鎭)的粗出生率則爲 25.7 ‰，其中山地鄉的粗出生率則高至27.6‰ 。各鎭的出生率則介於各市的出生率及各鄉出生率之間，爲24.7‰。若以出生率最高的二十五歲至二十九歲這一年齡組看，鄉村人口的出生率也比都市人口的出生率高。各鄉二十五歲至二十九歲人口的出生率是232‰，而各市同年齡組人口的出生率則僅爲184‰。今日鄉村人口的出生率比都市人口的出生率高的問題，實也反映出農村與都市間在社會、經濟、敎育及衞生上有相當差距。一般農村地區居民的教育程度較低、職業等級較差、節育知識較不普及，同時收入水準也較低等。此外，也可看出農村地區的傳播消息較不充足、醫療衞生條件較差、嬰兒死亡率較高，以及交通較不方便等。足見農村地區人口出生率高也不是一項孤立性的問題，而是與其他許許多多的問題之間有密切的關聯。

此外，還有許多種未加列舉並說明的農村問題也同樣都與其他許多問題有關。明白此一事實之後，當我們要研究農村問題並尋求解決方法時，就有必要用一種較廣闊且較複雜的眼光去處理。

(三)問題的變動性

農村問題之所以複雜，也因其與別的許多問題一樣具有變動性，變動性的重要意義是因時而變。農村中的問題因時而變的性質是不難了解的，雖然不是所有問題的性質都變得很快，但當前的許多農村問題確實也變得夠快的。近一、二十年來我們的農村勞力已由過剩而變爲不足。接近都市的農村由原來收成較差的問題變爲農地與農民兩失的問題，這種地帶的農會也由經營不善而變爲資金過多。反之，原來較爲富庶之純農村地區的農民與農會由存款鼎盛的局面逐漸變爲經濟拮据。近二、三十年來，農村中的地方政治選舉，已經由少數德高望重的老者爲主角的情形，變爲各階層人士都很活躍的局面。農田中原有的蝗蟲痲雀等害蟲、害鳥減少了，但收拾害蟲的青蛙、鷺鷥等益蟲、益鳥卻也少能見到了。農家中的電視機增多了，但到村中賣藝、說書及演戲的舊文化與舊藝術卻也少見了。農村的交通改善了，但車禍也隨之增多了。今日可供村民參與的選舉活動增多了，村民的政治意識也變濃了，但選舉期間的社會糾紛與衝突卻也提升了。今日我們的農業機械化程度比以前提高了，但農民承受能源危機的困擾也因而加深了。近年來農村中的農業經營方式變動很大，農民除種稻之外，也以企業性養豬、養鷄、栽種水果及蔬菜，但很不幸地這種改變卻也使農村中發生過前所未有的小豬放生、果菜等產品棄於地或投河等新問題。總之，近些年來，我們農村中的種種事象變動得很快，變動的過程中則又引發了許多新問題，這又增加了農村問題的複雜性。

(四)問題的差異性

農村問題的性質也會因人因地或其他情境之不同而有差別，這種差異性質當然也增添農村問題的複雜性，致使農村問題的性質很難給予清楚的界定，農村的問題中有些會因人的立場不同而有不同意義。農政官員與農民之間對糧價偏低問題的看法與感受就不會一樣。貿易官員與農政官員對進口農產品傷農問題的看法也不會一樣。農民與水利會行政人員對水費徵收標準過高的問題之看法不一樣，農政機關與農民之間對保護農地不得變更使用問題的看法也很不一樣。接受委託代耕及委託經營的核心農戶與託人代耕及經營的兼業農戶之間對代耕費用的算法不會十分一致，蔗農與糖業公司對分糖的合理比率與方法也各有不同的看法。農民及領導農會的總幹事之間對農會經營方法及盈餘分配必然也有不同的意見。村民之間對於村中舖設道路、建築水溝、設置路燈、建築活動中心等事務也常持不同的看法，因而認爲有不同性質的問題。上列這些因人而不同而對農村問題看法上有所差異，原是很自然的情形，因爲不同的人站在不同的立場，並代表不同的利益，這種問題的多面性或個別差異性終於都加深了其複雜性。

農村問題的地域差異也大。雖然臺灣的地方很小，照理各種問題的地域差異應不致於像一個大國之內或全世界之內的地域差異那麼大。但是由於地理條件的不均勻性及受都市化影響程度的不一致性等原因，在臺灣內部不同地區農村之間問題的差異性也可謂不小，譬如在接近都市的農村，農業工資往往較遠離都市地區的農業工資高，因而農業經營顯得更爲困難，然而這地區的農民卻常有賣地致富之可能。反之，在遠離都市的農村，農產品運費較貴，地價較低落且又乏人問津，窮苦的可能性也較大。近年來靠山邊地帶、平原地帶，或靠海濱的農村之間所遭遇的嚴重性問題常顯然有別。山邊的農村地區較多栽種果樹，因而受颱風的危害及水果賤價的威脅往往較大，且因交通較不方便，在運輸上所遭遇的困擾也較多。在平原地帶的農村中農民較多栽種普通作物，例如多種水稻、雜糧及甘蔗等，兼養毛猪者也較普遍，因此這些年來受低農產品價格影響以致農業收益偏低的問題乃相對嚴重。靠海的農村居民屬半農半漁者爲數相對較多，近年來其水產養殖業受河水污染爲害的情形相當嚴重，因而受工業化的不良影響程度也較深。

同一農村、農家或農民因所處的社會情境不同，所遭遇的問題性質也不一樣。譬如當前由於農家經濟較以前不利，許多農村在公共建設上所遭遇的問題也因而較大。不少農村在以往有較多的年輕人口，其謀求發展的願望往往較老年人高，因而對村中公共建設都較能熱烈參與，然而如今村中的多數年輕人都離村而去，剩下來的人口中，年紀老者所占比率很高，對村子的建設與前途也就較少熱心與關懷。在不同的農村之間，有的較爲人和且有民意代表爲村中的建設奔走出力，有的則較爲分裂且也缺乏領導者可對外爭取財源，兩者間在公共建設上的能力因而就會有差別，在建設過程中可能遭遇的問題也因而會有不同。又有些農村中，老者的權威較重，社會控制較爲嚴格，年輕人比較不敢胡作非爲。但在另一些農村中，老者相對較喪失權威與控制力，致使年輕人中冒犯社會風俗與紀律者因而較多。再看有些農村因年老的長者控制太緊，風氣因而趨於保守，甚至由此導致建設緩慢者也屢有所聞。但在另一些農村，情形就不一樣。總之，在不同農村間或同一農村中，自然、經濟及社會情境不一樣時，其遭遇的問題性質也不一樣。

即使在不同農家或農民之間，因所處的情境不同，其遭遇的問題性質也可能不同。譬如專業農家與兼業農家之間在家庭收支上的困難程度可能就不一樣，又稻作農家與果菜農家之間，對水稻保證價格與收購數量偏低的問題之感受程度也可能不一樣。一般農家雖可能感受到經濟窮困的問題，但其中若干農家一旦其土地因都市計畫或工業區計畫，以致可以變爲非農業用地後，窮困的問題便會消除，但是可能也會因而引來了錢財被騙、遊手好閒，或家門出現善於揮霍的不肖子弟等新問題。另有些農家當其部分分子由於結婚或轉業等原因而移動之後，勞動數量因而減少，勞動力支配上的困難便會加多。總之，農家與農家之間，或同一農家在不同的時間，由於其所處的環境不同，其感受到的問題類別與程度也都會不同。

分析了臺灣農村問題的複雜性質之後，我們有必要再進一步考慮如何採取有效的策略來解決這些複雜性的問題。由於農村問題是相當複雜的，我們便可順理成章地相信不能只用任何單一的策略來應付，因爲任何單一策略雖可解決農村問題的某一種類或一部分，卻無法解決農村問題的所有種類或全部分。面對農村問題的複雜性質，今後所應採行的解決辦法恐怕也得是整合性的。

三　整合性的解決方法

整合性的農村問題解決方法究竟應如何實踐呢？於此就我個人所感到的幾點重要看法表示於後，以供各界參考。

(一)樹立解決多種問題的建設目標

向來我們謀求解決農村問題都以建設農業爲主要目標，譬如從早前的耕者有其田及農地重劃，到當前的第二階段農地改革方案，都算是政府遷臺後爲謀解決農村問題而採行的重要措施。這些政策性措施都有其重要的問題背景，實施的目標也都爲了解決問題，因此都甚重要。然而這些措施顯然都是農業性的，範圍似嫌不夠廣闊。以往的這段期間政府也推行了幾項重要的非農業性建設方案，例如村里基礎建設，但這些非農業性的建設方案，卻都不如農業上的幾種建設方案那麼大規模及大手筆。本來農村的主要生產方式是農業，用農業建設來解決農村問題並振興農村社會原是必要且正確的措舉。但問題是，當前臺灣的農村問題如此多樣性，不僅是有農業性問題而已，如果在推動農村建設時，未能注意非農業的社會經濟性或政治教育性的建設，則問題就不能受到全面或較多方面的注意並有效解決。由於農業問題的產生與影響也牽涉到許多非農業面，因而即使僅爲解決農業上的問題，也有必要從非農業性的建設角度入手。例如，要貫徹擴大農場經營規模的政策，就有必要同時顧及教育農民、健全組織，及建立適當的法令與制度等教育性、社會性或政治性方面的措施著手。

究竟當前爲解決非農業性問題應樹立的農村建設目標有那些？這問題的答案必會見仁見智。個人曾將日常思考、觀察及探訪農民願望後所獲的心得，於最近寫成一項研究報告，在報告中曾指出十二大項共包含數十細項的農村生活現代化目標，這些目標也許可供爲參考之用。我所考慮的這些農村生活建設目標大致是較基本且可再改善的幅度也較大者，相信這些目標達成之後對多數農村居民的生活都能有具體的改善。這十餘大項的目標是：(1)改善農村住宅的建築環境及整頓、美化農村公墓；(2)充實並改善農家建築格調及室內設備；(3)改善農村道路設施及其他交通條件；(4)發展農村居民兼業機會並健全農民兼業型態；(5)改善農家收支的結構；(6)改善農村社會組織與功能及擴大農民的社會參與；(7)樹立鄉村社會福利目標及制度；(8)革除農村中不良的風俗習慣；(9)講究衞生保健及醫療設施；(10)消除不當娛樂並發展正當娛樂；(11)增強農民接受教育的能力並改善鄉村學校的設施與教育目標；(12)充實物質生活資源並改善精神生活品質。

上列的這些建設目標若能達成必可改善當前農村生活上一大部分問題，但卻還不能解決其他許多的問題。整合性解決農村問題之措施顯然也應包括可以解決其他問題的發展方案。例如上列的建設事項中尚未包含政治方面的項目，然而對這方面問題的改進工作，是當前全國上下在推行政治革新的過程中所一致重視者，因而也應將之當成今後的重要的建設目標之一。總之，整合性的農村問題解決方案也應是多樣性的，或是多目標的。

(二)發動社會上多種部門及多種人力來共同解決問題

整合性的農村問題與改革目標旣然是多樣性的，需要參與解決農村問題及達成農村建設目標的社會部門及人力也應包括多方面的。政府的農業機關及人士固然應普遍並深入參與，政府的非農業機關與人士若也能多參與，則可解決問題及可完成的建設的廣度及深度就有增加的希望。

向來我們較能解決農村問題的機關主要是各級農業機關及地方性的行政機關，但這些農業機關對農村問題的解決所採用的方法似乎只偏重農業技術性的。又各地方的非農業性政府機關則由於人力及財力的限制，對農村中許多農業及非農業的問題所能夠改善的範圍也很有限。在此檢討農村整合發展的可能性推行力量時，個人首先期望政府的各級農業機關及地方行政部門能多用心，此外也希望能有民間的組織及人士加入行列，再次是希望在政府的農業管理部門及地方行政機關中能注入較多的非農業性專才來參與工作。

以前當策劃全國農村建設的最高機關「農復會」變爲「農發會」時，輿論界曾建議將之定名爲「農村發展委員會」。但後來正式的組織名稱卻定爲「農業發展委員會」。這一新名稱自然導致後來此一機關處理農村的問題時，仍以發展農業為主要策略。於是農村中的許多非農業性問題乃至農業問題中的許多非農業成分就較不易獲得有效解決。

最近農業局剛成立，有識之士曾倡議在局中設立人文組，藉使該局能以較大視野來擴充農村建設的廣度及強化農村建設的深度，使臺灣的農業及農村問題能獲得較周全並有效的解決。此一建議雖未被當局所採納，但這種建議中所具有的整合發展構想與眼光，實在是今後我們考慮改善農村發展組織及功能時所應具有者。捨此整合性的眼光與哲學，則農業發展過程中所含有的較根深的人文社會問題將無法獲得突破性的解決，農業發展的速度與效率也將難見加快，農業活動本身及農業生產者也將長久停留在工具性的階段，而難提升到目的性的理想境界。如果我們的農業主管機關中，能注入前所未有的人文社會性的部門，從較重視「人」之價值及問題來決策並施政，則我們的農業及農村問題將會有較大幅度的改觀，農村發展的事功也將趨向更為完善。

(三)參與解決問題的各部門必須緊密配合

能有較多的機關部門及人力參與推動農村發展工作，只是具備了鄉村整合發展的必要基礎，但還不能保證農村的整合發展一定可以順利進行。農村整合發展工作必要經由這些推行的機關部門及人力之間相互緊密配合，政府在立場上必要先有明確而堅強的全面性發展政策做為各部門相互配合的依據，各部門之間更不能有互相衝突的立場與計畫發生，民間的組織因有較自由選擇參與的方式，不能對之施以強制性的規定而應使其引起興趣或責任。為使其樂於參與鄉村整合發展工作，有必要由政府相關部門及有心人士給予推動與鼓勵。譬如由政府制定有利其參與的法規，或由農村發展工作官員及鄉村社會經濟學者與社會工作者等爲之鼓吹，藉以引發社會上各種民衆團體及各階層人士，包括基金會、宗教團體、社會服務團體、企業團體及其他民衆團體或私人等，對鄉村綜合問題的解決產生責任與興趣。

在整合性的解決問題過程中，農村居民之參與與配合也是一種基本的條件，這種條件之形成有賴鄉村居民本身的重視與覺醒。農村居民對這種工作若能夠十分重視與覺醒，就會願意貢獻本身的力量，甚至犧牲本身的少許利益，藉以成全整個農村社會的更多利益。要使其能有這種覺醒，需要經過鄉村教育、社區組織或農業推廣工作的過程，因之也極需要農業推廣學者或鄉村社會學者及經濟學者等的共同努力。在進行教育推廣或服務農村居民的過程中，需要先啓發農村居民的綜合性願望，進而協助其對綜合性問題的了解及增進其解決問題的能力。

(四)以多方面的觀點及方法去解決問題

以整合性的觀點去解決農村問題或推動農村發展方案時，應先認識到任何一種問題都具有複雜的關聯性及差異性，因之採取解決問題的方法或制定推動發展的策略時都需要持多面性的觀點與態度。即使僅爲解決單一問題也有必要從多方面的角度入手，運用多種的策略與方法並動員多種資源與能力同時指向解決這一問題的目標。譬如爲解決當前農民收益偏低的問題，不僅需要從提高稻價入手，同時也需要去提高其他作物的價格、打開各種農產品外銷市場、增多農民兼業機會、控制一般商品及農業生產用品價格的波動，乃至增進農民的教育、經濟、社會及政治知識，使其能夠適當運用這些知識以增進本身的收益。又如爲了減少農村居民食物中毒事件的發生，則除應由政府禁止有毒食品的製造及加強食品檢驗外，也應設法提高農村居民的收入及教育水準，使其有更強的經濟能力去購買較佳品質的食物，並有較多的知識去辨別有毒食品並避免食用。總之，此種問題要能有效解決，就須從經濟、社會、教育、法律等觀點與角度合併處理才能見效。

四　後　　語

正當我們的經濟發展快速進行之際，農村的發展相對落後，因而加強農村問題的解決及增進農村社會的發展是極必要的措舉。鑒於本省農村問題在本質上具有複雜性，今後要解決問題就必要使用整合性的方法，如此的作法，才能使問題獲得更有效解決，也才能使農村社會獲得更有效發展。今後一方面我們很必要珍惜已經有的整合性農村發展知識與策略基礎，在這些基礎上再加以推廣；另方面則極應再繼續學習或創造更多有關農村整合發展的新知識、新觀念及新方法，來謀農村問題的更有效解決及農村社會的更有效發展。

柒　現階段農村建設的基本問題與解決方案

一　過去社會經濟政策對農村建設的影響

自中央政府遷臺以來，曾制定並實施了多種的社會、經濟政策與措施。這些政策措施都直接或間接影響到農村的建設與發展。其中直接有關農村建設的政策包括：(1)自民國三十八年至四十二年間實施的農地地權改革；(2)自四十二年以後陸續推行的農地重劃；(3)於六十一年制定的加速農村建設方案；(4)於五十七年頒行的「臺灣省社區發展八年計畫」；(5)自六十五年開始推展的農業區域計畫。以上這些措施都以消除妨害農業與農村發展的因素，以及建設農業與農村爲重要目的。

此外，由政府推行的社會經濟建設計畫中，足以產生農村建設效果的項目還有不少，譬如水稻共同栽培、農業共同經營、綜合發展示範村及農村地區的家庭計畫等。有些社會經濟政策措施雖不是以農村發展爲目的，但推行之後，也對農村的生產與生活有所影響。這類政策包括工業發展政策、外銷發展政策、農產品進口政策以及十大建設等。

種種政策措施的影響常有正反兩面，促進農村建設爲依歸的政策大致是利多於弊。就利益方面看，農地地權改革措施的最大好處是，改善農地地權結構，促進農業發展及改善農家生活，鄉村社區發展的效果則改善不少村里社區的外在觀瞻與環境衞生，共同栽培與共同經營的主要作用則在於協助農民克服勞力不足的困難，加速農村建設計畫實施後的最大效果，是改善農業產銷制度並改善農民生活條件等。

由上舉事實可知過去政府確實推行了不少有利農村建設的政策，並且的確也產生了建設農村的作用。不過，這些政策也產生了相當的反效果，不能不同時加以檢討。

過去有關這些政策性措施成果的研究，曾對各項政策或措施的缺點有所指陳，包括：農地地權改革雖引發農民努力耕作及參與組織的意願與興趣，但這種改革也改變了農村中傳統的領導系統，以及導致鄉村居民發生社會關係上的衝突與偏重利益不顧道義的不良後果。農地重劃的推行也曾致使農民損失部分耕地面積及擔負較高的成本。加速農村建設方案中的農業專業區計畫，曾使部分參與酪農及肉牛專業區的農民，因未買到良好牛種，又因收乳系統未妥善配合，以及因不斷進口牛肉的影響，在短期內曾遭受經濟損失。農業區域計畫推行之初，在實驗區域內，有不少農民因實際土地利用方式與計畫下的土地利用型態未能一致，而遭受到加重稅賦的結果，使農業區域計畫形成妨礙農民對土地作最有利使用的缺點。此外，為穩定糧源所採行的隨賦收購政策及為穩定工業生產成本所採行的穩定農產價格政策，都曾被指評為有礙農民收益。晚近政府採行大宗進口農產品的政策及以內銷為主、外銷為輔的毛猪銷售政策，無形中也打擊了國內的農產品價格，因而也阻礙了農村與農業的發展。其他如發展工業、開拓貿易及發展都市等政策或措施，雖然不以促進或阻礙農村發展為其目標，但無意中對農村的建設也都產生正反兩面的影響。譬如工業發展政策，大量的吸收了農村的剩餘勞力，至於在農村設廠，更增加了農村人力就業機會及增加農村收入都具有正面作用，但由於工業之發展吸引農村人力外流，也導致農業勞動不足，農業經營成本提高，使農村發展產生了困難。

儘管過去部分社會經濟發展政策無形中對農村發展產生妨礙作用，但在過去三十餘年的政策推行，臺灣農村確也有不少進步。農村居民的能力與眼光普遍提高，農村中居住的條件普遍改善，單位農地及勞動力的生產量也普遍提高，實在是十分可喜的現象。今日當我國的都市與工商經濟發展已達很高水準之際，而農村的建設卻遠落其後，因之有必要檢討當前農村建設面臨的種種問題，並提出建設方案，促使未來短期間內農村建設能急起直追，趕上工商與都市的建設水準，以達國家建設趨於平衡與公平的理想境界。這是筆者撰寫本文的主旨。

二　當前農村建設相對落後的基本問題

臺灣農村所得偏低及人才、人力大量快速外流，與都市相對比較發展緩慢，從幾方面顯示出來：(1)農民所得不能與全國國民所得或非農民所得齊頭並進，據農發會於近期發表的資料，民國六十七年農家每人全年所得僅占非農家的64％。(2)鄉村地區相對於大都市，工商建設遠爲落後。六十五與六十六年底相去一年間，登記在五大都市與臺北、桃園、高雄三縣的工廠數目由原占全臺灣的46.2％增爲56.4％。其餘鄉村縣分則相對減少。(3)鄉村的醫療設施及醫護人員與都市地區相較都呈相對缺乏現象。在民國六十六年底臺灣五大都市每萬人口可獲35.24人，但在其他十六縣地區僅爲11.97人。合併五大都市及北、桃、高三縣加以計算，則每萬人口可分得25.98人，其餘十三個鄉村縣分只得 10.75 人。這種鄉村縣分比都市或大都會區醫護人員較為缺乏的情形，比之以前有更不平衡的趨勢。在民國六十五年底時，當五大都市每萬人可獲 32.71 人時，其餘十六縣每萬人口尚可獲得11.36人。兩者差距較六十六年底為小。

上面粗略列舉三項事實，以證明農村地區在經濟收入、工業發展及醫療設施與服務的發展上，都遠落在都市地區之後。其他未列舉的社會經濟建設事項，農村不如都市的情形也甚普遍。近年來，農村建設落後於都市建設，兩者在發展上的差距擴大，使國家內部建設的平衡性受到考驗。

目前農村建設相對落後，反映當前農村建設存在許多問題未能有效解決。其中筆者認為較為根本的問題，須予指明提出討論者，基於兩個概念：(1)這些問題若未能解決，會影響到其他許多的問題無法解決；反之，這些問題若能解決，其他許多問題也能有效解決。(2)問題的存在，會使大多數的農村居民承受較大的犧牲；反之，這些問題獲得解決，大多數的農村居民便能夠獲致極大的利益及福祉。玆將當今臺灣農村建設所面臨的基本問題中，可由人為努力改善且又最堪注意的三項，分別分析其性質於下：

(一)農產價格不能與農業生產成本及農民生活費用成等幅度提升的問題

這個基本問題的存在，影響到農村中所有的農民，也影響到大多數的農村居民，使其生活不能有效改善，農村的農業建設及其他物質建設也就無法談起，精神與文化的建設必更難推展。過去一、二十年來臺灣農民生活普遍艱困，經營農業的意願與興趣逐漸陷入低潮，農村經濟普遍不佳。這種現象與農產價格偏低、農業生產成本昂貴有極密切關係。自民國六十四年至六十七年間，一般物價批發價格上漲9%，消費品零售價格上漲16%，而農產品價格反而下跌7～10%。試想當農業生產用品的價格與許多農民日常生活用品的價格，不能有效穩定且還不斷持續上升之際，而多種農業生產品的價格特別是米、糖、玉米與大豆等糧食產品的價格卻有效「穩定」了。農民怎有能力去增加收益並改善生活？農村社會怎會有餘力去從事建設？當農民發現農業生產無利可圖之際，農家與農村的經濟便不是由擴大農場面積等措施所能加以改善。可能農場面積越大，虧損也會越大。

影響農產價格不能與農業生產成本及農民生活成本作等幅度提升的原因，有一部分是非我們自己人的力量所能控制，但另一部分原因卻可由我們國人及政府力量來克服並改善的。長期以來農民收益所以未能相對提高，實也牽涉到許多非農業及非農村本身的問題未能解決或改變之故，如此看來，則此一外顯性問題之背後卻還藏有隱含性的問題。這些隱含性的問題固然也包含部分農民缺乏眼光以致容易造成一窩蜂生產的問題，以及部分農民缺乏能力與商人議價並向政府決策部門反映的問題在內。此外，長期以來，政府的經濟政策一貫以發展工商業及貿易以促進國家經濟的成長為主；一向以穩定糧價，提供有利工商生產環境，並促進國家經濟繁榮為主要方針。因而主要糧食價格便難與農業生產成本和農民生活成本作等幅度提高。直到晚近政府在農產價格的政策上逐漸有了修正，但到目前為止，農民收入偏低的問題仍甚嚴重，可見政策的修訂程度仍嫌不夠，對已修訂的政策如農業發展方案等執行也嫌不夠徹底。

過去政府為增進農民收益常把重點放在降低農業生產成本上，不採提高農產品價格的手段。然而多年來農業生產成本隨物價上揚而不斷上升，不能有效穩定。在另一方面，長期以來農產價格卻受控制而相當穩定。在此情況下，農業政策面臨了重要的選擇，究竟今後要繼續讓農民的收益偏低下去呢？或是毅然以政策性措施提高農產品的售價，使農民確實獲得合理利潤？

農產價格不能與農業生產成本及農民生活成本作等幅度提升的問題，不僅妨礙農業生產，且也影響農民生活。因此這不僅是一項有關農業生產的問題，也是一項有關農村生活的問題。實在是大多數務農的農村居民所盼望解決的一項基本問題，不能不予重視。

(二)農業勞動力衰老與不足的問題

近年來由於國內工商業快速發展，農村及農業以外就業機會增多，農村中的農業勞動人口大量外流，使農忙期間勞動力甚為缺乏，造成農業僱工的工資上升，影響農業收益甚鉅。不少農家因無力或不願以昂貴工資僱用工人，不得不透支自己的勞力，不少年長農民常於播種收穫期間忙得身心交疲，收割之後計算收益又無甚利潤可圖，因而對農業生產失去信心與興趣，這種心理與態度的轉變，終會對農業建設及農村發展有不利影響，也是一個重大的問題。

過去政府針對農村勞動力不足與衰老問題，曾採取若干補救措施，包括推行農業機械化、共同經營、委託代耕、請國軍戰士協助收割及培養青年農民等，都能收到功效。只是效果往往僅限於部分地區或部分農家，未能普及所有農村。其中較根本的辦法之一的青年農民的培養計畫，則因整個農業環境不利，推行起來也不易收到效果，在這計畫下，願意留在鄉村務農的青年雖可獲得鼓勵，但農村青年仍普遍不願選擇務農為職志。故農村中老人逐漸凋謝，新人卻不易補充，給農業發展亮起紅燈。部分決策者或以為我國農業人口總數偏多，讓農業勞動力再減少，不會形成勞力不足問題。如果以國外大農制及高度機械化的標準來衡量我國的農業勞動力的供應，或可認爲不成問題，但今日我國的農業機械化程度距離大農制及開發國家甚遠，而今後小農制仍將繼續存在，因之農機化的前途也將受到很大限制。勞力不足及老化終將致使農業生產低落，尤其農村發展所需的幹部，若仍難以獲得補充，農村中的農業及非農業建設將會繼續受到挫折。

今日我國的農村，在農忙時勞力甚感缺乏，但決策當局似乎希望使更多的農業勞動力及農村人口外流，以減少農業勞動的絕對數及其占所有勞動力的百分數。這種想法與做法可能使農村農業勞動力缺乏問題更形嚴重。農業決策及輔導部門，也往往希望兼業的小農戶能將土地出售給擁有較多農地的專業農戶，以便淘汰過小農戶。事實上目前想要出售土地的大多是較大的農戶而非過小農戶。今日的兼業小農在農忙時較無勞力缺乏問題，反而較大的事業農由於農場面積較大，勞力不足問題較爲嚴重，因之想出售土地者較多。筆者並無意鼓勵發展過小農戶或兼業農戶，而是要提醒大家正視農村勞力缺乏的問題以大農戶較爲嚴重，而這一問題的存在正是限制農村農業發展的瓶頸之一。今後農村要能現代化，農村所需的勞動力，不但要數量足夠，且要品質優良。預料今後有足夠能力與財力的大農與富農將不易形成，而將來農村中較有能力與財力的人力可能是有農業外收入的較年輕兼業農戶。

(三)農村生活改善所遭遇的種種問題

農村建設的目的固需要爲社會與國家提供充足的農業生產，而更重要的，在於能爲農村居民提供良好的生活。目前農村居民在邁向生活改善的建設過程中，卻遭遇了若干難以克服的基本問題，這些問題若無法解決，農村居民便無法向更良好的生活邁進。農村居民所追求的建設是以改善衣、食、住、行、育、樂等基本生活爲首要目標。今日不少農村居民首先面臨的是經濟來源困難的問題，尤其在遠離都市的農村地區，農村居民普遍較爲窮苦，旣無農業外工作機會，要改善食衣住行等基本生活條件也多受限制，尤其在較爲偏僻的農村，更有交易不便的問題。

農村居民除要求改善食、衣、住、行、育、樂的基本生活條件外，還要求改進衞生與健康條件，所遭受的阻礙更是根深蒂固，農村普遍人畜共處，使用簡陋厠所及缺乏潔淨用水。這些問題的發生，是因農村基本公共衞生設施缺乏、經濟條件差或苟安於原有生活環境等因素所構成。除了這些問題之外，目前有些農村居民一旦生病常感無力負擔醫藥費，以及當地缺乏醫療設施及醫護人員的困難。

此外，對教育與娛樂的改進亦不可或缺。今日農家子女一到要開始接受高中、高職以上敎育時，往往要離開家鄉到都市的學校就讀，食宿費用不少，若考進私立學校，學費的負擔更是可觀。不少農家爲了籌備子女敎育費而深感苦惱。

至於農村居民的娛樂則相當有限。隨着社會的轉型，過去農業社會時代的賣藝演唱及野臺戲已漸消失，村民的傳統娛樂減少甚多，大多數只能從電視機得到娛樂。然而在農村中年歲較大農友，因不諳國語，對以國語發音爲主的電視節目，常不能享受。

三　解決問題的方案

針對上列阻礙農村的農業生產及改善農民生活的各種問題，顯然難以一種萬應靈丹可以全部解決。玆將其重要可行方案列述於後:

(一)提高農產品價格方案

過去所採低農產品價格政策，特別是低糧價政策，顯然需要改變，才能有效建設農村，考慮合理提高糧價，應先對稻米雜糧生產成本作確實合理的估計，並於實際成本之上加以合理利潤以作爲稻米新價格的標準。農民旣爲國家經濟的最弱者，若不能對其生產最大宗的稻穀生產成本作正確而合理的估計及承認，就不能使其獲得合理利潤以維持良好水準的生活。政府中的糧農主管部門實有必要對此詳加研究並採行適當措施。

要使農民生產的稻糧能得到合理的售價，首先應使這些產品有良好銷路，因此，政府應先消納國內的農產品，然後才考慮自國外進口農產品，否則難免影響國內農產品銷路及售價。目前臺灣糧食的自給率約僅爲48%，政府若決心保護農民，則農民生產的稻糧及其他糧食將不致無法銷售，也不致價格偏低，農民也不致無法提高收益。爲能確保農民生產的稻穀雜糧等農產品能有良好出路，政府還得認眞執行保證價格的政策，不但保證付給合理價格，還得取消限量收購的拘束，擴大收購數量，使農民要售多少便能售多少。

爲能使農民的收益有效提高，今後政府的外貿部門顯然也需要在農產進出口的措施上相應配合。一方面應盡力爭取農產品外銷，由過去以內銷爲主、外銷爲輔的策略，改變爲保持穩定外銷的策略。二方面則應在進口方面，由原來不斷大宗進口農產品的策略，變爲以不致打擊國內農業生產爲原則，適度限制進口的策略。今後並不迫切需要進口的農產品就儘量不准進口。

(二)穩定農用品及日用工商產品價格方案

農民生活水準偏低，一方面是由於農產品價格偏低，另一方面則是由於農用品及日用工商產品價格不斷提高使然。因之，要提高農民生活水準，使之與非農民生活水準較爲接近，除採前述提高農產品價格方案之外，也應同時從農用品價格及日用工商產品價格入手。重要農用品支出項目，包括：肥料費、飼料費、農藥費及農業機具費用等。過去政府在推行加速農村建設計畫時，爲提高農民收益，曾致力於減低農業生產成本，但隨著歲月轉移，已不再控制農用品的價格而節節上升。過去農業發展的推行部門，曾採用補助農民購買農業機械的方式，以節省農民支出，頗能收到功效，但受益者僅局限於部分農民。近年來，肥料價格因能源價格上漲而呈現飛漲的現象，農藥及飼料的價格也年年上漲，今後政府似有必要在這些農用品的價格方面作有效的控制，才能確保農民從事農業生產有利可圖。

要增進農民利益，還可從穩定農村的日用工商產品價格，同時減輕農民的地租、水租及教育費用等方面著手。最近政府爲提高農民收益，特准農民免繳田賦，此一作法甚爲可取，今後還要擴及地租及水租的減免，以及減輕農民子女的教育費用，如貧農子女能比照軍公教子女可獲教育費補助，准其免繳部分學費。最好有關機關還能放寬尺度接受貧農爲清寒戶，便利其子女申請清寒獎學金，以減輕其教育費負擔，不因有少數田產就絕對不准其列入清寒戶。事實上，部分有農地的農戶除生產成本外並無利潤可言，還得負擔租稅，照其收入水準顯已充分構成清寒農民的資格，但是過去不少這些農家的子女在申請清寒獎學金或減免學費時，卻常因家有小塊田產而不能獲准，似有欠公平。

(三)充分供應農村公共建設資金方案

農村建設切需的資金，由於目前農民經濟普遍不寬裕，本身缺乏能力自行提供。今後要建設農村，有賴政府充分提供公共建設資金，否則難以推動，今後農村中最需要政府提供公共基金，以協助建設的項目，大致是自來水設施及社區基礎工程建設等。過去政府曾協助過不少農村地區設置自來水及社區基礎工程，包括道路、水溝及公共活動場所等，但仍有不少農村地區至今尚無這些設施，對於生活環境的影響至鉅，有待政府提供公共建設基金，援助其建設。希望在不久的未來每個村里都可享用自來水，排水溝暢通及道路平坦。

(四)改善農村醫療設施及實施農民健康保險方案

過去政府衞生主管機關對改善鄉村地區的醫療設施，曾略有行動，但效果不彰。最近在少數農村中，已經開始興建小型的醫療診所，並且在民國七十八年開始辦理農民保險，但願這項直接關係農村居民健康與生命的建設方案普遍展開後，農村中的貧農有病者都能獲得免費或廉價而充分的治療。在這項建設方案下，顯然也必要有足夠的優良醫護人員下鄉服務，才能收到成效，政府的衞生主管部門需要在這方面妥爲計畫。

(五)加强農民組織及積極培養農民領袖方案

過去農村建設相對緩慢，與農民不能利用堅強組織力量爭取本身利益有關；而農民組織之所以脆弱無力與過去未能注重培養有力的農民領袖人才有關。今後要使農村建設生根壯大，政府必要持續發展農民組織，並培養有能力願爲農民謀福利的農民領袖。不僅要培養適合農村中基層組織的領導者，且要培養能在上層政治結構及其他組織中爲農村建設及農民福利設想的高層領導者，這些領導者不僅是要能眞正了解農民，而且必須是具備良知良能及熱心公益的人士。

(六)加强農村地區社教、娛樂活動方案

農村教育的方法，可由製成影片播映或使用其他視聽器材，內容包括教育性及娛樂性，可藉機教育農民啓開其心智，並可收娛樂農民及提高農村士氣之效。

(七)推行農業區域計畫及農村工業發展方案

目前政府已準備廣泛推行農業區域計畫，藉以達到農地最適利用及提高農民收益的目的，用意至佳。然而在試辦地區農民由於受到區域計畫的限制，以致土地使用不能任意變更，不易將土地因素與其他生產因素如勞力及資金等作最適當配合，因而不能獲得最高收益。政府今後推廣此一計畫，在保護農地資源的同時也應考慮達到農民最大利益的原則，將可能妨礙農民利益的措施減到最低限度。

過去政府爲增進農村地區就業機會，曾在農村地區設置若干農村工業區，這一措施確實便利了工業區附近農民獲得兼業工作機會，並達增加收入之效果。報載因爲在農村設工業區牽涉太多問題，今後政府將不計畫再增加設置農村工業區。今後如不再增設「農村工業區」，亦能在注意農村土地妥善利用方式下，使更多資本家願意個別到農村設廠，將同樣可收增加農村地區就業機會效果，當有助農村的建設。今後若政府決定不主動推動農村工業區之設立，對資本家願在更廣泛的農村地區設廠者最好能以鼓勵，當然設廠時不能毫無計畫或約制，但也不應限制太多致使資金裹足不前。

上述各種今後可行的農村建設方案，其中有多項並非十分新穎，但相信對促進農村的建設及發展仍能發生實質的效果。

捌　農業人力的變遷問題與適應之道

論農業不能忽略人力因素，因爲人力是農業生產的主動性要素，由其使用其他因素而達生產效果，若此項要素配合不當，農業生產必無效率。

長久以來本省農業人力的變遷與農業發展的關係至爲密切，由是由研究農業人力的變遷與現況，可藉以了解農業發展的成效及問題，進而有助尋求有效的農業發展對策。

此處我們以臺灣地區歷次農業普查資料，作爲背景資料，先分析自民國五十年至六十九年間本省農業人力數量與結構的變遷，以及當時農業人力數量及結構的狀況，進而探究這些變遷與現況所隱含的問題及有效對策。

一　農業人力的變遷

依照民國五十年至六十九年農業普查資料，臺灣地區總農戶數及全部農業從業人員都增加了，但以農業爲主要工作的農戶及人力數量卻減少了。五十年時全臺灣地區的農戶共有80萬 7 千餘戶，至六十九年增至89萬 6 千餘戶，兼業農戶也由42萬餘戶增至81萬戶，但專業農戶卻由38萬餘戶減至約僅 8 萬戶。

同期間全部農業從業人員由227萬增至252萬，共約增加25萬人，以農業爲主要工作的專業性農業從業人員則由138萬減至21萬，減少幅度極大；反之，兼業性農業從業人員則由46萬餘人增至231萬餘人，增加的幅度也極大。實際上，在這期間農戶中滿十五歲以上參與農事的農民由227萬減至224萬，共約減少3萬農民，卻共增加25萬的其他農業從業人員，包括非農戶的農業勞動者、農場僱工、農企業界的人員及農業機關的人員等。

分析二十年間增加約25萬的農業從業人員當中，男性約多出女性一倍，其中男性約增加17萬，女性則約增加8萬5千人。

二　農業人力的結構

依照六十九年農業普查的資料，全臺灣地區農業從業人員共有252萬餘，其中約十分之九爲農家農業勞動力，共224萬。另十分之一是當僱用農場工人者及其他的農業從業人員。在全部252萬農業從業人員中，男性略多於女性，前者爲53%，後者爲47%。

農業從業人員當中大部分都從事耕作性的農藝及園藝事業，占96%之多，其餘的4%是從事畜牧業的。又在240餘萬耕作農之中約有三分之一所種的土地不及半公頃，另約三分之一所種的耕地面積介於半公頃至一公頃之間，其餘三分之一所種的耕地在一公頃以上，但大致僅以兩公頃爲限。

就全部農業從業人口的地域分配結構看，以彰化縣、雲林縣及臺南縣的人數最多，都在20萬以上，分別占全部的12%、11%及9%。五大都市及澎湖縣內的農業從業人數最少，都在2萬以下，也都占不到全部農業從業人數的1%。其中以基隆市最少，僅2千餘人。

在80餘萬農戶當中，滿十五歲以上的勞動人口數共爲374萬，其中十分之六，即約共爲220餘萬都多少參與農業工作。其中約有1%純爲農業指揮者，約有40%爲以農業爲主的工作者，約有24%經常幫忙農業工作，另約有35%於農忙期幫忙農事。

就所有經常或偶爾參與農業經營的勞動力之年齡分配看，以滿二十至未滿四十五歲者居多，共占51%，四十五至六十四歲者爲數也不少，占36%，滿十五歲至未滿二十歲者占8%，而滿六十五歲以上者占5%。

進一步將年齡與農業工作性質作一統計分析，很明顯可以看出如下幾點事實：(1)在純指揮農事的農民羣中，滿六十五歲的老人所占比例頗高，占37%；(2)在以農業爲主要工作的農民羣中，滿四十五歲至未滿六十四歲者爲最多數，占49%；(3)經常幫助農事者以滿二十歲至未滿四十五歲者居多，共占55%；(4)農忙時才幫忙農事者，則各年齡層都同等重要。

反過來看不同年齡層投入農業勞動的不同方式，重要的情況是：(1)十五歲至未滿二十歲的青少年大致在農忙時才幫忙農事者居多，占84%；(2)二十歲到未滿四十五歲的青壯年則各有三分之一是農業主要工作者，經常幫忙農事、或農忙時才幫忙農事者；(3)滿四十五歲至未滿六十五歲的壯年人則有半數以上以農業爲主要工作，占55%，其餘則有25%經常幫忙農事及20%於農忙時才幫忙農事；(4)至於六十五歲以上的老人則約有半數仍以農事爲主要工作，另有15%經常幫忙農事及29%於農忙時幫忙農事。足見這些上了年紀的老人很少人能從農場上退休。

三 八萬農業大軍的性質

由當時農業普查的資料得知80餘萬農戶當中專業性的耕作農僅約有8萬人，這些工作者是當時農業經營的主力，也即是前省政府李登輝主席所稱的「八萬農業大軍」。分析這些農業主力軍的年齡結構及其所耕種土地面積的大小情形，發現具有兩個特性：(1)年紀相對較高；(2)其耕種的土地面積相對較大。就前種特性看，這「八萬農業大軍」當中，六十五歲以上者所占比率爲13%，但在所有非專業耕作農中六十五歲以上者僅占7%。又就後種特性看，八萬專業耕作農中有耕地一公頃以上者占50%，但在所有非專業耕作農當中有耕地一公頃以上者僅占30%。所以「八萬農業大軍」以較大年紀耕作較多土地的特性至爲明顯。

四 人力變遷與現況隱含的問題

過去三十年農戶數繼續增加的事實，表示農家不斷成長及分裂，因而不斷擴展，由是每戶平均耕作面積也不斷變小。農業從業人員當中的兼業農民大幅度的增加，這隱含了耕地更難作精密使用的問題。過去三十年專業農民約減少85%，而兼業農民約增加五倍，這種勞力結構的變遷一方面反映了藉工商謀生的機會增加，另方面則反映出單靠農業謀生的困難程度也加深。

至於當時農業人力結構性質所隱含的問題當中，較爲明顯者似乎有以下諸點：(1)絕大多數的農業從業人員都需依靠耕地生產，但每人能使用的土地實在非常有限；(2)由於不同行政地域的農業人力分布之間差異頗大，顯示農業人力較多的縣分，如彰化、雲林及臺南縣，待解決或待改進的農民問題也相對較多；(3)仍占重要分量的老年農民當中，必有年邁力衰卻不得不堅守農業勞動崗位之人，若不能使其減輕或退出耗力的農業勞動工作，個人及家庭必然存在若干問題，農業發展的效率也會受影響；(4)農家年輕勞力絕大多數需在農忙時幫忙農事，這原是一種良好的現象與制度，惟多半的年輕人都有他職，要兼顧農事就會與其僱用性的工作起衝突，並引起僱主的不滿；(5)當時專業耕作的農民僅8萬，且年齡偏高，隱含著耕作方式極待改進及農業人力也極待更新與補充，否則人力缺乏的問題會更嚴重。

除了農業普查資料所反映的事實與問題外，當時農業人力還隱藏著一項重要的問題與事實是，農民接受正式教育的程度普遍不高，寄望他們在農業經營技術上求較大幅度的突破與改進，並在兼業上求發展都會受到限制。

五　農業人力的發展及適應之道

農業人力牽涉的事項與問題甚爲複雜，要爲本省農業人力的發展與適應訂一圓滿的政策甚不容易，但幾樣政府已推行或應再加強的合理做法似乎仍爲今後努力的重要方向。就這些途徑及參考出自農民的建議，以下是未來幾個可努力的方向:

1.加強農業機械化以代替無效率的勞力

農業機械化是進步的農業耕作方式，又可有效代替人力工作，故應可再擴大推行，使其普遍化。惟要使農業機械化更爲普遍，甚有必要設法消除或減輕種種妨礙性的因素。重要者包括改善田間道路、設定合理農機及零件價格、便利農民購買油料及有效調配使用農機等。

2.建立專業農民安全制度以穩定必要的農業勞動量

面對專業化農業工作者銳減的趨勢，由建立專業農民的安全制度以穩定必要的農業人力乃愈形重要。重要的辦法除謀穩定合理的農業收益外，也很必要注重專業農民在老年時期的醫療保護及喪葬救濟。

3.輔導青年人力合理參與農業勞動

青年人力將是未來農業勞動的主力軍，合理發展與運用這部分人力乃是政府農業機關的重要工作，惟重要的策略除了目前較積極推動的培養創業性青年農民外，輔導小農戶青年人力轉業及指導外移農家青年合理協助家庭農事，也是重要的事。

4.提升農民的知識能力及技術水準

面對劇烈的社會經濟變遷，農業人力面臨更大的知識及技術限制，工作適應也越感不易。但必須使農業從業者能作適當對應，主動採取有效的措施，農業的發展才能順利。這種目標要能達成，有必要經由長期繼續推動農業推廣教育工作入手，包括指導各種年齡與性別的農民作生產上與生活上的各種適應。

玖　當前農村建設相對落後的事實與問題

在1979年舉行的第二次國家建設研究會，與會人士所研究、檢討與建議的事項範圍廣泛。當時參與人士與政府若能對我們以往國家建設中較落後、脆弱的環節，多加注意並寄予較多的關切，將有助於今後國家建設更趨平衡健全。基於此一看法，筆者因此提出本文作爲當時國建會期間的建言。

過去四十餘年來政府對農村建設曾做過不少努力，因而確實促進農村不少進步，進步的事實可從農民的知識與能力普遍提高及居住條件普遍改善方面見之。然而自從政府致力於工業發展及貿易開拓以來，都市的工商經濟發展迅速，農村建設即顯得相對落後，落後的事實可約略如下三方面事例見之:

(1)農民所得不能與全國國民所得或非農民所得齊頭並進。據行政院農發會於不久以前公佈的資料，民國六十七年度農家每人全年所得（包括農業所得及農業外所得在內）僅占非農家每人全年所得的64%。

(2)鄉村地區的工商建設較都市地區的工商建設落後。從民國六十五年底至六十六年底一年間，設立在五大都市及臺北、桃園及高雄三個大都會附近縣分內的工廠數目，由原來占全臺灣總工廠數的46.2%增爲56.4%。反之，設在其餘以農業爲主的農村縣分內的工廠數由原來占全臺灣總工廠數的53.8%降爲43.6%。

(3)農村的醫療設施及醫護人員與都市地區相比較都呈現相對缺乏的現象。民國六十六年底時，臺灣五大都市每萬人口可獲35.2個醫護人員，但在其他十六縣每萬人口僅可獲 11.97 個醫護人員。如將五大都市及臺北、桃園及高雄三縣合併計算，每萬人口可分得 25.98 個醫護人員，但在其餘十三個農村性質較濃厚的縣分，每萬人口只能有10.75個醫護人員。

上舉事例可以證明農村地區不論在經濟收入、工業發展或醫療設施與服務水準上都遠落在都會地區之後。近年來，農村建設速度不如都市建設速度之快，使原來農村與都市間在發展上的差距越拉越遠，國家內部建設的平衡性乃受到一大考驗。所幸今後政府於完成十大建設之後，將建設的重點放在小型的基層建設上，而使城鄉之間建設的差距縮短。

目前農村建設相對落後，反映出農村建設存在著許多問題尚未能有效解決，將其中較爲根本者略爲加以列舉並分析說明。所謂較根本的問題是基於兩個概念上：(1)這些問題若未能解決，會影響到其他許多的問題無法解決；反之這些問題若能解決了，其他許多問題也能有效解決；(2)問題的存在會使大多數的農村居民不得不承受很大的痛苦；反之這些問題若解決了，大多數的農村居民便能夠享獲極大的利益與福祉。基於這兩個基本概念，我們認爲當今臺灣農村建設所面臨的基本問題以下列三項最值得注意：

一　農產品價格不能與農業生產成本及農民生活成本作等幅度提升的問題

這問題的存在影響到農村中所有的農民，也即影響到大多數的農村居民，這問題若不能有效改進，則大多數的農村居民，尤其是農民，其生活不但不能改善，反而會變得更加惡化。當農村中的農業建設及其他物質建設無法達成時，精神與文化的建設也必難推展。近年來臺灣農民經營農業的意願普遍陷入低潮，農村經濟不佳，都與這問題有極密切的關係。多年以來農業生產用品，包括飼料、肥料、農藥、農器具及僱工等的價格不斷提高，許多農民日常生活用品的價格也持續上升，但多種農業生產品如米、糖、玉米、大豆等糧食產品及毛猪的價格卻長期緩慢上升，乃至「穩定」不升或下降，道地種田養猪的農民便少有餘力去改善生產與生活，更談不上有餘力去從事其他的建設。當農民發現農業生產無利可圖之際，要期望農民把農場面積擴大就有困難，不少農民感到農場面積越大，虧損可能越多。

影響農產價格不能與農業生產成本及農民生活成本作等幅度提升的原因，固有一部分非國人的人力量所能控制，但有一部分應可由我們國人及政府的努力來克服並改進的。長期以來政府爲促進工商發展，繁榮經濟，都採穩定糧價的措施，甚至又大宗進口雜糧以提供有利的工業生產及貿易環境，不無影響到糧食價格難與農業生產成本及農民生活成本作等幅度提高。最近政府在農產價格的政策上逐漸有了修訂，但到目前爲止，農民收入偏低的問題仍甚嚴重，可見修訂程度似嫌不足。

過去政府爲增進農民收益，常把農業建設重點放在減少農業生產成本上，這種作法當然重要，然而多年以來農業生產成本仍隨物價上揚而不斷上升，但另方面多項農產品卻穩定不升，我們的農業發展及農村建設乃遭遇了相當大的困難。究竟今後將使農民的收益繼續偏低下去呢？或毅然以保護性的政策措施，決心由抑制農業生產用品價格並提高農產品售價，以使農民確實獲得合理利潤並改善生活？決策者實有重新檢討的必要。

二　農業勞動力衰老與不足的問題

近年來由於國內工商業快速發展，農村外及農業外的就業機會增多，農業勞動力大量並快速外流，造成農忙期間勞動力缺乏，於是農業僱工不易，工資大幅升高，影響農業收益甚鉅。不少農家因僱不起工人或不願以昂貴的價錢僱用幫手，單靠自己的勞力卻又忙不過來，其中不少年老力衰的農民常於播種收穫期間忙得身心交疲，收穫之後計算收益又無甚利潤可圖，這種情形也構成農業發展與農村建設上的一個大問題。政府針對農村勞力不足與衰老的問題，曾做過幾樣因應措施，包括推行農業機械化、共同經營、委託代耕、請國軍戰士協助割稻及培養青年農民等，樣樣都見功效，但尙未能普及所有農村。青年農民的培養計畫則因農業生產環境與農村生活環境未能有效改善，推行起來不易收到效果，在這計畫下願意留村務農的青年雖可獲得鼓勵，但農村青年仍普遍不願選擇務農爲職志，今後將可預見農村中隨著老人的逐漸凋謝，新農民的補充仍不容易。

未來農業勞動不足的問題，當可由農業機械化的推廣加以補救，但機械化的推行仍將受到小農場制的阻礙甚大。雖然有人寄望由農業勞動力大量外流，使農場面積擴大，以便全面推行機械化，但可預見這可能性不大，因爲農業勞動外流，農工成本提高後，較想要出售土地的是擁有土地面積較多的專業農而非小戶的兼業農。今後農業機械化的推行建立在代耕的制度上的可能性較大，但推行起來是否有效，得看代耕制度能否設想周全而定。

三　農村居民生活改善上的種種問題

農村建設的目的固然需要爲社會與國家提供充裕的農業生產，但更重要者，應在於能使農村居民本身改善生活的品質。目前農村居民在邁向生活改善的建設過程中，卻面臨種種不易以自己的能力去克服的問題。農村居民所追求的建設無不以改善食、衣、住、行、育、樂等基本生活爲首要目標。但今日還有不少農村居民爲達到這個目標，首先就面臨經濟來源困難的問題，尤以缺乏農業外兼業機會的農村地區的農民爲是。一般農民子女受過高等教育的成本相對較高，常影響其教育發展的機會受到限制。

鄉民建設農村除要求能改善食、衣、住、行、育、樂等基本生活外，還常要求能達到改進衞生與健康條件的目標，但今日農村居民在衞生及健康改善上仍存有多種難以克服的問題。在衞生改善方面遭遇的重要問題，包括缺乏改善衞生設備的能力與習慣，此外不少農村居民也常因付不起醫藥費以及不易接近良醫，以致延醫或誤醫，乃至犧牲健康或生命。

上舉種種有關農村建設相對落後的事實及問題，實可供爲從中尋求今後農村建設的目標，但願政府與社會各界能同意以這些相對落後的發展事項作爲今後國家建設的重點。

拾　農民的農業經營願望與農業建設的目標

一　農民的農業經營願望是合理農業建設目標的基石

農業建設是政府行政工作的一部分，這種建設工作的推展通常和其他行政工作一樣，都先設立目標而後按目標推行。政府在設立各種行政目標時考慮的因素可能很多，其中一項不能忽視的重要因素是農民對農業經營的願望。農民對農業經營的願望之所以是設立農業建設目標的重要依據，道理甚爲明顯，因爲農業建設的最基層工作者是農民，若目標不能與農民的願望一致，建設目標便達不到，即使可達到，速度也將較爲緩慢。如果農民的願望未能被充分考慮而勉強達到農業建設的目標，則這種成就對多數從事農業工作的農民而言是與願望相違的，可能換來農民的抱怨，也就得不償失。

由於農民對農業經營的願望是政府設立合理農業建設目標的重要基石，相信政府各方面都樂於了解當前農民對農業經營的重要願望，以便能確立對國家有益且對農民也有利的農業建設目標。筆者乃願藉此機會就本人調查全省各地近三百名農民，對各種有關農業經營事項的願望加以報導，供爲制定農業發展目標及推動農業發展事務的官員及人士之參考。

二 農民的農業經營反映了農業問題

通常農民不大主動表達願望，但若能獲得引導即可表示許許多多的農業經營願望。仔細觀察農民的種種願望，可看出並不是不著邊際的幻夢，農民的多半願望都起於農業經營過程中遭遇了困難，爲了克服困難才引發了願望。因此可說由農民對農業經營的願望也可以看出農業問題的性質。

農民在農業經營上所遭遇的問題越大，表現出來的相關性願望也越強；所遭遇的問題越普遍，農民之間的願望也越一致或越統一。由於農民對農業經營的願望與其在農業經營所遭遇的問題有如此密切的關係，因此若將農民的願望化成建設目標並將建設目標達成了，其所感受的農業問題也可獲得減輕或解決。

三 農民對農業經營有多種願望

農民在農業經營上曾遭遇多種的問題，因之也存有多種的願望。若將這些願望逐一列舉，可列出很多。以下筆者將擇其重要者加以列舉並略爲說明，同時也略爲建議應對的農業建設目標。

1.農民對擴大農地的願望不高，故應設法提高農業的報酬率

農地是農民賴以爲生的主要資源，以當時每農戶僅約有一公頃的情況看，我們有理由預期農民爲改善生活應會希望買進更多的農地。政府推動的第二次農地改革，即基於此一假設，期望未來留村務農的農民能買進更多的農地，以便擴大農場經營規模並增加收益。事實上，我們由訪問全省四十個鄉鎮內298個農戶的結果，得知過半數的農戶（55.7%）表示僅願保留原來的農地，而不願再多買耕地。雖有28.5%的農戶表示打算再買進更多農地，卻也有10.4%的農戶表示寧願出售耕地。值得注意的是，10.4%打算出售耕地的農戶的平均現有耕地面積，較之全部樣本農戶的平均現有耕地面積多出0.27公頃，表示大農戶相對較願出售耕地。

農民對購買農地興趣之有無固然表示其自估購買能力之有無，卻也反應出其能依賴農地爲生之可能性之大小。照上面的分析，目前農民購買農地的意願可謂不高，可見其經驗中，依賴農地獲利及謀生之可能性不大。在第二次農地改革措施時，政府積極鼓勵留村務農農民能多購買耕地，但由於想出售農地的農戶是相對的大農戶，由此，則擴大個別農場經營規模的政策在推行上將會有困難。綜合農民對買賣耕地意願的資料，充分反映出當前農地被用爲農業經營時存有報酬率偏低的問題，因此未來的農業建設目標的要點之一應是，能使有限農地資源的報酬率增加。

2.多數農民寄望請人代耕農地，故應充分輔導代耕農戶

過去四、五十年來臺灣農村勞力大量快速外流的結果，致使今日多數農家普遍遭遇到勞力不足的問題，尤以農忙時爲甚。筆者於1980年調查農家得來的資料顯示出，農戶中感到勞力不足者有 79.5% 之多。衆多的農戶面對勞力不足的問題雖有多種解決的方法，譬如可以委託他人經營、賣掉耕地或召回在外謀生的家人返鄉耕作等，但是僅很少數的農戶願意用上述幾種方法處理，大多數的農民（78.5%）表示願由僱人或僱用機械代耕較爲妥當。原因是，請人代耕，自己尙有經營及收穫權，也可確保土地所有權，不像委託經營那樣，得將經營權、收穫權都交給別人，自己反而無權過問，心理上難免覺得土地所有權的保障較不可靠。農戶也考慮到如果將土地完全賣掉，則會完全喪失了依託，更缺乏保障。若由召回在外做工謀生的兒子或其他家人放棄原有工作回家專門務農，則顯然也是不智之舉。

既然多數農民較希望將土地委託他人代耕，則將來本省的農業生活必將大力依賴專門替人代耕的農民身上及其農業機械上。故如何適當輔導代耕農戶，使其成爲農業勞動的中心主力，便成爲今後農業建設的中心課題之一。

目前計畫要託他人或請他人代耕的農民較擔心的問題是代耕費用過高，而有意替人代耕的農戶所較顧慮的問題則正是相反，他們較擔心的是工資太低， 會不合算 。 面對雙方對代耕工資期望不一致的局面，農業建設輔導單位顯然應能設定可以兼顧保護委託農戶及扶持代耕戶的辦法，使代耕者的機械及用油等成本能夠降低，而工作效率又能夠提高，使委託農戶可在不必付出太高工資的情況下，順利委託他人代耕，而代耕者也能獲得利潤。

3.不少農戶期望能夠改變生產結構，故農建目標應著重改善傳統作物的生產利潤，否則只好放寬對土地利用的限制

當農民面臨數種重要的傳統作物生產利潤微薄，乃至無利可圖的困境時，有不少人期望能較大幅度更改生產結構，譬如有38.9%的農民認爲，如果耕地能自由開闢成魚塭，便願意將之用爲較可獲利的漁業生產。

由於傳統作物如稻米、甘薯、甘蔗、玉米、黃豆等生產較無利潤可得，因之歷年來的栽培面積逐漸減少，反之較能獲利的園藝作物、漁類及畜牧生產面積或數量則普遍增加。面對農民處理農業生產上之願望及行爲的這種變化，政府部門若仍將傳統的普遍作物生產視爲重要，顯然必要設法使其價格能合理提高以刺激農民生產誘因。否則，只好放寬土地利用的限制，使農民能較彈性利用農地，譬如若有人要將之開闢成魚塭或建立工廠只好允許其改變。如此農民才能有效適應農業之新變化及新問題，藉以謀求改善本身之收益及生活。

4.多數農民贊成擴大農地重劃，無妨讓其如願以償

農地重劃已行之多年，但至六十九年底只完成全部耕地之31%或全部水田的 55%，另約有 45%的水田或69%的全部耕地尚未重劃。過去農民中對農地重劃抱怨者不無人在，乃因實行時常有偏差。至民國七十年，多數的農民（86.5%）見於重劃後農地之種種優點，因而原則上也都贊成政府能再擴大辦理農地重劃。惟也期望辦理單位在收取費用及分配土地時能夠公平合理，處理重劃工程不能拆濫污。面對農民的這種願望，政府可以將繼續擴大辦理農地重劃定爲農業建設之一重要目標，但在繼續擴大辦理時，辦理人員卻極必要信守效率與規矩，才能不失農民所望。

5.約近全數農民都贊成農業機械化，故推動農業機械化應爲極適當的農建目標

農業機械化可補救農業勞動缺乏問題，也可節省農業操作的時間及費用，故有近乎百分之百（97.7%）的農戶表示贊成全面推動。面對農民的需要及其他的客觀條件，政府已確立全面推動農業機械化措施，這項措施將是十分正確的農業建設目標。惟當農民對此項建設表示歡迎之時，也附帶提出若干願望，值得推行當局及社會各界注意，並將之列爲改進的目標。這些願望是：(1)希望國產的農機效能能不劣於外國製的效能，尤其應不輸給極具競爭性的日製農機；(2)廠商售出的價格要能較爲合理；(3)廠商的修護服務也應能較爲週到；(4)希望各鄉鎮內能有足夠優秀的農機操作代耕隊或代耕農民，以便能做好代耕服務。

6.大多數農民都贊同共同經營及委託經營制度的理想，卻僅有少數農

民認爲這些制度能够普遍化，故推行目標極應落實不使格調過高以致難以達成

政府推動農業發展當局爲因應個別農場面積狹小及農村勞力普遍缺乏等問題，因而創設農場共同經營及委託經營等兩種新農業合作制度。前者目的在經由共同合作經營途徑擴大農場經營規模，提高經營效率，而後者之目的則在克服因農業勞動力不足所形成之廢耕及粗耕等問題。共同經營制度至今已推行了三十年，而農場委託經營制度則自六十九年起始正式推行。由於創設此兩種制度的農業發展部門用心良苦，故多數農民皆認爲是良好制度。認爲共同經營是良好制度的農戶占有 73.2%，而認爲委託經營是良好制度者也占有 65.4%。不過至目前爲止僅有少數（26.8%）農戶曾與他人共同經營或將土地委託他人經營。多數農戶都未採行這兩種新辦法或新制度的原因，除了本身尙有能力經營之外，實也因這兩種新農業制度陳義頗高，農民不易跟進使然。就以完整性的共同經營制度而論，其目標具有高度合作理想，參與者若稍存有私心及缺乏精密的會計制度與方法，或共同的團體缺乏適當的領導力，便不易達成理想的目標。因之推行時，若能僅以達成部分共同或分段合作爲目標，便可較易被農民所接受，參與的農民數量也可能會較增多。

7.不少農民寄望今後能多加入共同運銷以便改善農產品銷售價格，但對以往的共同運銷缺點却有頗多指陳，因此今後有關的各級推行單位宜力求改善弊端，以取信農民並增進農民利益

農產品共同運銷制度已經發展多年，農政機關推行此一制度之外顯目標在於能擴大運銷規模，減少運銷單位成本及中間剝削，並期能增加農民之議價能力及實得利益。實際上此一運銷制度並未十分普及，僅有部分農產品經由共同運銷路徑出售，也僅有部分地區的農民能夠參與。例如筆者於調查農民時，發現農家樣戶中只有 9.7%參加毛猪共同運銷，而只有13.1%農戶加入蔬菜共同運銷，兩者分別僅占養猪戶及種菜農戶的 29%及 35%，可見實際參與共同運銷的農戶只占生產農戶之一小部分。然而由調查未來可能從事養猪及種菜的農戶是否願意參加共同運銷的結果，得知多數都希望能加入，其中願加入者分別占可能養猪農戶的 68.2% 及可能栽種蔬菜農戶的 100%。由此又可預見若共同運銷業務能確實改善並推廣，將能吸引更多的農業生產者加入。

未來共同運銷制度與業務的改進應由相關的各方面人士共同努力才能見效。與此種業務有關而又應負責改善的各方人士包括農會、運銷合作社及果菜公司等機關的職員，以及政府部門的輔導官員等。其中主辦單位的職員所應努力改進的重要事項不外是：(1) 提高作業效率減低運銷成本；(2)防止工作過程中可能發生的舞弊；(3)教育農民做好分級包裝等基本作業；(4) 有效配合生產時間增加共同運銷的便利及效果；(5)保證產品價格；(6)迅速付給農民應得的價款等。政府輔導官員所應努力的重要事項是：(1)籌措資金、協助基礎建設；(2)做好整體性的計畫與監督工作；(3)運用外交力量開拓外銷市場。此外，農民若能努力改進本身的缺點，也可提高共同運銷制度的成功率。農民方面所應努力的重要方向有二：(1)遵守辦理單位所制定的規則；(2) 不貪小利，如爲零星小販所誘，以致破壞長遠利益。

8.農民普遍期望多項農產價格大幅升高，故提高農產價格的政策顯然極有必要制定並推行

農產價格之高低漲落直接影響農民的經濟利益，農民一向極爲關心。多年以來本省若干重要農產品價格如米價、糖價及黃豆、玉米等產品的價格長期穩定偏低，因而也導致農民的農業收益偏低。此一現

象是長期以來農業及農民問題之關鍵所在，因而是廣大農民最感迫切需要改善者。筆者曾對 198 名農民領袖在農產價格方面的看法加以調查，結果幾乎全體一致（98.5%）認爲當前農產價格實在偏低，應該及早改善。其中大部分認爲農產價格應至少調升 30% 才算合理，贊同穀價應至少調升 30% 以上者就有 79.3% 之多。因農民對農產價格有這種願望與意見，故政府若能尊重農民的意見，顯然極必要於短期間內對國產的農產價格作較大幅度之調升，且於今後也設法使農產品隨物價上升而上升。照此做法，農業建設才不致落空，農民所得與非農民所得的差距才能確實有效縮短，社會均富的目標也才能確實達到。

9.對水利方面希望政府能協助擴增水源，並希望水利會能改善管理與服務，因此開闢及維護灌溉水源並改善水利行政管理效率，應是水利建設的重要目標

擴增灌漑水源是農民對水利灌漑的一項重要願望。他們寄望能由增設水庫或開闢地下水等途徑來增加灌漑水源。根據調查的結果，有73.9%的農民贊成多造水庫或開闢地下水源。農民此種願望於1981年乾旱之後更感迫切。然而多數農民於寄望增闢水源之時，卻又希望工程費及水費負擔不致太重。

農民對水利方面的另一項重要願望是，水利管理機構應做好灌漑水圳的工程設施並能適當配水，不使水資源發生浪費之現象。一般農民也認爲目前的工程費及水利費負擔若與穀價相比則嫌過高，有降低的必要。

面對上舉農民在水利灌漑方面的重要願望，今後重要水利建設目標有必要包括增闢水源、維護水源以及改善水利機關的管理效率等，實値得政府的水利主管部門參考。

10.對農業推廣工作期望能增加工作人力，並希望推廣員能幫助解決農業內外的多種問題

臺灣的農業推廣教育工作辦理多年，有多數農民（77.3%）認爲農業的推廣人力仍嫌不足，期望農會及公家的推廣人員數都能增加。除了期望增加推廣人員外，農民及農村領袖也甚希望推廣員的敎育及服務功能範圍能擴大，不僅限於原來的農事、家政及四健等指導功能，且能夠給他們在農機修護上、經濟商業上及社會技能上多作指導。

基於農民對農業推廣的這些願望，今後臺灣農業推廣敎育的重要改善目標有二：其一是擴增夠資格的工作人員數，其二是擴大推廣敎育功能的範圍，尤應在傳統的農事、家政及四健指導之外，增加機械、經濟及社會知識技能指導。

11.期望農貸數額能够增加，並儘量經由農會辦理

雖然過去不少農情方面的報導指出政府提供的農貸鮮有農民問津，但事實上多數想借用農業貸款的農民卻覺得過去提供的農貸數額太少。由筆者最近調查得來的資料，知有 61.4% 的農戶認爲一向能借得的農業資金貸款額太少，因而期望今後能獲取更充分之農貸。農民樣戶之中，大部分的人（81.9%）表示，一旦需貸款時希望能向農會貸得。此現象多少表示過去農民向農會借款時，所受的限制相對減少，得到的服務也相對較佳。

針對上舉農民對農貸的期望，今後政府若想在這項農業建設上求改善，則重要的作法應是寬列農貸資金，使農民能獲得充裕的較低利貸款，且儘量將農貸資金經由地方農會貸放給農民。

12.多數農民寄望政府能早日辦理農業災害保險及農民健康保險，故在未來的農建目標中，應能納入這些項目

農業災害保險及農民健康保險密切關係農業發展及農民生活改善，多年來廣被各界建議政府採行。筆者於最近調查農民是否贊成政府實施這兩種保險性措施，結果得知希望政府辦理農業災害保險及農民健康保險者各占全部農民樣戶的84.2％及84.6之多。農民表示最希望投入災害保險的生產種類依次是水稻、毛猪、蔬菜及水果等。農民在期望政府能夠辦理農業災害保險及農民健康保險的同時也都甚爲關心保險費的標準問題，他們都甚盼望繳費水準不要太高，否則怕繳不起。

由於大多數農民對農業災害保險及農民健康保險都盼望能夠早日實行，這兩項工作不失爲政府可以用來表現保護農業及農民的要舉，將之定爲近程的農業建設目標將甚合時宜。

13.農民對農業汚染控制寄望甚殷，故防治農業汚染乃是刻不容緩的農業建設目標

近年來由於工廠發展甚速，農業藥劑的使用也甚普遍，加以大規模養猪業興盛，農業汚染乃日趨嚴重。訪問農民結果，約有半數強的農戶指出當地農作物已曾受過汚染。受過汚染損害的農戶都希望政府能設法有效改善汚染問題。農民們多數了解工廠的設立極易造成環境及農業汚染，故有 62.8% 的農民對在當地設立汚染性工廠極力不表歡迎。

面對農民對工廠汚染之戒心，及對農業汚染控制之願望，在未來的農業及鄉村建設中極應注意不使環境汚染程度升高，而對已受汚染之地區則很有必要加以補救消除。

四　後　　語

如上列舉了當前本省農民對農業經營上的十餘項願望，並於說明各種願望之後，略爲提及應對的建議性農業建設目標，希望可供爲政府之參考。農業建設是國家建設很重要的一面，這方面的建設目標當然不能僅以上列各項爲足，不過上列各項若能蒙政府注意並採行，必能非常合乎農民之願望，由是農民的生產意願必可提高，本省的農業建設也就必能見效。

拾壹　從城鄉關係看失業問題

多年以來臺灣地區因經濟有效發展，失業率的水準都相當低，約在2％～3％之間。但在1985年，經濟則顯得很不景氣，失業率乃不斷提高，在當年八月份已升至前所未有的 4.1％之高，也即每一百個有經濟活動能力的人就約有四個人想找工作卻找不到。這種現象逐漸產生不良的連鎖反應，因而乃引起社會各界及政府的關切。

一　失業反映社會經濟問題

失業率的提升反映出社會經濟的結構失序與功能的失常。最直接的成因是許多從事製造加工業的工廠停工或減少投資，連帶與工廠生產有關的公司及販賣業也都關門或減少營業。至於影響工廠停工或減產的原因，主要是因為由國外來的訂貨數量及內銷能力都減低。追究外銷生意低迷的原因則是相當複雜，部分係因世界性的經濟不景氣使然，另一部分則是受我國工商業的產銷技術、規範制度乃至國際貿易關係等的特殊性質所影響。至於各行各業內銷數量若有減低現象，則很可能都與失業率升高與收入水準的下降有相互的關聯。

臺灣地區的經濟勞動人口共約有七百餘萬，其中有4％的失業人口，乃共約有二、三十萬。若加上失業人口的家屬及受其牽累的其他人口，則受失業率牽連的總人數相當龐大。由此可見失業問題顯然不僅是一種經濟問題，也是一種社會問題。就其經濟問題的性質看，失業人口的增加除了直接反映部分經濟活動部門之功能失調之外，也連帶影響全社會消費的能力減低，政府稅收的來源減少，社會再投資的能力減低，金融往來的信用程度降低，銀行貸款的困難增加，救濟金與職業訓練的費用支出也加重等。就其爲社會問題的性質看，失業率的升高也牽連犯罪率、離婚率及自殺率的提升，勞資間及其他的社會糾紛增多，欺詐、暴戾等不良社會風氣與行爲趨於盛行。若說失業問題是多種社會問題的主因也實不爲過。

二　失業問題起自都市

在以往的社會以農業爲主要產業的時代，就業方面的問題只有非充分就業及低所得的問題，而少聞有失業的問題，因爲那時期農業動力仍以人力爲主，這種農業對再多的人力也不難吸收。然而自從社會的產業型態進入以工商業爲主要的時代，工商業組織一旦失去運作能力，就難再承載僱用的人力，而不能被僱用的人力就十足的失去工作的機會。當今重要的工商業組織都設在都市及其外圍，其工作人員也都分布在都市及其邊緣地帶，故經濟不景氣時，失業問題的產生也以都市及其近郊區地帶首當其衝。在臺灣地區大部分的失業人口也都分布在都市及其郊區。

依據內政部於所出版的人口統計資料，在民國七十二年底時，全臺灣地區的就業人口共爲 8,586,144人，其中分布在28個各級都市中的就業人口共爲 4,096,241人，也即占全臺灣地區總就業人口的47.7%。當年全臺灣地區的總經濟活動人口共爲 8,788,110人，其中分布在27個各級都市地區的總經濟活動人口也約占半數。分布在27個都市的就業人口及經濟活動人口（包括就業及失業者），雖然分利僅占臺灣地區兩種人口的半數左右，然而若加上都市外圍的鄉鎮資料，則合計都市及外圍地區的就業人口及經濟活動人口，都分別遠超過全臺灣地區的就業人口及經濟活動人口的半數之多。

進一步計算，在都市地區中從事因經濟不景氣而較易引起失業的第二及第三類產業之人口數，及其占全臺灣地區從事同類產業人口數的比率，則於七十二年時在27個都市中從事第二類產業者（亦即包括製造業及營造業等的人口）共爲 1,479,513人，約占全臺灣地區從事同類人口的 53.4%。同年分布在 27 個都市中從事第三類產業者（亦即包括商業及服務業等者）則共爲 2,284,677 人，約占全臺灣地區從事同類產業人口的 61.4%。合併 27 個都市中從事較易遭遇失業的第二及第三類產業人口，則約占全臺灣地區全部從事這兩類人口的59.4%。若再加上都市邊緣鄉鎮的同類就業人口，其所占比率就更高。由此可見，一旦失業率升高，都市及其附近地區失業問題相對較爲嚴重。

三　鄉村地區也受波及

近年來臺灣地區的工業分布也有逐漸下鄉的趨勢，故當經濟不景氣發生時，也可能波及到鄉村地區的工業。鄉鎮街上的商業也可能遭受連帶影響，唯鄉村地帶的商業一般都較屬於生活必需品類，需求彈性較小，因而受失業率升高的影響也相對爲小。

住在都市及其郊區的經濟就業人口，一旦遭遇失業時，其居住及活動地點並非容易可以改變，因此若有不良行爲反應，也甚可能在都市及其附近發作。一般在都市地區受失業問題影響而發生的其他社會經濟問題也較鄉村地區嚴重。

由於都市與鄉村之間，在產業及人口上有密切的關聯，故當都市地區發生失業率升高的問題，鄉村地區也很快地受到波及。鄉村地帶遭受的重要影響有三：(1)鄉村人口兼業工廠工作的機會可能減少，因受鄉村工廠的上游商業或工業機關的停業或減產等的影響之故；(2)原來由鄉村移出的人口，於失業之後可能返回鄉村，或需要鄉村的母家庭給予接濟；(3)都市中因失業問題而引發的不良社會經濟行爲也可能傳播到鄉村，例如以鄉村地區爲行竊或欺詐的地點。

四　失業返鄉越來越難

一般看來，由鄉村移往都市人口中的失業者再返回鄉村調適的可能性越來越低。重要的原因有四：(1)多數移動者在農村的母家庭所保留的農地面積越來越少，且從事農業的利潤也趨微薄，故容受回鄉勞動力的能力趨低；(2)移動者於習慣都市中較舒適的工商服務業工作環境之後，對於辛苦的農業勞動性工作已不再能容易適應；(3)移往都市的農村子弟在都市地區普遍都建立了家庭與產業或社會關係，一時要將之拋開離棄，也甚困難；(4)失業者期待再就業的心理也使其不願輕易離開都市，以免喪失就業的訊息與機會。唯其中部分情況特殊者仍會在失業期間返鄉調適。一般年紀較輕、未婚、男性長子、教育程度較低、移居都市時間較短、家中田產較多者，返鄉的可能性都較大。這類年輕人回鄉之後，在工作及生活的調適上並非都無問題，其中有人於回鄉之後，對農業工作及鄉村生活都難再適應，甚而將都市生活的不良習慣帶回鄉村。其中部分較勤奮的返鄉青年，則可能在事業上有所轉機，成爲未來在農村中創業的成功者。

農村地區面對來自都市地區失業的影響是無可奈何的，當失業的外移子弟眞要回鄉時，農村中的家人都會伸出援手來接受。唯當他們看到因失業而引發的不良風氣與行爲入侵鄉村時，也會嘆氣與抱怨。

五　政府應採措施增加就業

失業問題事關妨礙社會的繁榮與進步，故不能不謀解決。國內社會經濟學者及政府官員都曾經提出了不少解決問題的建議與主張，都不失爲良好的策略，値得參考。這些重要的建議與主張包括：(1)推動公共投資創造就業機會；(2)開辦失業保險；(3)減少工時以取代裁員；(4)加強就業訊息的溝通；(5)加強職訓功能。此外，在國外常採行的失業救濟也是一項有效的對策。如果政府的能力許可，也可考慮應用。

上列的這些辦法都是屬於較短期的因應之道，若從長遠考慮，則根本解決之計還是應由謀求經濟之再繁榮與發展著手。唯因影響經濟發展與繁榮的因素至爲複雜，除了經濟因素之外，也包括技術的、社會的、文化的、人口的、法律的、政治的乃至國際關係的等多方面的因素，缺乏其中任何一種因素的有效配合，經濟發展都將落空。因而今後亟需國人從較廣泛的角度作較深謀與遠慮，來共謀產業之再復甦及經濟之再發展，並使失業率能再下降。

拾貳　大陸農業發展對臺灣農業之影響

一　背景與重要性

在1990年度，中華民國農學團體聯合年會會議的主題爲「大陸農業發展之研究」，料想年會的籌備小組提出此一主題可能是基於如下幾點背景因素:

(1)臺灣與大陸雙方的敵對關係已減輕，雙方的學術與科技已進入相互交流的局面，兩邊的政府也都在大談統一的可能性，因此我方對於大陸的各種發展情勢，包括農業的發展，也都關切有加。

(2)近來中國大陸的經濟正在快速發展中，由國內報載許多企業家紛紛前往投資設廠，即可了解。尤其經濟發展過程中，農業方面必也有新發展，其發展情形如何，農業界的人士與團體必然極想加以了解，以做爲因應之準備與計畫之基礎。

(3)部分嚮往大陸的人士頗有心爲大陸的發展助一臂之力，如我國亞洲農業技術服務中心就曾有領銜前往海南島協助該島發展農業之舉，有心協助大陸發展農業者，對於其已發展的情勢及未來發展之潛力都會寄以關切之情。

總之，由於臺灣與大陸的地緣與歷史關係密切，部分人民之間的關係又血濃於水，故於雙方政治隔閡漸解之後，乃又進一步關切其發展情形。

在一年一度的全國性農業年會中選定「大陸農業發展之研究」爲中心議題，顯然有其重要性，不論其是否將政治變數考慮在內，都值得此間農業界的團體與人士去加以用心思考。然而研究「大陸的農業發展」固然重要，但並不表示各種有關大陸農業發展之研究都同等重要，其中有些問題的確有必要很迫切去研究，另些問題的研究此刻卻尚必須給以保留。例如對其發展的基本性質及各種問題，或許是很必要即刻去研究的項目，但對於如何去協助與支援大陸的農業發展則在雙方的政治關係尚未確定之前，似乎不是非常迫切需要研究的課題，更不宜立即以行動表示之。在此刻國內農學界的領導者熱衷於「大陸農業發展」之際，最先需要思考的問題是，大陸的農業發展會對臺灣的農業造成什麼影響？對於這個問題若能有充分與正確的認識，才能於研討中國大陸的農業發展問題時，更正確地掌握重要之訊息與內容，我們也進而才能於雙方進行農業方面的交流與統合的過程中，更加正確掌握合適的決策與行動方向。

二　關係大陸農業影響臺灣農業的政治前提

今後大陸的農業發展，勢必對於臺灣的農業會造成既深且鉅的影響，姑且不論其影響的方向與內容如何，我們首先不難了解的是，這種影響勢必受雙方政治關係的動向所左右。至於未來海峽兩岸的政治關係又將會如何演變呢？影響的變數仍將很多，故目前似也難以斷定。如果能夠依照臺灣地區較大多數人的願望，仍然保持如今日之情勢，亦即雙方雖有片面之往來，但彼此仍保持完全自主的決策與行政，如是則雙方面的經濟往來雖有部分互補性，但卻仍有高度的競爭性與衝突性。在農業方面的競爭性與衝突性恐將大於其互補性。因爲兩地之間的農業生產項目相同者多，相異者少。

如果未來臺灣與大陸的政治關係完全走了樣，譬如說，完全統一了，則臺灣將成爲大中國的一小部分，則臺灣的農業生產方式一切都要按照統一中國的計畫與安排，變化將會很大。看來這種情況距今較爲遙遠，且在統一的路程中雙方的爭執勢必難免，實在令人難以想像前景會是如何是好？因此本文擬避此前提不作如是之討論，僅試以討論的焦點著眼在目前政治情勢延續的假設下，大陸農業發展對臺灣農業所可能造成的影響。

三　大陸農業發展影響臺灣農業難為的可能性

今後大陸農業的發展對臺灣農業的影響難免會有正反兩面，就正面的影響看，大陸的農產品當中是有若干種類臺灣所未能生產，且沒有合適的自產代替品者，若大陸的這些農產品之生產技術進步，產品豐富，售價低廉，則可能以不昂貴的價格銷售給臺灣，造福臺灣的消費者，彌補臺灣農業生產功能的不足。但較令人憂慮的是，大陸各項農產品豐收之後，可能會迫使臺灣的農業更加難爲，要看清楚這種負面的影響，有必要從最近大陸農業的生產與外銷結構的變化說起。

依據經建會所發表的「中共大陸經濟情勢報告」中指出，在1988年時中共的糧食生產雖較上一年減少2.2％，但漁業卻增加9.5％，畜牧業則增加 10.2％。同年臺灣的漁業及畜產業的生產分別只增加3.0％及0.9％。可見近年來大陸的農產品中的漁牧業成長已較臺灣同類農業生產的成長爲快。

又根據美國聯邦政府農業部於1987年出版的《1949～1986年中共農業統計》(*Agricultural Statistics of the People's Republic of China, 1949～1986*)；則在1986年時中共的各項農產品又有相當多的出口量，其中毛猪是 3,110,000頭，穀類共有 9,420,000噸，水果 223,859 噸，糖 265,475 噸，啤酒 28,367 噸，油脂類穀物共有 508,319 噸。上列這些出口的農產品當中可能有部分係直接或間接銷售至臺灣地區，另一部分則可能占去臺灣國類產品的部分國際市場，對臺灣的農業生產很可能已經發生阻礙作用。

事實上，根據經濟部於民國七十九年六月編印的《大陸經濟情勢評估》（1988年）一書中也提到，七十八年大陸鰻魚在日本市場已對我們造成競爭威脅。此外，該報告也提及未來日本的蝦市場很可能逐漸爲大陸明蝦所獨占。

未來大陸農產品重要輸出項目將嚴重阻礙我國農產品輸出者，不只鰻魚及蝦類，此外，在各種罐頭食品、肉類、新鮮的花卉蔬果等，亦將與臺灣的產品在外銷市場上相互競爭。當然世界上與臺灣的農產品輸出處於競爭地位者不僅中國大陸一地而已，其他國家中只要可能生產與臺灣同類農產品者也都是競爭對手，唯因大陸的生產項目及其主要輸出對象與臺灣的生產項目及主要輸出國的日本、香港等都相對較爲接近，因此兩岸之間競爭程度勢必相對較爲尖銳。加以中共在未能兼併臺灣之前，在國際關係上勢將可能多方給予臺灣壓力，造成臺灣受到大陸的競爭與壓力將會相對較大。

總之，目前中共在部分農業的發展速度已相當的快，這與經其多年以來，暗中從臺灣吸取進步的農業生產技術有關，過去中共曾經延攬臺灣的農業專家擔任多種的生產技術顧問，設有專門研究及搜集臺灣農業科技及政策情勢的研究機構，也有鼓勵臺灣農企業界前往投資生產之情形。最近幾年來在農業生產上，這些因素都已促使中國大陸有顯著的改進。

中國大陸農業的發展勢將導致臺灣農業生產更難爲的不良後果。其主要的不利影響是其增產後的農產品可能傾銷臺灣，或在臺灣以外的國際農業市場上與臺灣的農產輸出品造成尖銳的競爭與對立，影響臺灣農產品輸出前途。臺灣境內需要消費的農產品可能有部分也將爲大陸農產品所取代。

四　支援發展政策的保留性

正當大陸政策趨向開放之際，臺灣各種事業對於輸出與支援大陸的措施都躍躍欲試，據報載國內的農業機構已在策劃前往大陸，研擬支援其發展農業的計畫。經濟部在《大陸經濟情勢評估》一書中也提及在期望中國統一的前提下，我們應滙集智慧以臺灣經驗的農業發展模式去幫助大陸農民解決他們基本的糧食問題，以此當爲我們努力的目標。確實當目前大陸的基本糧食尚爲不足之際，基於人道之立場與同胞愛的心境，臺灣的政府與民間都會樂於協助其從事糧食生產，使其脫離飢餓。然而當大陸的農業漸趨向高程度發展之際，未來將輸出的農產品比重將更高，以臺灣生產量所占比重之小來看，臺灣農產品外銷前途必將遭受中共外銷農產品的嚴重傷害。於是在兩岸統一前途未卜之前，臺灣方面政府及農業技術各界在關切大陸的農業發展之際，也有必要回過頭來看看臺灣農業的前途及農民的命運，考慮支援大陸農業發展的政策與做法時，似乎有必要作點保留，能以不傷害自身的農業及農民前途爲原則，在支援的項目範圍及程度上應是有條件的、節制性的。相信大陸方面的政府及農民也都能夠體會臺灣方面的苦處與難爲；對於臺灣方面這種痛苦的抉擇也能給予同情與諒解。

參考文獻

一、中文部分

1. 行政院農業委員會，《中華農業統計要覽》，民國七十九年。

2. 行政院經濟建設委員會經濟研究處，《中共經濟情勢・1988年綜合分析》，民國七十八年。

3. 經濟部編印，《大陸經濟情勢評估》（1989 年），民國七十九年六月。

4. 中共農業部編，《中國農業統計資料》，1987年。

二、英文部分

1. United States Department of Agriculture, 1987, *Agricultural Statistics of the People's Republic of China 1949～1986.*

第三篇

鄉村社區與農家生活的變遷和發展

拾叁　臺灣農村外貌的變遷問題與改進之道

一　前　言

臺灣新農村之建設計畫中，面貌、型式之設計甚爲重要，因爲農村的面貌不僅影響一般人對農村之印象與觀感，也直接影響農村居民日常生活之品質。這方面建設的重要內容不外包括：(1)道路及其他公共建築物的設施；(2)農莊房屋之改進；(3)農莊之大小與分布之調整等。以下擬分別先就這三方面外貌的變遷事實及問題加以分析，以便了解過去與現在的面貌之眞相，而後進而討論改進的設計方案。

二　農村道路及其他公共設施之變遷問題與改進方案

(一)變遷事實

過去數十年來，臺灣農村重要公共設施之一的道路頗有改變，主要的變遷包括：(1)許多鄉村要道都已舖上柏油路面；(2)在辦理過社區建設之村莊，村內道路都舖設柏油或水泥，且在道路兩旁都用水泥或磚頭砌成排水溝；(3)在原來交通不方便的山區新闢不少產業道路；

(4)在已辦理過農地重劃的地區，田間農路變爲較爲筆直，且主要的農路也變得較以前寬敞。

近年來鄉村間公路舖設柏油路面的長度及占全部鄉村公路百分比變化的資料可由表〈一〉見之。

表〈一〉 各種鄉村公路長度的變化（公里）

種類	全長		柏油路		石子路		泥土路	
	長度	%	長度	%	長度	%	長度	%
民國50年	14,508.5	100	2,738.1	18.87	8,514.3	58.68	3,256.1	22.44
58年	15,510.7	100	6,061.7	39.08	6,598.0	42.54	2,851.0	18.38
68年	17,447.0	100	12,136.9	69.56	4,065.7	23.30	1,244.4	7.13

資料來源：CEPD（經建會），*Taiwan Statistical Date Book*, 1980年，頁105。

由上表資料得知，過去全省在都市以外的鄉村地區，公路舖有柏油路面的長度及其占全部路長的百分比都增加很多，在民國五十年時，都市以外地區的公路舖有柏油路者只占 18.87%，六十八年時增至 69.56%。

根據臺灣省社會處的統計，從民國五十八年至六十八年間全省經由社區發展計畫而舖設的巷道共有 1,870萬餘平方公尺，新闢道路共約 416萬餘公尺，此外經改善的縣市道路共有668萬3千餘公尺，鄉鎮道路 6,086萬1千餘公尺，村里道路 3,668萬4千餘公尺。鄉村產業道路的修建起自六十二年。根據農林廳的統計，至六十八年時全省共修建 1,217 公里。

鄉村中的公共建設除了道路之外，重要者還包括橋樑、路燈、廟宇、社區活動中心、簡易自來水塔、水井、給排水溝、學校、小型公園、公墓、地方政府機關及民衆團體的建築物等。近年來有關這些公共建設之變化資料，可從省社會處社區發展資料中查得。根據該處的報告，從五十八年至六十八年之間全省共建設完成的簡易自來水塔有7,200個，水井 44,325口，排水溝 9,239,428 公尺，社區活動中心3,081座，小型公園 1,202 處。由上列的數字大致可以看出過去十餘年內臺灣鄉村地區的公共設施也有頗多建樹。

(二)存在的問題

雖然鄉村中的道路及其他公共建設也逐漸改善，但仔細研究當前本省鄉村地區的道路及其他公共建設，所存在的問題仍很多，將之列舉如下:

(1)較偏遠窮困的鄉村地區，不少（至少約有 30％）路面仍有泥土或石子路面，下雨天土路泥濘難行，村人對外交通頗受阻礙；(2)有些原已舖設水泥或碎石的路面，因地方政府或村民的財力貧乏而年久失修，已經破壞不堪，影響車輛通行，且於夜間快速行車時易生危險；(3)已經完成社區建設之村落的道路及兩旁排水溝常因維護不佳而遭破壞或失去原來的整潔，有礙觀瞻及衞生；(4)有些山區村落僅靠羊腸小道對外交通，村人甚望能將之拓寬，但礙於不能擅用炸藥而難進行；(5)村中道路不少彎曲之處，近年來車輛日多，在彎曲地段易生車禍；(6)在若干鄉村地區，道路以外的其他公共設施欠缺，但以地方的財力興建不易，外來的援助又不充足；(7)有些鄉村地區因爲村民合作程度欠佳，於興建公共設施時增加困難或造成浪費；(8)不少已完成的公共設施因地方居民運用不當而未能將成果作有效的維護；(9)由於社會的快速變遷，若干鄉村中的公共設施如小學，逐漸因人口之外流，致使學童缺乏，校舍失修。

以上所列的種種問題性質都不相同， 分別存在於不同的鄉村地區，有時一個地區可能存在兩種以上的問題，今後若擬對全臺灣鄉村地區的公共設施加以改善，則有必要就每個地區的特殊問題逐一加以解決。

(三)改進方案

針對上舉鄉村公共設施方面所存在的問題，且參考農民的期望，今後要改進似應朝如下方向努力：(1)由中央或省政府輔助地方政府，將鄉村間的泥路儘量舖成柏油路面；(2)中央與地方政府共同對已建設而失修的道路定期修補；(3)發動地方民衆力量共同維護社區建設的各種成果，包括道路及簡易自來水塔等設施的維護與清理；(4)由政府機關或軍事單位協助山區民衆，提供炸藥及爆破技術，助其開闢或拓寬對外通道；(5)對於過度彎曲並易發生交通事故的村道儘可能加以重劃，使之較爲筆直；(6)由政府、財團基金會或福利機關共同協助鄉村地區所需各項建設費用；(7)加強社區民衆教育，提醒民衆合力共同建設及維護建設成果。

三　農莊房屋之改進

(一)變遷的事實

過去臺灣農莊房屋變遷的實際資料可從歷屆農業普查報告獲知概略。比較民國六十四年及五十九年普查報告中有關農場設備資料，可看出如下幾點重要的變遷事實：(1)農家本屋平均坪數略有增加，五十九年時爲 20.83坪，六十四年時爲 24.06 坪；(2)鋼筋混泥土造及磚造房屋所占比率都相對增加，而木造及土造或其他構造房屋所占比率則相對減少。五十九年時鋼筋混泥土及磚造房屋占全部受查農家房屋的 4.15% 及 42.34%，而六十四年時這兩種房屋所占的比率分別是 9.72% 及 48.41%。又在五十九年時農家木造房屋及土造或其他結構之房屋分別占16.70%及 36.81%，六十四年時分別降至16.21%及 25.66 %；(3)農舍附設之水泥或磚造曬場面積也有增加，五十九年時每戶平均面積爲 21.98坪，六十四年時增至 25.61坪。

臺灣農莊房舍的重要變遷除了上述三種，應該還可從別處著眼。不過在其他方面較缺乏具體之統計資料可爲佐證。本人於屢次進行鄉村調查之後，大略可以看出如下之重要變遷：(1)設備現代化的房舍逐漸常見，現代化的設備內容包括設有化糞池，安置紗窗及磨石子地等；(2)農村中由於全戶人口外移而成爲空屋的數量也逐漸增多。

(二)存在的問題

當前農莊房屋的建築結構與設施雖然較以往有所改善，但仍存在不少問題，可將之歸納成如下幾項：(1)不少房舍仍以土塊或其他簡陋材料造成。根據六十四年農業普查資料，這種房舍仍高占 25.66 %，目前的比率可能較低，但爲數可能還相當可觀。從六十四年農業普查資料中又可看出農家居住的房子結構屬於這種品質較差者，又以擁有耕地不滿 0.5 公頃的極小耕種農戶相對較多，占全部耕地不滿 0.5 公頃之農戶的 28.68%；(2)農家房舍的建築坪數都相當狹小，六十四年時的資料顯示出平均爲 24.06坪。此一實際坪數與農家普遍希求的房舍建築坪數相差約1倍。本人根據最近調查資料算出農戶理想中的房舍建築面積平均爲 59.04坪。因爲農家人口數一般都較多，農具的存放又很占地方，以目前房舍的坪數，住處普遍顯得擁擠；(3)不少農家房舍的設備仍甚簡陋，含括廚房、臥室、厠所、浴室的設備簡陋，以及缺乏防備蚊蠅的紗窗；(4)常見農家的牛舍、猪舍或鷄檻都與住處緊連，衛生條件欠佳；(5)有些農民想要興建住宅，但限於財力不足而無能爲力。

(三)改進方案

針對上述農莊房屋方面所存在的問題，再參照由本人於最近調查時農民在農舍改進方面所提出之意見，於此對今後農舍現代化之重要方案提出如下數項：(1)由政府擴大貸款或經費補助以協助有意整建房舍的農民使其能實現願望；(2)政府對農民要整建農舍所需土地，儘量放寬限制，若農民有意在田間建屋時，也應儘量使其方便；(3)整建後的房舍應力求實用、經濟、清潔、衛生與方便。爲能達到實用目的，應儘量按多數農民之願望設置曬穀場、穀倉、農機倉庫、家禽及家畜房舍等。爲能達到經濟的目標，則也應照農民願望，儘量以多建二層樓房以節省用地爲原則，且標準農舍的建坪應約爲60坪，基地則應約爲125坪；(4)爲求清潔與衛生，則新建的本屋應儘量與家畜禽舍分離，且在本屋設有紗窗、浴室、冲水厠所等設備及裝設自來水等。爲能達到方便的目標，則最好多裝用瓦斯爐，配置沙發椅、電視機及電話等現代化設備。因爲目前農家中經濟能力窮困者爲數不少，故政府不能強求其立刻實現，這種現代化的目標，反而應先從實施種種農業與農民保護及農村發展政策著手，協助農民能先有效改善經濟條件。

四　農莊之大小與分布

(一)變遷的事實

臺灣農莊之大小及分布與農莊所在地點的發展歷史和外界的變遷都有關係，一般在平原地區農莊的規模都較大，也較密集，但在山區農莊的規模則較小，且呈散村狀，分布也較稀疏。臺灣西部北端較多山區，故農莊的規模都相對較小，分布也較分散；而西部南端爲平原地區，故農莊的規模也相對較大，分布也較密集。西南部的農村在極盛時期有多至千餘戶者，尤以鄉街所在地的農莊之規模最大。這種農莊往往也有不少商人居住其中。至於純粹之農莊，較大者往往也有近千戶之多。

近年來臺灣農莊的規模與分布隨著人口的快速變動也呈快速的變動，重要的變遷包括如下幾點:

(1)在人口大量快速移入的地區，農莊的特色因移入的非農業人口住宅之興建而逐漸模糊，乃至完全消失。在這種地區房屋的數量增多，社區的規模擴大，房屋與社區的分布也變得更爲密集，具有這種變化的農村以接近都市或工業城鎭者爲是。在臺灣北部地區較之南部地區更爲普遍，臺灣北部許多本來是分散式的農莊地區或較小型的村落地帶，而近年來由於人口之快速大量移入而變爲人口密集的新開發住宅區。在南部本來靠近都市的集村，近年來也因新建許多公寓住宅而失去原來的農村色彩。

(2)在人口嚴重移出地區，農莊規模的擴展漸趨緩慢，在這些農村雖常見有農戶全戶移出的現象，但移出的農戶少有將農舍完全廢壞或拆除者，村中房屋數量並未見減少，反而仍不斷有少數農家因人口增加而興建房屋，故整個農莊的規模仍呈緩慢擴展之趨勢。在這類人口移出的農莊附近，近年來設立不少農村工業區及零星工廠，使本來農莊與農莊之間顯明隔離的景象漸被許多新建的工廠或其他建築物所連結。

(二)存在的問題

現階段農莊規模的大小與分布狀態的不同都分別隱含不同的問題，將這些問題逐一分析如下：(1)在範圍較大的農莊又是鄉街所在的地方，近年來逐漸被納入都市計畫的範圍，非農民住宅逐漸擴建，以致失去農莊色彩，農民的農地及農業生產值分別占全部土地及居民收入的比率也逐漸減少；(2)較大的農莊人口增加的可能性較大，需要擴建房屋的可能性也較多，如果這種村莊受到地形上的限制，不易向四周延伸擴建時，則新房子勢必要在村內的空地上搭蓋。在這種情形下，村內的住屋通常就會顯得較爲擁擠；(3)在較大規模的純粹農莊，居民雖然可以享受多種便利，但也有缺點，主要的缺點是村莊的力量與意見較易分裂，往往比小農莊較不能集中全村的力量於公共建設上；(4)在農莊規模較小或農舍較爲分散的地方，也存在許多問題，較重要的問題是，農莊本身力量薄弱，也缺乏向外爭取補助建設所需費用之力量，每一單位農家所需負擔的單位建設成本往往較大，重要公共建設難成，因此這種地區的建設常較落後；(5)在農村分布較稀疏的地區，農家耕地的品質通常都較差，村際間的關係也較淡薄，對外交通也較不方便；(6)反之，在農莊分布較稠密的地區，則農家的耕地面積通常都較狹小，專業農家所占比率也相對較少。

由上面的分析，可知農莊的規模太大或太小都可能有缺點，農莊的分布太稀或太密也可能都有問題，因此在現代化農村建設過程中，適當規模及密度的設計與調整也應爲重要之項目。

(三)改進的方案

農莊大小及分布之合理規劃似乎甚不容易，因爲農莊之大小與分布疏密都有其歷史背景，不易用人爲計畫的力量加以改變。但因大小不同或分布密度不同的農莊都存有某種問題及痛苦，今後若期望本省農村都步向現代化，對這些農莊因爲規模太大或太小以及分布太密或太稀所牽連的問題不能不加以注意改善。參照上面所分析的問題之性質，並參考鄉村居民對改善這些問題之願望，於此提出如下改進之構想：(1)對擴展規模可能性較大之農莊，必要開放四周圍之部分農地供爲建築房舍之用，規劃之工作越早完成越好，使今後在這種農莊的四周新建的房舍能較整齊美觀；(2)在受地形限制向外擴展不易又相當擁擠的農莊附近，應規劃新農莊用地，供爲大村內部分人口離村建屋居住之所。至於供爲新村用地的選擇除應注意交通方便的條件外，也應考慮地點的適中性，最好的地點應是座落於四周的農莊之正中間；(3)對於社會力量較嚴重分裂的大農莊，很有必要透過社教的力量給予村民作適當的開導，使之能重新團結，加強建設力量；(4)鼓勵散村的農家儘量聚合而居，並鼓勵發展條件欠佳的農莊儘可能遷村，遷移到鄰近之較大農村居住。如果村民爲了照顧田地之便，不便易地而居者，則應用政府的力量協助其擴大村組織的範圍，並改善村民的居住條件；(5)在農莊腹地廣闊又遠離大都市的地帶，積極規劃振興市鎮的建設及工業區的設置，藉以增加農民工作與收入的機會，吸引人口留莊照顧農業，並達平衡人口分布及減輕都市壓力之目的。

拾肆　農村社區規劃與改進

一　問題的背景與研究的重要性

農村社區規劃與改進的研究有其必要性，其背景或理由可分成如下數點加以說明:

(一)農村社區數量繁多且都需要發展

儘管世界各國人口有集中都市的現象，但鄉村的社區數量都比都市的社區數量爲多，且不斷在增加。以臺灣地區爲例，目前都市人口雖接近總人口的半數，但鄉村社區的數目遠比都市社區的數目爲多。前者指包括鄉鎮街及其所屬的村里社區，爲數約有五千餘個，後者指各大小都市，總數只有27個。我們的農村地區大致已開發完成，故農村社區數目大致趨於穩定。但有些國家，尙有廣大的農村地區尙在開發之中，印尼便是一例，故其新農村社區經移墾過程而不斷設立，農村社區總數乃不斷在增加之中。隨著全世界社會經濟發展的潮流所趨，各國農村社區也都需要發展與改進，發展與改進要能有效，便需要經過規劃，規劃的工作做得越詳密，農村社區發展與改進的事功也越能見效。

(二)臺灣許多古老的農村社區外貌與設施雜亂無章，極需加以規劃與重建

臺灣多數農村社區的開發時間甚早，約於明末清初之時設立。早期設立的農村社區，少有經過仔細規劃者，若有規劃也少能顧及到數百年後應有的合理標準。故各地老社區所形成的外貌都很不規則，道路狹小彎曲，排水系統不良，住宅用地及房屋的座落甚爲零亂不整。長期以來經由不斷增加的人口之需求，住宅及其他設施顯得更爲密集紛亂，不僅外觀不雅，且也影響住行上的品質。政府有鑒於此，曾於數年前起著眼注意推行農村社區的重新規劃與農宅整建，藉以改善農村地區的居住環境，並期能留住人力，發展農業並緩和都市人口的膨脹。

(三)新設立的鄉村社區更需有妥善的規劃

臺灣地區的人口不斷在增加，農村新社區也不斷在成立並發展，尤以工業區或其他重要公共建設地點附近發展成新社區的可能性更大。在新設立的鄉村社區更有必要先做好長期性的規劃工作，而後按照規劃去建設並發展，方可使新社區的發展模式脫離老社區的缺點，避免未來在發展上再遭遇到無良好計畫藍圖可以遵循的弊端。基於上述的理由或重要背景，則有關農村社區的規劃及改進工作至爲重要，做好社區規劃與改進工作，將可使臺灣的農村步入現代化之路，使住在農村地區的居民能享受高品質的居住及生活環境，不僅可以促進身心的健康，且可增強愛護生命、家園、鄉土及國家的心理。對政府的好處而言，必然也可獲得居住在農村地區居民及其移往都市或國外的子女的好感與向心力，且可獲得外人對施政功效的好感與肯定。由此

觀之，農村社區規劃與改進，不僅是一項重要的社會經濟建設，且是一項重要的心理與政治建設，値得大家的重視與支持。

二　農村社區規劃的涵義與範圍

農村社區規劃的涵義可分狹義與廣義兩方面加以說明：所謂狹義的社區規劃，特指農村聚落社區外形的或實質建築上的設計，而所謂外形的建築主要是指包括住宅、交通道路、給排水、照明設施、學校、集合場、宗教活動場所、公園、遊樂場等。而廣義的農村規劃則包含無形的各種社會、經濟及文化等生活內涵的發展與改進計畫。在注意社會、經濟與文化發展與建設計畫的同時，社區規劃也應特別注意到所得合理分配及環境保護等非成長性的規劃內容。

農村社區的經濟、社會與文化發展與建設規劃範圍至為廣泛。大體言之，就經濟發展的規劃範圍看，以有關農業發展及農家經濟生活改善的規劃最為基本且重要。而農業發展的規劃至少涵蓋到農業生產、農產運銷、分配與消費等四大方面，且農家經濟生活改善的規劃面則除了涉及生產、銷售及分配等方面的制度與活動行為外，尚牽連到食、衣、住、行、育、樂等消費層面。

有關社會、文化生活的重要規劃面則包括了學校的設施與活動、圖書文藝場所的設備與活動、宗教設施與行為、社會制度的興革、交通娛樂服務、社會關係及家庭倫理的改進等。

由於農村社區規劃所涉及的層面至為廣泛，要做好規劃工作非僅某一方面的專家所能辦好，需要集合許多方面的專家共同規劃。如果由少數規劃者來從事規劃的工作，則每位規劃者本身必須具有較廣博的知識、眼光與能力，且能具有較整合性的觀念，才能不顧此失彼，或致使計畫變爲零碎而不連貫。

三 現代化農村社區規劃或設計的理論

因爲農村社區規劃的範圍相當廣泛，故相關的理論也很多。主要包括一般經濟與社會發展的理論、區域發展模式理論及規劃過程的理論等。聯合國亞太社經會 (ESCAP) 於1979年出版一本《農村中心規劃指南》(*Guideliness for Rural Centre Planning*) (已由內政部營建署譯成中文版)，此書的第三章即是介紹各種有關的各種理論，共分成四節說明：第一節是已開發及開發中的一般性理論，第二節是區域發展理論，第三節是農村發展與農村計畫，第四節是空間組織及中地論。這種分類並不十分有條理，其中第二節的區域發展理論與第四節的空間組織及中地理論應可加以合併並重新歸納。第三節所討論的農村發展與農村計畫，大部分僅是一般性的概念與原理，並未達到理論的層次。雖然亞太社經會所出版的專書中，有關農村中心規劃的理論部分有此缺點，但其介紹的若干重要理論卻也頗可供爲規劃農村社區建設的參考依據。於此選採一項最重要的相關理論略爲介紹於後。

聯合國亞太社經會在其專書中提出一項有關農業與農村發展的限制網及發展計畫的理論架構 (The Network of Constraints and Planning)。這個理論架構包含了幾個重要的概念：第一，農業變遷是在種種相關限制因素的緊密關聯下運作，這種關聯性的限制因素網可用下圖表示。

第二，由下圖結構的概念可再細分成如下幾點說明：(1)農村發展以農作生產與農戶的生活——改善爲重心；(2)影響農業生產及農家生活改善的因素涉及至廣，包括物理環境、人口要素、社會文化環

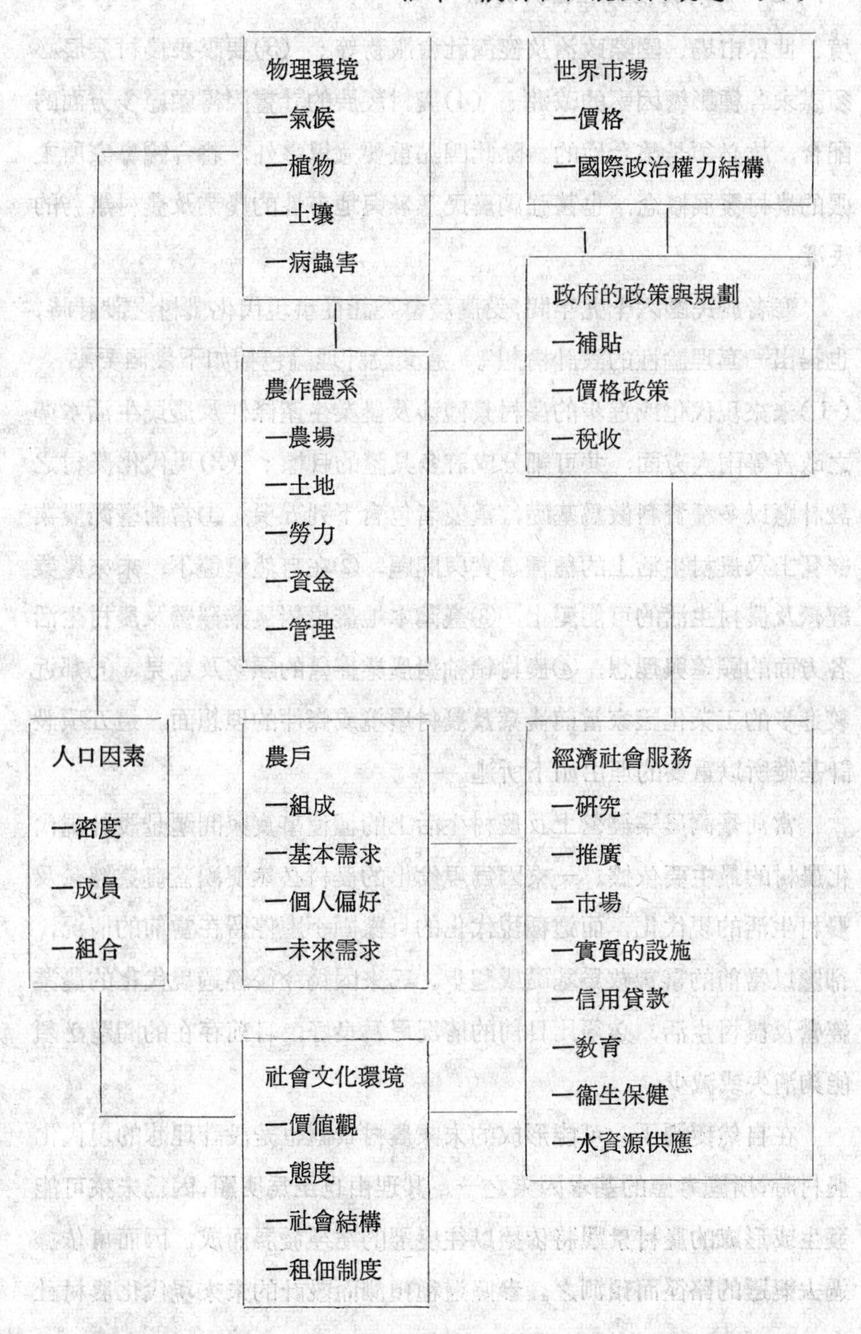
物理環境
一氣候
一植物
一土壤
一病蟲害
世界市場
一價格
一國際政治權力結構
政府的政策與規劃
一補貼
一價格政策
一稅收
農作體系
一農場
一土地
一勞力
一資金
一管理
人口因素
一密度
一成員
一組合
農戶
一組成
一基本需求
一個人偏好
一未來需求
經濟社會服務
一研究
一推廣
一市場
一實質的設施
一信用貸款
一教育
一衞生保健
一水資源供應
社會文化環境
一價值觀
一態度
一社會結構
一租佃制度

境、世界市場、國際政治及經濟社會服務等；(3)要謀求農村發展必須謀求各種影響因素的改進；(4)農村發展的計畫因得顧慮多方面的配合，故必須是整合性的。除此四點重要意思之外，聯合國專家所主張的農村發展概念，也甚強調農民應參與地方性的農業及農村事務的決策。

筆者於民國六十九年間，受農發會委託從事現代化農村之設計時，也提出一套理論性的設計構想。這套設計理論包括如下幾個要點：(1)未來現代化或進步的農村景觀涉及農業生產條件及農民生活水準之改善等兩大方面，共可細分成許多具體的目標；(2)現代化農村之設計應以多種資料做爲基礎，重要者包含下列五項:①當前臺灣農業經營上及農村生活上的種種事實與問題，②在自然變遷下，未來農業經營及農村生活的可能變化，③臺灣本地農民對農業經營及農村生活各方面的願望與理想，④農村領袖對農業經營的願望及意見，⑤鄰近較進步的工業化國家當前農業及農村環境或條件的理想面。這五項設計基礎所以重要的理由如下所述。

當前臺灣農業經營上及農村生活上的種種事實與問題是設計現代化農村的最主要依據。一來因爲現代化的農村必然要涵蓋農業經營及農村生活的現代化，而這種現代化的目標固不應停留在當前的情況，卻應以當前的事實做爲基礎或起步。二來因爲今後經過現代化的農業經營及農村生活，必須比目前的情況更爲良好，目前存在的問題必須能夠消失或減少。

在自然變遷下，可能形成的未來農村景觀也是設計理想的現代化農村時，所應考慮的基本因素之一。其理由也至爲明顯，因爲未來可能發生或形成的農村景觀將依據以往變遷的途徑發展而成，因而可依據過去變遷的路徑而預測之。參照這種預測而設計的未來現代化農村社區建設藍圖，將可避免設計的目標過於好高騖遠，因而可使之平實。

當前本地農民對未來現代化農村景觀的願望與理想，也應是設計未來臺灣現代化農村景觀的重要基礎，其主要的理由之一是，農民日常工作並生活於農村中，任何有關未來現代化農村環境的事項都將影響其工作與生活至鉅，故其應有資格參與現代化農村設計目標之決定。理由之二是，農民對於農業生產及農村生活事務最能了解，因之有充分的經驗與能力對理想現代化農村表示意見。

實際推動農業與農村發展的農村領袖當然對未來現代化農村的設計也應參與意見：一來因爲他們對農業與農村的實務甚爲熟悉，二來因爲他們比一般農村居民有較廣泛的接觸面與較豐富的知識與能力，對未來現代化農村建設較能表示前瞻性及超然的意見。

鄰近較進步工業國家的農村環境理想面也可供爲我們設計未來現代化農村景觀的重要參考資料。因爲臺灣未來的社會、經濟變遷極可能步向這種國家的變遷方向，故對當前這種國家農村發展的理想面應該加以參考。

現代化農村建設的設計所涉及的範圍至爲廣泛，凡與農業生產環境及農村生活環境有關的層面或事實都是。就這兩大方面而論，內容也極廣泛而複雜，故對現代化農村建設目標的確立，勢必要選擇較重要的指標與範圍，而所謂較重要的指標乃指對農業經營及農民生活的改進，或與現代化關係最重要而密切者爲是。就今後現代化農業經營的範圍看，重要的指標大約包括如下諸項：(1)耕地資源與利用；(2)農業勞動力；(3)農業生產結構；(4)農地重劃；(5)農業機械化；(6)共同經營或委託經營制度；(7)農產運銷制度與業務；(8)農產價格；(9)水利灌溉；(10)農業推廣教育；(11)農業貸款；(12)農業災害保險及農民健康保險；(13)農業環境污染控制。

再就現代化農村生活的範圍看,重要的指標仍可選定爲如下幾項:(1)農莊大小、分布及型態等;(2)住宅建築及室內設備;(3)道路交通及其他公共設施;(4)農家就業型態;(5)農家收入與支出水準及結構;(6)農村社會組織及社會參與;(7)社會福利;(8)風俗習慣及信仰;(9)衞生需求及醫療保健設施與服務;(10)農村居民娛樂;(11)農村敎育。以上所舉兩類二十餘項指標將可用爲設計未來現代化農村建設內容的綱要。根據這些綱要並參照今後可能變遷的事實及有關人員所認定的理想,將可繪出整個現代化農村建設目標的藍圖。

上述有關農村發展與建設的理論架構中的生產部分,僅涵蓋農業生產方面,乃因此項研究計畫係受農發會委託而作。如果從較廣泛的角度及長遠的觀點考慮,則未來現代化農村的生產型態也應包含工業生產,才能有效改進農村居民的收入及生活程度,故也應將農村工業發展的指標包含在內。

四　新農村社區的規劃性質與過程

在不同的國家,由於政策的不同,可能形成不同性質的新農村社區。在已開發的國家,常因設立工業區或開發水資源或娛樂資源而新形成非農業性的社區,而在開發中的國家,則有不少新移墾農村社區的形成。後者當以印尼在移墾計畫下,所形成的移墾村最具代表性。

不論是已開發國家非農業性的新鄉村社區的設立,或開發中國家新移墾農村的形成,事前大都先經過詳密的設計或規劃,而後才移民定居。本節列舉筆者參與設計工作的臺灣屏東隘寮山胞移住社區及印尼西卡里曼頓叢林地區的新移墾社區的規劃性質與過程爲例,略爲介

紹說明如下:

(一)臺灣屏東隘寮山胞移住社區的設計性質與過程

約在二十六年前，也即民國五十六年時，筆者曾經接受臺灣基督教福利會的委託在屏東縣長治鄉與三地鄉交界處的隘寮山胞移住地區進行一項社會經濟與衛生發展的設計研究。此一山胞移住村分設成相距不遠的三個部落，位於隘寮溪畔。移住隘寮村的山胞本來分布在附近的三地、霧臺及瑪加等三個山地鄉，生活困苦，政府乃計畫移民藉以改善其生活。移民計畫起自民國四十二年，至五十六年筆者進行研究時，移住過程已大致完成。總共移入185戶，1,273人，分別有46戶住於北村，70戶住於中村及69戶住於南村。當山胞未移進之前，屏東縣政府已做好大半的規劃工作，包括界定房舍建築用地、道路、公共服務場所、給排水水溝、農場等有形建設的位置、形狀及面積等。此外也包括無形的資金補助、貸款、社會服務與輔導等的規劃及實施。

至民國五十六年時移民計畫已進行到大致完成階段，唯當時臺灣基督教福利會鑒於移住地的社會經濟與衛生條件不很良好，發展速度上受到很大的限制，乃試以福利機關的立場協助其改善與發展。基督教福利會委託本人對此一山胞移住社區加以研究的重點，即在調查當地的社會經濟與衛生資源問題，進而擬定改進的目標與途徑。研究的結果分別指出如下重要的資源問題:

甲、生產資源

1.人力資源

移住地共有185戶，人口共有1,273人，其中男性占51.5%，女性占48.5%。全部人口中年齡在十五歲以上的勞動人力共有664人，占總人口的52%。在所有人口中受小學、初中初職、高中高職及大專教育的人口分別占50.4%、2.7%、1.7%及0.2%。另有53.1%爲未入學小孩及未受教育人口。一般教育程度不高，故人力品質也不甚良好。在千餘人口當中顯然健康不良的人口占16.9%。

2.土地資源

移住地的土地面積共有400甲，所有權都爲政府所有，移住山胞只有使用權。所有的土地原爲河床地，被覆蓋一公尺深的大石塊及小石頭，開墾過程須先檢去石塊。至調查時，僅有55甲被移民開墾成爲可以灌漑的水田，44甲爲平地漢人占用，297甲被開墾成可耕種但非灌漑及未開墾的土地，這些土地資源是移墾區最主要的生產及生活資源，多半的移墾山胞都以耕種爲生，僅有少數到附近的屏東等地兼做雜工者。在所有的家戶當中，多數家戶所耕作的土地面積在0.5甲至1.5甲之間，共有92.9%的家戶是如此。其中耕地在0.5甲至1.0甲的戶數占45.9%，耕地在1.0甲至1.5甲者占47%。由於可使用但未開發完畢的土地尙有不少，故在調查期間，移住山胞的日常工作中，「土地開發」是很重要的一項，因爲開墾都用人工，效果不很良好，速度也甚緩慢。

3.畜力及農具

本地的動力資源以畜力爲主，山胞家戶中約有四分之三都養有一至兩頭黃牛，做爲犁田、拖車之用，也常當爲出售現金的資源。移民所使用的農具也很傳統，牛車、犁、耙、鋤頭等是主要的農具，有牛車的家戶占64.3%，有犁的家戶則占82.7%。可見這些農具的重要性及普遍性，這些農具都需以勞力操作，非電動性者。

4.農業生產資金

多數的移住戶都面臨農業資金短缺的問題，當地農會本身因資金短缺，故提供不了貸款，唯臺糖公司屏東糖廠爲鼓勵山胞種植甘蔗，乃提供了少部分的種蔗貸款。在此種資金來源短缺的情況下，不少移住山胞乃以高利向平地商人借款，月息之高常達3.3%之多。

5.主要農業生產

農業生產種類以作物產品爲主，按種植面積多少而依次是甘藷、花生、水稻、小米、大豆及芋頭等。雖然居民最喜歡種植水稻，但因灌溉條件不良，故不得不將大部分的土地種植耐旱的甘藷及花生等。此地由於土質很差，灌溉肥料及資金都很缺乏，故各種農產品的單位面積收穫量都在全省平均產量之下。其中水稻的產量僅及 68.1%，花生僅爲 41.8%，甘藷僅爲 15.4%，小米僅爲 32.8%，而大豆僅及42.3%。由於產量低，其生活乃相當困苦。

除作物生產外，大多數的家戶也飼養豬、鷄供爲現金收入來源或自食，養牛則主要供爲畜力，養豬戶占全部戶數的 56.8%，養鷄戶占 60.5%，養牛戶占 70%，惟每戶所飼養的家畜及家禽數量都極少數。

乙、生活條件

1.收　支

由調查的結果獲知，移住山胞的收支水準偏低很多，平均收入水準約爲當時臺灣地區家戶平均收入水準的五分之一，現金收入來源主要爲工資，約爲家庭收入的57%。出售農產品收入所占比率不多，大部分產品都供爲自己消費。

支出水準也很低。稻米生產不夠自己消費，故須以現金購買，平均自給率約爲36.3%。不少家戶則代以甘藷爲主食，甘藷是唯一產量多於消費量的農產品，故有較充足的消費。約有62%的家戶日常以米混甘藷簽爲主食。另有31.4%則以甘藷爲主食。副食則以蔬菜爲主，魚肉的消費量極少。

2.住宅及衞生條件

因在移民計畫中，政府列有建築房屋補助的預算，故住宅條件並不很差。到調查時已有 54.6% 的住宅爲磚瓦材料，16.2% 爲磚壁但爲茅草屋頂，另有26%爲石壁及茅草屋頂，其餘爲其他形式與品質的建築。每戶的平均房間數不多，爲 2.64間，其中有 30.3%的家庭無廚房設備，有31%的家戶缺乏廁所設備，而約有三分之二的家戶缺乏浴室設備。每戶人家所用的家具也極爲簡單，只有少數人家有電風扇及收音機，調查時北村全部缺乏電力設備，用水主要爲井水及水圳的灌漑用水。

丙、社會經濟及衛生問題與發展需要

綜合如上的敍述，由有關當地社會方面的調查結果，大致可以看出移民比以往住在山上時生活程度略有改善，但水準仍很低；由於資源缺乏，生活不甚豐富，收入水準低，消費水準也低；由於土地是生活的根本資源，故移墾的山胞乃很重視土地的開發及改良，唯改良方法甚爲原始傳統，效率不高，故極需外來的協助；此外水利設施不足也嚴重影響到生產，故當地居民也面對缺水的問題及需水的要求；又平地的農業經營方式與山上的原始經營方式甚爲不同，故一般移住山胞也很需要進步的農業經營技術；農業資金短缺也嚴重影響其農業發展與改良，故也極需有協助性的低利貸款。

由於居民的生產來源受限，其生活程度也低，營養不很充足，衞生設施也甚簡陋，由是罹病率也高，這些問題都有待改善。

丁、社區發展方案

面對上述的種種生產上及生活上的問題，筆者乃提出若干重要的社會經濟及衞生發展方案，供爲改善當地社會經濟及衞生的目標，也供爲臺灣基督教福利會提供協助的參考依據。筆者所設計的發展方案計有多種，將其名稱列舉如下：(1)耕地改良計畫；(2)水利灌溉改良計畫；(3)農業技術指導；(4)家畜及家禽增產計畫；(5)提供農貸計畫；(6)衞生改善計畫，包括提供醫療服務、家政技術及家庭計畫等；(7)設置牛乳供應站；(8)介紹工作機會；(9)輔導改良社會關係，減少社會衝突；(10)發展以工代賑計畫；(11)設立互助會。

這些發展方案，後來有些由福利會請求當地臺糖公司協助推行，如土地改良計畫則經由商請臺糖公司以大型曳引機協助挖取石頭。另有些計畫或由臺灣基督教福利會對外募集所需費用以利實行，或是經由福利會安排，接洽有關機關或直接提供協助與服務者。據云後來農業生產大有改善，且社會經濟生活水準也有顯著提升，約經八年後筆者再度有一機會至隘寮村考察，發現居民的需求與消費程度已有顯著提高。也因之很不幸的，有部分移住山胞，隨著消費水準的提升，乃入不敷出，不得已將政府分給他們的耕種用地抵押給平地人經營了。那時看到當地已發展出種植西瓜等較現金性的作物，顯然農業經營方式已有了進步與改變。

(二)印尼叢林地區新移墾社區的社會經濟發展設計

甲、設計背景與目標

印尼政府爲了改善國計民生，曾積極推動移墾計畫，由人口密集的爪哇島移民到卡里曼頓等尚未開發叢林地帶的島嶼，約自民國七十年以後，我國的中華及中致工程顧問公司陸續參與移墾計畫的研究及設計工作。筆者分別於七十年及七十一年時經由亞洲農業技術服務中心的邀請，參與中華工程顧問公司所得標的移墾計畫設計工作，主要的職務是從事移墾區社會經濟發展設計。這項設計工作是整個新移墾區開發設計及規劃工作的一部分，除了社會經濟設計及規劃工作外，尚包括伐木計畫、繪製土地利用圖、規劃道路及橋樑工程、試驗及調查土壤品質、調查水文系統以及農業資源之調查及發展計畫等。

乙、設計的過程

社會經濟設計工作分成兩個階段，第一個階段是，提供預定移墾區內現有的部落及人口分布、土地制度、土地利用、收支水準、經濟活動、農產運銷及生活習慣等方面的現況及問題的資料。第二個階段是研擬計畫區內應有的社會設施與服務的項目以及探討經濟發展和社區發展的可行性，且同時討論環境因素對移墾區發展的影響及移墾區在區域計畫與發展上的關聯性等問題。

為能交出令印尼政府方面感到滿意的研究報告及計畫書，設計人員必須到預定移墾的叢林地區範圍內去做實地的考察與調查，工作性質相當辛苦，挫折也不少。筆者曾前後兩次住進卡里曼頓島，與其他方面的國內外設計專家進入叢林數星期。設計工作完成後，交由印尼政府商請其他國家的工程顧問公司去進行開發工程，至伐木、築橋、修路、建築住宅及公共活動場所等工程完成之後，即進行移民耕種的工作。此類移墾的設計及實施計畫相當耗費金錢，但對於印尼國家開發資源、改善民生及保護國土的作用則有相當良好的成效。

五　舊農村社區的住宅及公共設施的更新與改進計畫

鑒於臺灣的農村社區及住宅頗有老舊現象，影響居住環境至鉅，政府乃於民國五十七年起陸續推動社區發展，着重社區基礎建設，消滅髒亂並美化環境，進而自七十一年度正式開始推動農宅整建計畫。社區發展及農宅整建計畫都在老舊的社區中進行，改善工作也都需要經由設計與規劃，早期的社區發展工作大多着重對原有道路及排水溝的整修，少作較大幅度的更新。若有設計工作也較單純，大致經由村里民大會或社區理事會商定了修築道路及水溝的長度與寬度和設定路燈的盞數，經報請鄉鎮公所及縣市政府補助即告完成，計畫獲准後即能進行工程工作。

晚近推行的農宅改善與更新計畫，分成全面社區重劃及部分更新或修建等兩種情形，不過實際上全面更新的情形極少見，晚近僅見於南投縣草屯鎮坪林社區全面更新的實例，其餘大致都僅限於部分更新與修建。社區全面重劃更新的設計工作必然較難做成，設計的內容與步驟也必須經過拆屋、重劃住宅分布藍圖、重新分配用地、補償地價、收取購地款項、申請政府補助、洽商建築商進行設計住宅圖樣及建築房舍等繁瑣的過程，這種設計工作通常需由政府及社區居民經過較長時間共同研擬才能做成。整體住宅重劃並改建後，社區的外觀及內涵必須有較徹底可觀的改善，但所花的費用也必然較多，過程中所遭遇的歧見及困難可能也較大。

一般在推行社區部分住宅更新計畫時，都僅限於輔導部分農戶個別擬定或選擇建築圖樣，提出申請補助金、補助建築材料及貸款等。

這類部分性或個別性的農宅更新改建計畫工作，可分成政府上階層的政策性計畫、各級政府的輔導性或執行性計畫與農民的行動計畫等三個層次說明:

(一)政策性計畫

有關臺灣地區農宅更新改善的政策性計畫起，自六十八年至六十九年間，由總統在總統府財經會談中提出五年計畫方案，預定在五年之內以貸款方式協助農民新建或整建七萬八千戶住宅，至七十一年時正式實施。自政策形成後即進行宣導，並由農政單位研擬細節的輔導規則或辦法。

(二)輔導辦法的設計

推行及輔導農宅更新改善的最高政府機構爲行政院農發會，農發會中的農民輔導處是實際負責輔導及推行的部門。行政院以下包括省政府農林廳、縣政府及鄉鎭公所的建設和農林主管部門也都參與輔導及推動工作。

輔導部門的計畫重點從研究農民住宅現狀的需求、問題及計畫，進而研擬配合性的房屋圖樣、申請書及說明書、分配貸款辦法、宣導規劃及協助解決其他難題的辦法等。

輔導單位對於改善戶數較多的社區則將之列爲「農宅改善示範區」並加以較全面性的規劃。規劃的內容包括整建的目標及內涵，例如決定總共要新建或整建多少農宅？是否及如何也整建道路、水溝及周圍環境？共要提供多少貸款及如何分配來源與用途？重建後將成何模樣？工程的內容範圍包括那些？進度如何？農戶方面應如何配合？這些計畫都需由輔導單位或推行單位做成。

(三)農戶方面的行動計畫

農戶方面在接受農宅更新改善計畫的過程中，也需要有自己的計畫，計畫能由農民自己做固然最好，若農民無力做計畫，就要請教農業推廣員或其他輔導人員協助，農業推廣員或農宅改建的輔導人員見農民不會做計畫時，最好能夠主動地協助其做好計畫。

農民對農宅改建的行動計畫須考慮的要點，應包括是否要改建？採局部或全面的改建？當決定改建時，究竟應取何圖樣？用何材料？花多少錢？何時進行？以及如何申請補助或貸款等，都需要有正確的構想與腹案。

六　農村社區發展規劃的步驟

綜合上面兩節有關新社區的發展計畫及舊社區的重建計畫，包括有形及無形的建設與改進，不論由誰來作計畫，都需講究合理有效的步驟與順序，而合理且有效的計畫步驟與順序可列成如下諸點說明。

(一)清理社區資源

對與建設計畫有關的社區資源須先做一番調查、清理與了解，因爲這些資料可變爲建設的資源與計畫的參考依據。重要的資源面包括土地、其他天然產物、人力、智慧、資金、已有的設施與制度、生產品及遺物等。

(二)揭發社區問題

問題的存在與發現可引導發展與建設的目標，發展與建設的目標常是針對解決問題，而所謂問題主要應是從社區居民的立場來體會與認定的，有時也要將具有客觀立場者所體會或感受的問題包括在內。

(三)擬定發展或建設計畫

發展計畫包括屬全社區共同性及屬社區內部分家戶或個人的個別性的都算在內，而計畫的重要綱要及內容，包括目標、可用的資源、實行方法、預計進度及成效等。

(四)推動實施計畫

此一步驟即是將計畫付之行動，若屬有形的建築，則要按時動工，若屬無形的社會改進方案，則也必要按構想展開組織、協調或合作行動等，總之在推動實施的階段最需講究有效的方法及技術。

(五)檢討計畫的成效

此一步驟是指按時檢查實行行動是否朝向目標進行？是否進行得有效率？是否發生了偏差與錯誤？若發現有偏差，則應時矯正。

七 後 語

有關農村社區規劃及改進的型式，不只限於新社區之設計及原有社區的基礎建設與住宅重建方案的計畫而已，此外屬於非物理方面的社會、經濟、文化等許多方面的建設和改進，也都需要經過規劃與設計，設計越完美，實際建設的效果也越良好。

在設計的過程中應考量的項目很多，本文中所論及的項目並未涵蓋全部。計畫時若能設想得越週密，實施起來就越能得心應手。但設計僅是達成實際建設與改進的方法與手段，故也不能長久停留在做好設計的階段，更重要的是要將良好的設計付之實現，使社區建設與改進眞正能夠實現。

參 考 文 獻

一、中文部分

1. 內政部營建署譯，《農村中心規劃指南》，民國七十四年二月。

2. 蔡宏進、王秋原、陳希煜，〈農村綜合發展配合區域計畫之研究〉，國立臺灣大學人口研究中心研究報告，民國七十三年三月。

3. 蔡宏進，〈現代化農村之設計研究〉，國立臺灣大學農業推廣學系研究報告，民國七十年一月。

4. 蔡宏進，〈印尼叢林地區社會經濟的研究與設計〉，「農業金融論叢」，第十輯，民國七十二年七月，頁241～256。

5. 蔡宏進，〈屏東隘寮山胞移住地社會經濟衞生發展調查研究〉，國立臺灣大學農業推廣學系研究報告，民國五十七年。

6. 蔡宏進，〈鄉村居民合力發展社區〉，《農民與農業》，環宇出版社印，六十三年三月，頁47～51。

7. 羅惠斌，〈臺灣地區農村住宅及社區更新規劃之研究〉，行政院農發會研究報告，七十三年六月。

8. 行政院農發會，〈農村土地利用與社區發展綜合規劃研究報告〉，七十年十一月。

二、英文部分

1. Bennis, W.; Benne, K. O.; Chin, R., *The Planning of Change, New York, Chicago, San Francisco, Aflanta, Dallas, Montreal, Toronto, London, Syndney,* Holt

Rinlhart and Winston Inc., 1969.

2. Tsai, Hong-Chn, "Social Context of the Settlement Design for Three Rural Transmigration Areas in West Kalimantan of Indonesia", *Chinese Journal of Sociology,* No.7. 1983. pp.279~292.

拾伍　合作組織、社區組織及社區發展的定義與相關性

一　何謂合作組織

所謂合作組織，簡單的說，是以合作行爲方法或以合作功能爲目的的人類組織體，此種組織的主要性質是組織中的個人處於同等的地位，各人參與組織的目的或用意是相同的，這種組織中沒有任何人壓迫他人意志的不平等情況存在。

合作組織可由動、靜兩方面的意義觀之，靜態的合作組織是指合作性的組織體，動態的合作組織則含有以合作方式的組織過程。前者可用生產合作社、消費合作社等爲例，後者指有合作關係的許多人（合作成員）之間的人事安排是經由人與人之間合作互動的過程，此種過程與衝突及對抗等不合作的社會行爲過程顯然有別。

要更深入了解合作組織的涵義，有必要先了解「合作」二字的意思。英文的合作 cooperation 一詞，指「共同」的意思。更具體的說，合作二字的要義是指二人或二人以上爲達到某一共同目標而聯合的工作或行爲。這種聯合性的工作或行爲也可說是集體性的行爲。Webster辭典上對 cooperation的解釋是 The collective action of persons for their common benefit，卽是指人與人之間爲達成共

同利益所表現的集體行動。

合作行爲，非爲人類所獨有，低等動植物之間也有合作的現象，同類或不同類的動物之間也有合作的行爲，不過，這些合作行爲都遠不如人類合作行爲之複雜與精密。合作行爲上往往需要有形的契約或法規爲依據及指導，合作組織可以非常龐大而複雜，然而動植物之間或動物活動之間的合作行爲都較原始而簡易。

人類所以需要合作的主要原因，是合作可以擴增個人的力量，達成個人所不能達到或不易達到的目標。而個人所以不能或不易達成卻可由合作組織所能達到的事務，乃因個人能力有限。每人專精的技能及知識只限於局部性，故人類社會通常有分工合作的現象。因之，人類不少合作組織是由具有不同技能行業的人所組成的，但也有不少的合作組織是由性質能力相同的人所組成的，不論那一種合作組織體，其組織的道理則一，除具有共同目標外，參與組織者都可達成自己所不能獲得或不易獲得的事物。

合作組織具有經濟性及社會性，經濟性是指其含有生產、消費或運銷等經濟行爲的性質，而社會性的意思是指組織中分子間有互助性的社會行爲，以及有社會角色的存在與表現。

二　何謂社區組織

社區組織是指社區範圍內的社會經濟組織實體或過程，以及社區與外界之間的組織實體或過程等。組織也含有靜態及動態兩方面的意思，靜態的社區組織指社區內或社區與外界之間的組織體。具體的說，社區內的學校、教會、政府機關、民衆團體、醫院、交通公司等都爲社區內部的組織體。有些組織牽涉的範圍較廣，往往結合二個或更多的社區範圍，譬如跨越區域性的合作社、聯合社或水利會等的組織卽是。這類組織也可視爲社區組織的一部分，只不過不僅以一個社區爲範圍。

社區組織體的類別可因其功能、規模、分子性情、時間的長久不同而分。其中以功能別而分辨的情況較爲普遍，前述的學校、醫院、政府機關等組織就其功能而分，分別爲教育組織、醫療組織及政治組織等。一般言之，社區的靜態組織也卽是指運行某種特殊社會經濟功能的固定性機關。這些組織中有一部分固然是合作性的，但也有非合作性的，而是指定性或強迫性的組織體。

所謂動態的社區組織是指社區內爲達成某種事功，將社區居民與許多事物加以結合，並安排的一種社會性過程，安排的原則通常是將合適的人安放在合適的事功上，或將合宜的事交給合宜的人來處理。安排的目標有如下幾點：(1)使原來沒有關係或連接的人相連結而成爲互有關係的人；(2)使人有事做，事有人做；(3)使人人關係和諧，而人人盡其才。

在組織的過程中，不一定要使人人處在相同的地位並盡相同的功能，反而要容許組織的階層性及組織分子的分工性。所謂階層性是指組織中各分子的地位有上下之分及左右之別。一個組織通常有位在高層的領導者或決策者，及位在下層的工作者或勞動者。如果是一個生產企業性的組織，則在上者是總經理或經理之類，而在下者是勞工。組織地位的左右之分是指功能性質處在相似等級者，其地位置於平行的位置。組織者在進行組織時卽應注意如何使這處於上下左右不同位置的部門或個人之間有所連結，成爲一個有效率有良好功能的結合體。

社區組織的作用相當廣泛，良好的社區組織有如下數種重要的功能：

1.可以獲得社區居民單獨無法獲得的事功

社區組織結合社區內多數人爲達成某一事項而努力，必然可以獲得個人所不易達成的事務，譬如爲設立一個屬於社區性的生產福利組織，若以一個人或少數人的資金往往不足以設立，但若集合社區內多數的人共同組織起來就有成立的可能。

2.組織可以擴大社區的力量

前面言及組織可以達成社區內個人無法達成的事務，說明了組織也是擴大社區力量的一種途徑。社區組織可使社區從本來沒有某一種能力的情況變成有某一種能力，或者使社區內本來薄弱的能力變爲更強大。譬如由原來少數幾位社區領袖所倡導的社會福利事業，常顯力量薄弱，進度緩慢，範圍有限，若能由有組織能力的人加以鼓吹，增加從業人員，則由提供福利來建設社區的力量便可加大。

經由組織並聯合社區內多數人的意見、財力與物力，也可使社區對外的爭議力或防禦力加大，在沒有組織的社區，居民有如散沙，但經過組織的社區居民可成爲堅強的團體。譬如沒有組織的農民往往產生不了力量，但有組織的農民甚至可進而影響改變政治組織之體制。

3.社區組織可以發展社區領袖

領袖人才需要有合適的環境才能發展，組織是發展領袖的最佳環境，在組織活動中，個人有被刺激表現領導才能的機會，也可實際表現領導的能力。在組織活動中，領導力表現之後隨即可以見其成敗，給領袖儲備人或候選人有自我了解的機會，做爲改進及發展自己領導力的借鏡。

在社區中組織各種特殊性的活動有利發展社區的特殊領導人才，譬如康樂領導人才可由康樂組織與活動中發現並發展，運動領導人才可由運動性的組織與活動中發現並發展。雖然這類領導人才有時也可以自求進步及發展，但若無組織以之爲媒介，或無組織活動以資運轉，則發展的速度必將遲緩，發展的效果也必然不顯著。

4.啓發社區內個人潛在的特殊興趣與才能

社區組織的另一個作用是可以促進社區內個人的潛在興趣與才能，社區內每個人都可能具有一樣或多樣的潛在興趣與才能，這些潛在的興趣與才能非有組織性的活動與安排，常不易被揭發並發展成熟，組織的作用在提供機會以便揭發並展露特殊興趣與才能，有些具有才能與興趣的人若非被迫或請求表現則不會輕易展露出來，組織性的活動可增加他們這種被迫或被請的機會。

組織的過程中常有些不定期或定期的活動，某些個人的特殊興趣與才能經過屢次的孕育與訓練而得以發展，譬如常舉行社區同樂會便可揭發並鍛鍊歌唱人才，社區組織的會議活動則可鍛鍊與會者的演講、發言與組織的能力。

5.有助建立民主政治

民主政治的培養及實踐，得力於人人的參與及表達意見，社區組織活動有助於社區居民參與公共事務及表達意見的機會，因而可促進其參與公務及表達意見的能力，這種能力的提高有助於民主政治的推展。

社區組織活動可以培養個人服從公意的氣度與能力，這種氣度與能力也是民主政治所必具的條件。個人在參與社區組織活動過程中，將會遭遇像參與民主政治或實踐民主政治所可能遭遇的問題，一經遭遇這些問題後，逐漸加以鍛鍊並適應便有助於參與及適應民主政治的能力。

6.有助社會制裁

社區組織過程中會形成許多規章制度，以利社區的成長與發展，這些規章制度也往往被用爲約制個人行爲的準則。組織使社區內的人與人發生關係，互相認識並互相牽制，不符合社區規範與標準的行爲將受到組織的制裁。組織的功能越好，對個人的好處越多，其約束個人的力量也可能越大。組織對個人的制裁方式則有專制性與民主性之不同兩類。

三 何謂社區發展

有關社區發展 (Community Development) 的定義中外學者的說法有多種，各家說法有甚多相同之處，但也有並不十分一致的地方。美國社會學者 L. Nelson、C. E. Ramsey 及 C. Verner 三人共同從社會學觀點對社區發展下一較廣泛的定義，他們同認爲社區發展是近代發展出來的一種技術，將研究社區的結果應用於解決社區問題。此外，他們進而認爲社區發展有時可被視爲政府的一種功能，是一種改進社會組織的方法，也相當於是社區改進的意思。這三位學者還認爲社區發展的促進，乃根據三種重要方法：(1)由參與發展的社區居民提出發展看法與行動；(2)由社區職業性領導者提出意見與行動；(3)由從事研究的學者運用研究及教育的方法而促進之。

美國學者 W. W. Biddle 及 L. J. Biddle 共同提出若干社區發展的定義與觀念，首先他們指出社區發展非同社會服務，也與社會行動不同。他們認爲社區發展是指美國國外未開發地區民衆求進步的一種活動，他們進而給社區發展下了一個較明確的定義，認爲社區發展是人們對變遷及令人氣餒的世界中爲改進生活，並改進控制能力的社會過程（Community development is a social process by which human beings can become more competent to live with and gain some control over local aspects of a frustrating and changing worlds) (Biddle & Biddle, *The Community Development Process,* 1965, p.78)。

國內有關社區發展意義的論說，首見於民國五十五年時社會學家楊懋春教授〈論社區發展〉一文，作者在文中指出社區發展有兩個相輔相成的意義，一個是指對曾經繁榮後來衰落社區的重建，第二個意義是指對較原始落後社區的開發。根據楊氏的研究，此種運動起源於美國，早在1944年時，C. O. Melly & B. Brownell 兩人在蒙但那大學從事社區研究而孕育了「研究發現一個地方資源，然後運用資源，以求地方上經濟與文化發展」的社區發展概念。後來 R. W. Poston 繼承前兩人的哲學及概念，對一個小型社區進行發展工作，並將經驗編寫成書，建立了社區的基本觀念，其主要觀念是藉由研究的工作使人民的精神振奮，將各種資源發現並加運用，以促進小型的發展。繼之，華盛頓大學校長 Raymond 於1950年時組織機構推動社區發展工作，並著書立說研究社區發展的理論。

直到聯合國於民國六十年派人前來，並撥款援助臺灣推動社區發展，社區發展的名詞及意思在本省各界才逐漸熟悉。有關社區發展定義的中文敍說逐漸普遍，由聯合國協助成立的中華民國社區發展研究訓練中心第一任執行秘書譚貞禧，於六十一年六月出版《社區發展的研究》一書，書中指出照聯合國文件的解釋，社區發展是指一種過程，即由人民以自己的努力與政府當局配合一致，去改善社區的經濟、社會及文化環境，在此一過程中包括兩種基本要素：一是由人民自己參加創造，並努力改進其生活水準；二是由政府以技術協助或其他服務，幫助社區促進發揮有效的自覺、自動、自發與自治。此書進而指出美國開發總署把社區發展解釋成一種社區行動的工作過程，在此一過程中，一個社區的民衆首先自動的組織起來，確定其共同問題與共同需要，訂定其共同計畫，並運用其社區資源與創造力，以執行此種計畫，必要時再由政府機構及其他志願性組織予以物質上之援助（參見《社區發展的硏究》，1971年6月，頁34），針對社區的範圍，譚氏指出社區可分爲功能社區及地理社區兩種，前者是指依適度人口結構及居民間相互依存的共同意識所形成的社區，後者是依地理的自然形勢所劃定的區域，如村里、鄉鎭、縣（市）、省（市）國家等。

曾任中華民國社區發展訓練中心訓練組主任王培勳教授，在其〈社區發展工作涵義及今後我國努力途徑〉一篇短文中指出，社區發展是第二次世界大戰後由聯合國所倡導的一項世界性運動，其目的在結合政府與民間的力量，來改善人民生活，也卽是運用社區組織的原則與方法推廣於經濟落後農村地區的一種運動。可見社區發展的主要任務是在促進鄉村社區經濟繁榮及社會進步，以滿足鄉村人民的經濟與社會要求。至於社區在社會學上及社會工作上的意義，則是指有境界的人口集團及其心理與文化的結合體之總稱。

陳國鈞教授在其《社區發展工作的認識》一書中，列舉聯合國文件所載社區發展的定義爲：(1)經由地方行動以獲致社區進步的種種政策及其應用的方法及程序；(2)是一種經由全社區人民積極參加並充分發揮其創造力量，以促進社區的社會進步及經濟情況的工作過程；(3)經由社區人民自覺自動的參加而促成全社區經濟社會進步的過程。社區發展爲求增進人民福利，必須運用以下缺一不可的兩個力量：第一、人民有合作自助及吸收新生活方法的機會與潛能；第二、是經世界性合作過程由各國政府及社團提供技術與經濟的援助以完成之。此外，陳教授尙列有聯合國在其他文獻上及聯合國以外機關所下的若干定義，其意義都大同小異。

四　合作組織、社區組織與社區發展的關係

合作組織、社區組織與社區發展三者間的關係至為密切，其主要的關係是社區組織具有合作組織的性質，而一個合作組織也可能為社區內部組織或為社區與外界間的組織體系之一部分。此外，合作組織及社區組織又同為達成社區發展的重要方法。如下再略論這些關聯性：

1.合作組織為社區組織的重要類型

合作組織在所有社會組織與社區組織中占最重要地位，一來因為任何組織都具有或多或少的合作性，任何組織分子都可從組織中獲得好處，且任何組織分子都得替其他分子提供合作行為。即使是在強迫性濃厚的社會組織中，被迫分子也可從壓迫分子中獲得某些利益，對他而言，壓迫分子也提供了某種程度的合作行為。二來因為以合作為基礎的社區組織較能持久，且較能被社區居民普遍接受並歡迎，因之一般社區中或社會上所存在的組織，較多是合作性的。

2.社區組織具有合作性

社區組織的主要目的在發展社區，要達此目的需賴社區居民的合作，因之有效率的社區組織多半是合作性的。社區組織的合作性具有如下諸意義：(1)社區組織要能成立並能發揮促進社區發展的作用需賴社區民衆的合作並參與，組織才能穩固；(2)社區組織常需運用社區中的共同資源或部分私人財物，也需要社區全部居民或部分居民的合作，由其提供資源作為發展社區的基礎；(3)社區組織要能發生作用，需要社區居民羣策羣力，也即需要社區全體或多數居民共同貢獻

智慧、財力與勞力等才能奏效。故不僅理論上社區組織需要具備合作性，且在實際上社區的組織若要能夠成立並發生功能，也都需先受到社區居民的合作與支持。

3.藉合作組織與社區組織的方法以促進社區發展

合作組織與社區組織既有密切關係，且兩者都與社區發展分不開，則社區發展便要靠合作組織與社區組織來進行並完成。若社區沒有組織或得不到內部與外部的合作，情況一定混亂，也就談不上發展了。社區發展需要幾個過程，包括發掘問題、設計發展方案、推行方案及考評方案，這些過程步步要有組織及合作行爲才能見效。有了組織，各個發展步驟才能有適當的人員來盡推動之責，人與事之間才能有適當的安排，有合作組織才不致使這些步驟形成紛亂或失能。

總之，社區發展工作十分重視社區的合作組織，世界各地推行社區發展則無不以社區的合作組織爲手段，社區合作組織對社區發展之具體功能，在於其可以增加工作效率，啓發特殊人才，培養社區領袖，實施社會制裁，協調社區衝突，並培育社區人民的社區意識與社區感情，因有這些用途，社區合作組織乃被普遍運用於推動社區發展。

參 考 文 獻

一、中文部分

1.王培勳，《社區發展工作涵義及今後我國努力途徑》，中華民國社區發展研究訓練中心印。

2.唐學斌，《社區組織與社區發展》，臺北市社區發展學會印，民國六十六年。

3.陳國鈞，《社區發展工作的認識》，中華民國研究訓練中心印。

4.張德粹，《農業合作原理與實務》，臺灣商務書局，民國四十二年十二月。

5.楊懋春，〈論社區發展〉，《土地銀行》季刊，第三卷第三期，民國五十五年九月，頁1～16。

6.蔡宏進，〈淺論社區發展〉，《臺灣經濟》，第三四期，民國六十八年十月，頁12～19。

7.譚貞禧，《社區發展的研究》，中華民國社區發展研究訓練中心，民國六十年六月。

二、英文部分

1.Brownell, Baker, *The Human Community,* Harper & Brother, New York, 1950, p.25.

2.Fayeltevill, Ark, *Rural Community Improvement Guide,* University of Arkansas, Extension Service Publication, 5727, 1955.

3. Nelson, L., Ramsey, C. E., Verner, C., *Community Structure and Change,* The American Company, New York, 1960.
4. Olson, Marvin, E., *The Process of Social Organization,* Holt Rinehart and Winston, New York & other places, 1968.
5. Poston, Richard W., *Small Town Renaissance,* Haper & Brother, New York, 1950.
6. Ross, Murry G., *Community Organization,* Haper & Row, New York, 1955.

拾陸　農家生活變遷及其因應措施

一　農業發展緩慢對農家生活變遷的影響

(一)問題的重要性

談論農業問題時很有必要將農業問題與農家或農民生活問題相提並論，雖然有些經濟決策者或研究者對農業問題較關心的層面，常僅限於總體性的農業變遷與國家經濟發展的關係。然而對農業生產單位體的農家或農民而言，其對農業問題的關切面，常反而着重於農業變化與其生活變遷的關係。由於農業發展的動力歸根到底，是要靠農民的生產動機及實際表現的行爲，故要檢討過去農業發展及展望未來的農業發展，非對農民的心理及行爲層次多加以注意不可。了解過去農業發展變化對農家生活變遷的影響，乃是探討農民生產心理及行爲變化的第一步，能先了解其影響情形，進而對不利的影響面提出對策，才能有效激發農民的生產動機，並使其表現良好的生產行爲，未來農業的發展也才能有較光明的前景，否則若農業發展的設計忽略了農業與農家生活關聯的層面，也必然未能注意到有效誘導農民重視生產的態度及表現良好的生產行爲，農業發展的前途不無堪慮，本文重點乃就過去三、四十年來臺灣農業發展緩慢對農家生活變遷的影響作一番檢討。

(二)農業發展緩慢的趨勢

事實上過去三、四十年臺灣的農業發展逐漸趨於緩慢，就農業總體面的變化加以觀察，首先可看出農業產值占各業總產值的比率直線下降。1952年時此項比率爲 35.9%，至 1980 年時降至 9.1%。其次又可看出在早年時農業生產的年成長率都有相當程度的正數，但到了晚近卻常出現負數，在1980年時當工業成長率高達 7.7%時，農業成長率卻爲負 2.2%。再看農業複種指數的變化，雖然從 1950 年代至1960年代中期之間曾顯示過增加的趨勢，但自1960年代中期後農業複種指數也一直下降。1980年時此種指數降至154.4，較1952年的173.6少了約20，比1964年也卽最高一年的 189.7約減少了35。

再從農家的個體層次看農業發展緩慢乃至倒退的趨勢，首先我們可以看出長期以來由於農戶數不斷增加但耕地面積無法增加，致使每農戶的平均耕地面積也趨於縮小。1952年時平均每戶耕地面積爲1.12公頃，至 1980 年時減至 1.04 公頃。雖然每戶平均耕地面積一度在1973 年至 1977 年間曾經略有增長的現象，此乃因部分海埔新地及農林邊際地變爲可耕地之故，然而增加的幅度卻極微小。從1977年後每年每戶平均面積又見下降。再就農戶每年平均農業產值的變化看，雖然均有增加，但長期以來大多數年度間所增最多也只是三位數，至最近才偶而增至千元以上，若去除物價上漲所造成的貨幣貶值部分，則長期以來各年間農家的農業產值的變化恐非都爲正數，也許反有成爲負數之可能。再看每農戶生產各種重要農產品平均量的變化，也可清楚看出增加量極少，有些項目甚至反而趨於減少。譬如自 1952 年至

1980年間，每戶平均產稻量也只不過從2.31公噸增至2.70公噸。平均每戶產量的最高峯已停留在1974年的3.12公噸，從此以後直線下降。多年以來平均每戶生產甘蔗的重量，經常停留在10公噸以下，僅有少數幾年增至略高於10公噸，1980年時爲10.15公噸，反比1953年的11.95公噸少。又如每戶生產甘薯的重量也呈直線下降，在1952年爲0.34公噸，至1980年時直線降至僅0.07公噸。農家每戶養豬5.53頭，較1952年的3.84頭也不過僅增加1.69頭。由上列舉的資料，足見我們每戶農家的農業生產規模與數量一向很小，多年來在有些生產項目的產量已顯然銳減，在另些項目上雖有成長，但成長幅度也極有限。

(三)緩慢的成長對農家經濟生活變遷的影響

農業原爲農家的主要生產事業，也原爲其主要乃至唯一的經濟生活手段或方法。近三、四十年來農業成長緩慢乃至衰落，必然直接影響到農家的經濟生活內容及水準，也間接影響了其社會文化生活的許多層面，於此先對經濟生活面所受到的影響略加分析。雖然這種影響的分量不易很精確計算出來，但是藉着若干統計資料加以比較分析及實地觀察，也不難看出大致的情形。

一般看來農業成長緩慢乃至衰落，對農家經濟生活的影響是相當不利的，因爲其原可憑藉爲主要甚至是唯一可以改善生活的機會也跟着減少，甚至完全喪失了。雖然因爲這種機會的減少或消失逼使農家的成員不得不向外發展，因而也有獲得改善生活條件的可能，但是這種可能性不是個個農家都有的，且許多農家分子向外謀生時所付出的代價常是得不償失的。在農業緩慢成長的影響下，儘管部分農家的經濟生活條件可由其部分分子到外謀生而得到彌補或改善，但一般看來農家的經濟生活條件經常顯得相對落後與吃虧。根據歷年來由政府提

表〈一〉 臺灣省歷年農家與非農家間每戶及每人平均經常收入比較表

年份	每戶平均經常收入（元）		農家每戶收入占非農家每戶收入的%	每戶人數		每人收入		農家每人收入占非農家每人收入的%
	農家 (1)	非農家 (2)	(3)=(1)÷(2)×100	農家 (4)	非農家 (5)	農家 (6)=(4)÷(3)	非農家 (7)=(2)÷(4)	(8)=(6)÷(7)×100
民國55年	32,319	34,080	94.83	7.17	5.27	4,508	6,467	69.70
民國57年	31,967	44,603	71.67	6.72	5.43	4,757	8,214	57.91
民國59年	35,439	49,088	72.19	6.62	5.52	5,353	8,893	60.19
民國61年	49,033	60,010	81.71	6.50	5.29	7,544	11,344	66.50
民國62年	54,352	73,957	73.49	6.37	5.22	8,532	14,168	60.22
民國63年	82,980	98,257	84.45	6.30	5.10	13,171	19,266	68.36
民國64年	86,061	108,086	79.62	6.03	5.08	14,272	21,276	67.08
民國65年	100,873	128,558	78.46	5.85	5.10	17,243	25,207	68.41
民國66年	105,944	145,136	72.99	5.66	4.93	18,718	29,439	63.58
民國67年	130,298	175,604	74.20	5.55	4.79	23,477	36,661	64.04
民國68年	165,629	214,799	76.64	5.21	4.79	29,824	44,843	66.51
民國69年	207,297	264,693	78.32	5.47	4.76	37,897	55,608	68.15

資料來源：臺灣省政府主計處編印，《臺灣省家庭收支調查報告》，民國五十五年至六十九年。

供的一項有關家庭收支調查報告資料再加以計算整理，我們可看出農家的經濟生活在許多層面上的相對條件與水準，若非處於依然穩定偏低，就是顯得更趨不利。這種變遷趨勢雖然也受其他行業進步發展的影響，但就農業的內部看，不能不說是本身成長緩慢乃至衰落的結果。

全省農家的經濟生活變遷處於不利的情況，首見於長期以來其經常收入水準與非農家的經常收入水準相差很大，近十餘年來前者經常只為後者的70%多左右。若以農家中及非農家中每人平均經常收入相比，則兩者的差距更大，前者約僅為後者的60%餘左右。這些比較的資料並未將臺北市的資料包括在內，否則多年以來農家收入水準偏低的情形將更為明顯。（見表〈一〉）

農家收入偏低實與其原為主要經濟來源的農業收入在其家庭經常收入的比率急速下降有關。在農業成長緩慢的過程中，農家的農業淨收入占其經常收入的比率由民國五十五年時的 66.39%急降至六十九年的 26.38%。更有甚者，不僅是農家農業淨收入的相對比率下降，其絕對收入值自五十五年至六十一年間也有減無增，自六十三年後雖未見再減少，但所增也無幾。（見表〈二〉）

進而再比較農家與非農家間支出水準的變遷情形，發現長期以來農戶的支出水準偏低的情形未能改善。多年來全省農家平均經常支出水準也常停留在非農家經常支出水準的70%餘，而農家中每人平均經常支出額也經常只為非農家每人平均經常支出的60%餘，若合併臺北市的資料一起計算，則全臺灣農家及農民經常支出水準偏低的情形將更顯著。民國六十八年時全省農戶的經常支出水準即僅為臺北市家庭經常支出水準的 58.42%，而全省農戶中每人的經常支出水準則僅為臺北市家庭每人支出水準的46.56%，不足一半。（見表〈三〉）

表〈二〉 臺灣省歷年農家農業淨收入占總經常收入的百分比（元）

年　　　份	55年	57年	59年	61年	62年	63年
經常收入 (1)	32,319	31,967	35,439	49,033	54,352	82,980
農業淨收入 (2)	21,455	16,823	16,019	20,721	22,848	39,917
%(3)=(2)÷(1)×100	66.39	52.63	45.20	42.26	42.04	48.10

年　　　份	64年	65年	66年	67年	68年	69年
經常收入 (1)	86,061	100,873	105,944	130,298	164,629	207,297
農業淨收入 (2)	39,853	41,724	42,882	43,545	44,889	54,693
%(3)=(2)÷(1)×100	46.31	41.36	40.48	33.42	27.27	26.38

資料來源：同表〈一〉

從另一些資料我們又可進而看出，長期以來農家的消費支出，包括用於食、衣、住、行等基本生活費及教育、衞生、娛樂等費用者，都比非農家的同類支出水準低，約僅爲80%左右，未有提升的現象，足見長期以來農家的基本生活水準也明顯偏低。(見表〈四〉)

因爲農家的收入偏低，雖其消費水準也偏低，但仍無足以使其儲蓄能力增強，長期以來農家的儲蓄能力可說持續落後，通常僅爲非農家儲蓄水準的60%餘至70%餘之間，但在最不利的年度裏，前者僅爲後者的三分之一左右。(見表〈五〉)

長期以來農家的收入與支出水準偏低的現象，也致使其享用現代化家庭用具及設備的水準無法與非農家的享用程度相比。民國六十九年時家計調查所包括的二十六項現代化家庭用具及設備中，除黑白電視機、縫衣機及機車等三種較不時尚的項目以外，其餘二十三項全省

表〈三〉　臺灣省農家與非農家間每戶及每人平均經常支出比較表

年份	每戶平均經常支出（元）		農家每戶支出占非農家支出的%	每戶人數		每人平均經常支出		農家每人支出占非農家每人支出的%
	農家 (1)	非農家 (2)	(3)=(1)÷(2)×100	農家 (4)	非農家 (5)	農家 (6)=(1)÷(3)	非農家 (7)=(2)÷(4)	(8)=(6)÷(7)×100
民國55年	27,649	31,254	88.46	7.17	5.27	3,856	5,931	65.01
民國57年	30,678	40,207	76.30	6.72	5.43	4,565	7,405	61.65
民國59年	33,958	44,269	76.71	6.62	5.52	5,130	8,020	63.97
民國61年	43,515	52,320	83.17	6.50	5.29	6,695	9,890	67.69
民國62年	48,955	62,656	78.13	6.37	5.22	7,685	12,003	64.03
民國63年	72,541	83,751	86.61	6.30	5.10	12,030	16,422	73.26
民國64年	73,848	91,930	80.33	6.03	5.08	12,247	18,096	67.68
民國65年	82,481	105,174	78.42	5.85	5.16	14,099	20,622	68.37
民國66年	85,176	113,421	75.09	5.06	4.93	16,833	23,006	73.17
民國67年	103,942	132,176	78.64	5.55	4.79	18,728	27,594	67.87
民國68年	128,358	161,685	79.38	5.52	4.79	23,253	33,755	68.89
民國69年	157,632	197,944	79.63	5.47	4.76	28,818	41,585	69.30

資料來源：同表〈一〉

表〈四〉 歷年臺灣省農家與非農家間消費支出的差距（元）

年份	55年	57年	59年	61年	62年	63年
農家	21,085	27,570	30,054	41,911	46,537	68,661
非農家	27,066	33,574	37,022	49,332	59,017	78,697
農家占非農家的%	77.89	82.12	81.18	84.96	78.85	87.25

年份	64年	65年	66年	67年	68年	69年
農家	69,669	76,850	79,671	95,052	117,393	144,009
非農家	85,510	95,630	102,864	119,002	145,301	178,788
農家占非農家的%	81.47	80.36	77.45	79.87	80.79	80.55

資料來源：同表〈一〉

平均每百戶非農家的擁有率爲每百戶農家擁有率的2.46倍，而臺北市家庭每百戶的擁有率則爲全省每百戶農家擁有率的4.22倍。足見農家能享用現代化用具及設備的能力普遍都不及非農家。雖然在幾樣較必須的用具及設備方面，如冰箱、電鍋、電扇等，農家與非農家間擁有率的差距有日漸縮短的趨勢，但是在若干較昂貴的項目上，如錄影機、冷暖氣機、攝影機及音響等，農家的擁有率落後的現象則更趨明顯。（表〈六〉）

在農業緩慢成長的過程中，全省農家的經常收入及支出水準長期普遍偏低，且這種差距未能有效縮短，這種情形固值得大家注意。此外，另一也甚值得大家注意的現象但卻較少被提及的是，在全省不同地區間仰賴農業收入爲生越重的地區，農家生活水準偏低的情形也相對越爲嚴重，且這種差距有變爲更加明顯的趨勢。這種看法可由下

表〈五〉　歷年本省農家與非農家間平均每戶及每人儲蓄額的比較（元）

年份	每農戶 (1)	每非農戶 (2)	每農戶占每非農戶的% (3)=(1)÷(2)×100	農家每人 (4)	非農家每人 (5)	農家每人占非農家每人的% (6)=(4)÷(5)×100
民國55年	4,670	2,826	144.01	651	536	121.46
民國57年	1,598	4,819	33.16	238	887	26.83
民國59年	1,397	4,314	32.38	211	782	26.98
民國61年	5,518	6,042	91.32	849	1,142	74.34
民國62年	5,396	11,301	47.75	847	2,779	30.48
民國63年	10,439	14,507	71.96	1,657	2,845	58.24
民國64年	12,213	16,155	75.60	2,025	3,180	63.68
民國65年	18,392	24,022	76.56	3,144	3,606	87.19
民國66年	20,767	31,715	65.48	3,669	6,433	57.03
民國67年	26,356	43,428	60.69	4,749	9,066	52.38
民國68年	36,271	53,114	68.29	6,577	11,089	59.26
民國69年	49,665	64,886	76.54	9,087	13,631	66.61

資料來源：同表〈一〉

表〈六〉 民國五十五年及六十九年本省每百戶農家與非農家間享有現代化家庭用具及設備的數量

		彩色電視	黑白電視	電冰箱	電話機	錄影機	冷暖氣機	電鍋	電扇	攝影機	音響	收(錄)音機	洗衣機	菓菜汁機
民國五十五年	全省農家(1)	—	0.69	0.48	0.57	—	—	6.84	48.23	—	12.22	52.81	—	—
	全省非農家(2)	—	6.84	6.34	2.24	—	0.22	33.49	71.11	—	18.67	68.90	0.51	—
	(3)=(2)÷(1)×100	—	9.91	13.21	1.32	—	—	4.98	1.47	—	1.53	1.17	—	—
民國六十九年	全省農家(4)	51.31	46.65	87.05	23.62	0.78	1.98	93.12	167.44	0.60	17.34	29.13	40.62	18.05
	全省非農家(5)	72.55	29.96	94.18	52.62	1.91	15.22	98.14	195.18	1.09	26.68	44.82	68.14	38.23
	(6)=(5)÷(4)	1.41	0.64	1.08	2.23	2.44	7.69	1.05	1.17	1.82	1.54	1.54	1.68	2.17
	臺北市(7)	83.89	20.64	96.93	79.69	4.39	43.40	102.91	200.11	1.64	34.74	62.69	80.82	43.66
	(8)=(7)÷(4)×100	1.61	0.44	1.11	3.35	5.62	21.92	1.10	1.20	2.73	2.00	2.15	1.99	2.42

		鋼琴	照相機	縫衣機	抽油烟機	吸塵器	瓦斯爐	瓦斯及電熱水器	汽車	機車	抽水馬桶	搪瓷浴盆	報紙	書刊雜誌
民國五十五年	全省農家(1)	—	0.56	60.63	—	—	—	—	0.05	6.08	—	—	5.29	5.28
	全省非農家(2)	—	4.46	45.05	—	—	—	—	0.20	5.31	—	—	19.91	5.82
	(3)=(2)÷(1)×100	—	7.96	0.74	—	—	—	—	4.00	0.87	—	—	3.76	1.10
民國六十九年	全省農家(4)	0.96	7.90	63.40	18.04	0.96	95.99	22.30	2.94	101.83	27.08	23.35	31.01	3.77
	全省非農家(5)	4.46	27.83	51.75	46.37	4.09	99.93	56.66	4.85	78.75	79.07	64.12	61.49	10.58
	(6)=(5)÷(4)	4.65	3.52	0.82	2.57	4.26	1.04	2.54	1.65	0.77	2.92	2.75	1.98	2.81
	臺北市(7)	8.72	48.77	40.40	57.91	8.63	99.14	73.79	9.34	39.63	106.21	92.83	85.70	15.65
	(8)=(7)÷(4)×100	9.08	6.17	0.64	3.21	8.99	1.03	3.31	3.18	0.38	3.92	3.98	2.76	4.15

資料來源：算自(1)民國五十五年及六十九年《臺灣省家庭收支調查報告》及(2)六十九年《臺北市家庭收支與個人所得分配調查報告》等資料。

表〈七〉　民國五十九年及六十九年全省各縣市每戶農家平均收入與支出的水準

單位：新臺幣元

縣市別	五十九年				六十九年			
	經常收入 (1)	農業淨收入 (2)	農業淨收入占經常收入的% (3)	經常支出 (4)	經常收入 (5)	農業淨收入 (6)	農業淨收入占經常收入的% (7)	經常支出 (8)
總數	35,439	17,257	48.69	33,958	207,297	54,682	26.39	159,632
臺北縣	38,842	16,913	43.54	35,288	324,267	96,290	29.69	234,333
宜蘭縣	32,019	20,901	65.28	29,591	265,172	63,589	23.98	210,215
桃園縣	41,997	21,296	50.71	39,761	237,867	52,283	21.98	181,157
新竹縣	37,376	18,803	50.31	34,963	255,140	46,302	18.15	201,775
苗栗縣	37,618	20,585	54.72	33,845	226,429	36,408	16.28	178,907
臺中縣	39,175	17,761	45.34	36,311	208,336	71,408	34.28	155,208
彰化縣	37,191	19,396	52.15	38,746	225,349	53,016	23.53	153,275
南投縣	32,069	16,643	51.90	30,357	190,779	60,205	31.56	147,784
雲林縣	35,456	17,527	49.43	36,483	157,976	56,080	35.50	119,934
嘉義縣	30,275	14,141	46.71	27,113	181,239	62,043	34.23	132,922
臺南縣	30,696	12,180	39.68	33,548	188,582	42,817	22.70	141,006
高雄縣	36,732	18,043	49.12	33,887	201,566	44,919	22.29	162,951
屏東縣	32,922	13,884	42.17	29,466	190,533	45,659	23.96	158,979
臺東縣	32,002	19,558	61.11	29,396	167,478	73,755	44.04	137,976
花蓮縣	26,886	9,146	34.02	25,010	222,139	73,471	33.07	173,354
澎湖縣	20,924	18,827	89.98	20,046	140,145	40,798	29.11	92,431
基隆市	54,683	11,383	20.82	51,774	278,314	30,935	11.12	224,734
臺中縣	54,227	28,671	52.87	49,764	244,798	58,143	23.75	200,729
臺南縣	47,859	22,984	48.02	47,884	236,815	40,194	16.97	169,840

資料來源：同表〈一〉，五十九年版頁94～117；六十九年版頁158～185。

注：第三欄與第四欄數字的相關係數爲 −0.4867，又第七欄與第八欄數字的相關係數爲 −0.5475。

述的兩個數字得到支持。分別計算五十九年及六十九年時全省各縣平均農家經常支出與農家農業淨收入占總經常收入百分比之間的相關係數，得出兩年度的相關係數爲負值，且六十九年時的負相關值反高於五十九年時的負相關值，分別是－0.5475及－0.4867。(見表<七>)

(四)展　望

由於農業成長緩慢必然會影響農家經濟生活程度相對偏低，又農家經濟生活偏低必也會再影響其對農業經營失去興趣與信心。惡性循環的結果，又終致不利於農業發展。故當策劃今後農業發展的謀略時，不能不兼顧農家經濟生活面乃至社會文化生活面的改善。因爲影響農業成長緩慢背後有其政策因素，今後要能有效加速農業發展也必須著重在政策上的運用。今後政策的重點，很必要放在使經營農業的農家與農民能由從事這種生活手段中獲得較有保障的收入、所得或消費能力。也許政府除了應該採行可使農家從農業生產品中分配較多利潤的政策外，也有必要發展農村或農民的生活福利政策，雙管齊下，藉以挽救長期以來農家及農民陷於生活上的困境及對農業生產所失去的誘因及信心。

二　未來改善農家生活的改革方向
——加強農村福利政策與措施

(一)政策的必要性

前已言及農業成長緩慢導致農家生活程度相對偏低的不良後果，今後農業建設的政策方向，除應積極採行可使農家從農業生產品中分配較多利潤的措施之外，也應努力發展農村或農民的生活福利政策，藉以增強農家與農民對農業生產及鄉居生活的信心與興趣。此外，今後發展並實施農村福利政策實尚有其他的理由：第一個最具體的理由是，此種政策可平衡城鄉間發展程度上及生活水準上的差距；第二個重要的理由是，也可由這種政策的推行而減輕社會安定及國家安全上的壓力；再一個更具深遠意義的理由是，可藉此政策的推行而樹立國家開明進步的形象。玆就這三點理由再略加說明於下：

1.平衡城鄉間發展程度及生活水準上的差距

我國長期以來，由於農業成長緩慢及工商發達快速的結果，以致今日城鄉發展程度與生活水準上的差距很大，具體的資料可從全農民的收入及支出水準都僅及非農民的60～70%之間看出來，農民對若干重要現代化家具享用程度，也僅及於臺北市享用程度的半數以下。此外，農村中的農民在食、衣、住、行、育、樂等生活面，及在生產改善上所遭遇到的困難，往往都比都市中的非農民所遭遇的困難大。此時，我們可預見未來的農業經營將因成本的持續提高及轉嫁的不易而益形艱困，農民要藉農業發展來改善生活的可能性，也越趨渺茫，故要有效改善農村居民的生活，客觀上乃極必要從加強農村福利措施找出路，而這種措施的效果是可預期的。

2.減輕社會安定及國家安全上的壓力

由於晚近本省的農村在發展及生活上遭遇到許多困難，致使衆多的農村居民紛紛移出農村趨向都市。移到都市的農村居民中，經不起都市物質與色情之誘惑，又欠缺正當的能力以之適應者爲數不少，這些人往往容易淪爲竊盜或奸犯歹徒，直接危害了社會的安定與國家的安全，大量農村人口快速移居都市的結果，容易引發都市中許多或明或暗的社會經濟問題，例如失業、違章建築、交通混亂、色情囂張等。都市中生活不如意者或對現狀不滿意者，常不惜鋌而走險，違反社會規範及國家法律，終致可能破壞社會的安寧及國家的安全。

3.樹立國家開明進步的形象

近年來我國在外交上的處境日趨艱鉅，政府更有必要致力於國家建設以樹立我國在國際間的良好形象， 藉以積極爭取國際友誼與關係。當此之際，政府若能掌握發展農村福利措施，改進內政上薄弱的一環，當可顯出我政府穩健與開明的作風，對內卽可爭取廣大農村民衆及其遷移都市或國外子女的信任，對外更能贏取國際友人對我施政的讚揚與支持，國家的新形象及良好聲譽將必能昂然樹立於國際上。

基於上述的幾種重要理由，農村福利措施實值得成爲今後政府施政的重點，及民間努力響應的重要方向，爲有效推行農村福利建設，政府迫切需要努力的要點，至少有如下幾項:

(二)政策的重要方向

今後要能有效推展農村福利措施重要的策略可分兩大方面:(1)繼續發展農業並使農民能分享更多的生產利潤；(2)推展多項目之農民生活福利措施。就第一方面看，更具體言之，農業生產福利措施的範圍除包括曾片面實施的保證價格、契約收購、低利生產貸款、災害時減租與免稅以及降低生產成本等外，尙應包括未實施的其他各種足以增加農民收益、增強農民生產誘因的農業發展策略在內。至於農村生活性的福利措施，其最廣泛的範圍，可包括所有與農村居民生活有關的種種層面而言。然而因爲農村居民的總生活面很廣，政府卽使有心要發展農村生活福利措施，亦勢必無法面面顧及，乃不得不選擇較爲迫切且重要者首先推行。

何爲較迫切需要發展的農村生活福利措施呢?政府施政單位在作

此決策及計畫時,不能不考慮到選定的項目應具有如下幾項特性: (1)是與多數農村居民的生活直接有關者; (2)是農村居民普遍感到需要者; (3)是農村居民普遍遇有困難者; (4)是多數農村居民不易以自己能力去滿足或解決者。此四項特性之所以重要，實有其合理的緣由。因為如果選定的項目不是與多數的農村居民的生活直接有關，則建設的成果僅能為少數人所享，乃至無人能享，可謂徒勞而少功或無功，當然不是重要的措施。又如果發展項目不為農村居民普遍感到需要者，則推行起來將難受歡迎，也就不會有良好的成效。農村居民感到困難者，往往也是其感到迫切需要解決者。雖然不是所有的需要都會遇有困難，但當農村居民遇有困難問題時總會期望獲得解決，常需有福利性措施代其解決。又農村居民的需要或問題若不能以自己的能力去滿足或解決者，尤需有外來福利措施的幫助。

基於上述選擇生活福利措施項目的原則，今後政府部門該選定的重要農村生活福利措施不僅應注意經濟性，且也應注意社會性及文化性，故至少應包括如下四大項目: (1)住宅改善及社區公共設施: 如水電、道路、電話、排水等; (2)文化建設: 如推展富有教育意義及娛樂價值的歌仔戲、布袋戲、音樂競賽、圖書館等活動或設施等; (3)農業災害救濟及農民健康保險; (4)農村環境保護及衛生保健等。

這些方面的福利措施之所以重要，正因其符合上述的幾種重要特性。一來這些事項都與多數農村民衆有關，也能符合多數農村居民的需要。又農村居民為要改善這些方面的生活常會遭遇難題，且又常不能以自己的力量所可達成者，故亟需由政府的政策性措施去支持或推展，才能使農村居民在這些方面的生活內容獲得改善，由此恢復農民對農村生活的趣味及對政府推行農村建設的信心才能見效。

(三)今後政府應有的做法

農村福利政策措施的大方向決定了之後，政府更應切實付之行動，才能使政策切實產生效果。今後政府若有意實施農村福利政策，則在實際行動上應有的表現至少要包括三方面，即(1)積極尋求更有效的福利措施目標；(2)制定或改善有關的法規或辦法；(3)寬籌推動經費。就這三方面應有行動的內容略再說明之。

1.積極尋求更有效的福利措施目標

農村福利措施要能生效，首先極需要政府積極尋求並設立有效的目標。政府一方面可參照過去已實施的農村福利措施並加檢討，將有效而合理者給予保留並繼續推行，將無效或不十分合理者，加以改進後再接納或將之放棄。其中合理有效且可繼續採行者，譬如災害時的減稅與救濟、社區基礎建設工作、農忙托兒所、農村家庭計畫服務等。至於需經改進後再採行者，譬如稻穀保證價格收購措施一項，若能將每公頃收購量酌予提高，並設法將餘量外銷或經加工使用，將可提升其對農民的福利效果。

此外，政府更應尋求前所未有的新措施目標，才能使農村福利措施不斷革新充實。在尋求新目標時，一方面固可參考工商界的福利措施資料，另方面也可參考外國先進國家的農民福利辦法，具體可供參考採行者，譬如可仿公務界設立福利中心，仿勞工界採行傷亡疾病救助等福利措施及退休制度，或仿日本的高糧價政策等。此外，政府更應能預見農村社會可能的變遷方向，以福利性手段設法減輕農村在變遷中所可能遭遇的災難，譬如為避免未來工業發展對農村造成嚴重的污染，應將農村環境保護列入今後農村福利的目標中。

2.制定或改善有關的法規或辦法

設立了農村福利措施的目標之後，政府在推行時極需再努力的是，以有效的法規或辦法相配合。新措施要能有效推展，需先制定適當的法規以爲有力的依據，爲使農村福利措施能有效推展，政府有必要制定一項「農村福利法」做爲施政的有力依據。除此，政府對原爲推行多種農村福利所定的規則或辦法中有問題者，也應重新加以檢討，對於會妨害福利措施之推展的部分，實應及時修改。仔細研究以往政府所訂立的農村福利措施推行辦法，常會發現有若干規定反成爲阻礙福利措施的絆腳石，譬如農會法中限定農會最多僅能將30%的盈餘用於福利事業上，這種規定對有心擴大推展農村福利的農會即會產生很大的限制。又如農宅貸款辦法中規定建地外地區的農宅或集中興建之農宅需以縣市政府名義爲建造人，徒然增加了農民的負擔，也阻礙了這項措施的推展。此外，又如在社區基層建設計畫下常要求各村里籌措對等的配合款，在經濟情況不佳的地區，往往因籌不出配合款而分享不到這種補助福利。總之，爲能有效推展農村福利措施，這些有妨礙性的法規或作業辦法似乎都有加以修正改進的必要。

3.寬籌推動經費

此外，政府極需要努力配合的事項是，確實做到寬列農村福利經費，以利推動這項福利措施，一般福利性的措施比其他措施較需要經費的配合，若沒有經費的支援，福利性的措施終將落空。今後農村福利措施要能有效推展，只賴地方政府照往例所編列的極有限預算是不夠的，極需政府組織的上層財政機關以較大的手筆編列預算，給予地方機關充分的支持，效果才能見著。但願今後我們中央政府的財政部也能採取協助的步調，對農村福利措施所需的費用能從寬編列，使這項措施能確見功效。

(四)民間的支援與配合

農村福利措施若能獲得民間的支持與援助，將可更有效發展並生根，尤其若能獲得較有規模財團之支持與協助，生根落實的希望就更大，除此，若也能多獲得較小規模的基金會之類的支助，也必可集腋成裘，使這種福利措施發揚光大。過去國內有財力的團體一向尙不十分習慣發展社會福利基金會，也都很不習慣將錢用之於較虛弱無聲的廣大農村地區， 本來由財團設立的基金會， 若能本著雪中送炭的精神，將錢用到較缺錢的地區，當更能合乎實際需要。今後我們社會中類似以改善生活品質及社會風氣爲職志的基金會，若能將工作重點朝向推動較爲落後農村地區的生活福利事業，將可使其效果與目標更趨一致。

今後我們或許也有理由將推動農村福利措施所需的基金，多寄望在由農村地區移往都市或到國外發財的人身上，由於他們與農村之間有較深厚的淵源，與農村居民之間也有較密切的關係，因而或許較願意貢獻部分心力及財力來支持農村事業。此外，基層的農村發展工作人員更需努力執行政府的政策計畫並教育及啓發農村居民，使農村居民也能參與這項福利建設，共同促進農村的生產及生活環境的改善。總之， 農村福利措施是今後我國必要採行的行政措施及社會發展方向，這種措施很必要依賴政府及民間的共同努力及支持，才能奏見功效。

第四篇

農民基層組織的發展
與運用策略

拾柒　農民基層組織的特性與強化之道

一　意義及目的

多半注重農業及農村發展之國家的政府，都很注重發展農民基層組織，也卽將行政系統下最基層單位的村里中的農民之一部分或全部結合起來，成爲一組織體，主要的目的在經由團體的活動更有效改善農業生計及農村生活。

我國多年以來在鄉鎭層次推行農業發展及農村生活改善的單位，以鄉鎭農會及鄉鎭公所爲主，其中農會對促進農業發展所扮演的角色遠較鄉鎭公所重要，對改善農民食衣住行等基本生活條件所扮演的角色之重要性至少也與鄉鎭公所平分秋色，時常有過之無不及。爲有效推動農業發展及改善農家生活，各地方鄉鎭農會乃在轄區內各村里組成了多種的基層農民組織，包括農事研究班、家政改進班、四健會、農場共同經營班及蔬菜共同運銷班等。農會以後的機關如鄉鎭公所、水利會、青果運銷合作社等也分別將村里中的農民組成社區理事會、農事小組、水利小組及青果共同運銷班等。各種基層農民組織的分子都爲村里中的一部分農民。

二　農民組織的多元特性

農民基層組織的名稱及種類很多，隨其基本職能之不同而異。將各種不同名稱的農民基層組織綜合起來，其在組織上的特性卻頗有共同之處，且其共同特性也不只其一，可從多方面的角度加以認明與了解，故可說具有多元的共同特性。

臺灣地區農民基層組織的特性除可由其主要職能來細加分辨外，其重要的共同特性至少有如下諸點：(1)組織規模小；(2)形成過程缺乏自發性動機；(3)分子關係平等，結構鬆懈。先就這些特性在運用上的問題加以分析之後，進而討論改進之道。

1.規模偏小

各種農民基層組織中，除了社區理事會一項的參與者包含全村里的所有戶長，故人數相對較多外，其餘都爲志願性的小規模組織，且大多屬農業性的，重要者包括由鄉鎮農會推廣股所組成的農民研究班、家政改進班及四健會等基層組織，每種基層組織的成員約在十幾至二十人之間。近來爲推行農場共同、委託及合作經營所組成的農場共同經營班或合作農場組織，成員爲數相對較多，有者多至將近百人，但其中大多數的成員也僅以幾十人爲限。較大的共同經營班通常都細分成若干隊。

總之，農民基層組織的規模與其他的正式組織相比都相對較少。這種小規模的組織，有如下幾種優點：(1)成員間彼此大家認識較深，且較能互相了解；(2)住處相近，集會討論較容易；(3)作業性質相同；(4)利害與共。這些優點有利於農民易於合作，且彼此較能爲團體貢獻心力。

然而從相反的角度看，人數少也有一壞處，卽是不易以團體的力量來解決個人所難以解決的問題。如以小團體去採購，很不易能獲得較多的折扣，以小團體去共同出售產品也不能有效影響市場的價格，因而不易獲得好價錢。

2.形成過程缺乏自發性動機

農民一向缺乏組織之習慣，過慣自由自在的田園生活，較少感到有理由加入組織來約束自己或他人行爲的必要，也少相信由組織能解決大問題，故每種農民基層組織的形成大都是由上而下的過程組織起來的，基層農民常在認識不足，動機缺乏的情形下被列名並編入組織。加入組織之後，自然也不太在意去參與並經營。近來不少農民由於參加經驗較多了，自動自發的動機有提高現象，但一般看來仍相當被動。

農民參與基層組織的動機不高，主要是因爲卽使不參與，照樣也能經營他的農業。此外有的是因爲曾於參與基層組織之後得不到明顯的實際利益，例如青果合作社社員或農會會員就常埋怨參加共同運銷後，青果或蔬菜的售價反而有低於自行委託行口銷售的價格之現象。

3.互動關係平等、結構鬆懈

因爲農民基層組織的成員都是彼此認識的鄰居或親朋，彼此間的互動關係大致是平等的，少有彼此壓迫或強烈要求對方的情形，因而也較缺乏計畫性、規劃性、約束性及效率性。雖然基層組織常選出班長，且形式上委以負責計畫連絡與發號施令之權。實際上運作起來班長也都十分客氣，遇班員有意見不合作時，少能進一步發生仲裁作用，而多半順其意思，不了了之。絕少像正式性的組織能用考核指揮，使組織成爲眞正的一體，以便發揮高效率的作用。

平等的互動關係的現象也表示在成員之間少有分工的情形，組織的結構缺乏分化，可說失之鬆懈，成員少能從團體中互通有無，並發揮所長，實際上這種組織團體中個人的性能都差不多，他人能者己也能，自己所不能者他人也不能。唯近來政府在推行擴大農場經營規模所組成的農場共同經營班中，合併了擁有機械的核心農戶與缺乏機械的兼業農或轉業農，一方提供機械及人力，另一方提供土地，頗能產生互通有無，加深功能分化之效果。

三　加強基層農民組織的途徑

上面分析了農民基層組織上的三項特性並指出其缺點，針對改進這些缺點，再提出加強基層農民組織的途徑如下：

1.加強基層組織上位的聯合性組織

農民基層組織規模普遍太小，不易達成大規模組織的效能乃屬必然，較合理的做法是，由上層單位負起加強各基層組織間聯合性組織的責任，如由各層次的農會及青果合作社負責加強各基層組織的聯合性組織，藉以擴大組織的深度及廣度，使基層組織能獲更多的實質利益。

2.由改善參與組織者的好處以提升其參與動機

鑒於不少農民參與基層組織頗為被動性，只好由設法改善參與者的利益以提高其自動參與的動機。重要的途徑包括農民要關愛著自己的組織，幹部要肯誠心服務，政府方面則也需要制定並實行有利的支持性制度與之呼應。

3.強化基層組織與分工

基層組織成員之間的平權化及缺乏嚴格的結構與分工致使其缺乏效率。要改進這種缺點有必要從加強其組織結構與分工做起，重要的做法包括，嚴定團體的規則，並加強實行。此外也當加強班長幹部的權責，使其較能有效計畫並推動組織的活動，使組織凝結成更有實力的團體。

拾捌　農民基層組織的輔導原理與方法

一　為什麼要輔導

長久以來，臺灣農業與農村發展的功效甚得力於基層農民組織的運作,臺灣地區的農民基層組織發展至目前爲止數量達成千上萬之多，包括村里中的農事研究班、家政改進班、四健會及農場共同經營班等。此外較重要的農民基層組織還包括由臺糖公司指導所組成的蔗作研究班，社會處爲推行社區發展所設計組成的社區理事會，合管處所推行的合作農場及行政組織體系下所組成的社區村里民大會組織等。這些農民基層組織都經正式設計後加以安排而成立，目的在藉以推動農業及農村發展。

一般農民們很不善於自動自發來從事這些具有特殊目的之組織，於組織形成之後也不善於自行運作並使之有效達到組織的目標，因此自從組織形成的階段開始，至組織的運作發展等的過程中，都需經過專業性人才的輔導。

動態的團體組織是一門相當有內涵的學問，社會學家、心理學者、管理學者及行政學者等，曾經研究出許多原理與方法供爲學習者了解其中的奧秘。農業推廣界及社會工作界都曾應用種種社會學、心理學、管理學及行政學等的理論概念於農民基層組織的實務工作上，且都能收到實質的效果，但至今還須改進的地方仍很多。今後的農業推廣人員及農村社會工作者尤應注意更有效運用農民基層組織，可經由輔導各種已有的或新設的農業推廣組織及社會發展工作團體作起，使其能更健全發揮功能。

農民基層團體的組織可視爲是一種社會過程，此一過程當中猶如生命的週期，最初經誕生或形成階段，而後發展成熟，終至衰老解體。組織的輔導人員或工作者對於每一階段所應採取的適當輔導方法應有不同，當視牽涉的問題性質及需要的不同而異。如下擬就組織過程中若干重要階段所應採行的輔導原理及方法略作論說，供爲農業推廣教育工作的輔導者及農村社會發展的推動者之參考。

二　組織成立階段的輔導原理與方法

不論是爲了輔導農業推廣性或其他性質的農民基層組織，在組織成立的階段，輔導人員都應注意若干重要的原理與方法。就社會學或組織管理的觀點看，較重要的輔導原理與方法有如下幾項：(1)招募或吸收足夠數量的適當成員；(2)建立組織的目標及規範；(3)分派組織角色及職務；(4)建立組織的交通及指揮系統。就這四方面應注意的輔導細節再加分析說明於後：

(一)招募或吸收足夠數量的適當成員

組織的成立首先要有人員，故組織輔導者的首要工作即應從招募及吸收組織成員做起，吸收成員的重要方法不外經過宣導或廣告，偶而也有秘密招攬的情形。一般農民基層性之類的組織沒什麼機密可言，故應是公開性的，其所以不適合使出秘密招攬的方法，也因爲秘密招攬的方法常是爲保持機密，或是爲預防來者大多窮於應付才使用，通常不適合應用在農民組織上，否則容易造成社會的誤會，且易引發未能加入農民的閒話與不滿。一般當農民基層組織在招募成員時，農民都持觀望態度，反應不會很熱烈，因此輔導人員便需要用心多加宣導，使農民能了解加入組織的好處，而樂於加入。唯在宣導時絕不能過分誇張，言過其實，否則會有欺人之嫌，至於有效的宣導方法則有多種，包括使用各種傳播媒體，直接面對農民大衆加以溝通以及對個別農民訪視勸導等。

爲任何一個農民基層組織招募成員時，都應講究適當的規模，成員太多或太少都不適宜，太多時成員之間不易團結一致，太少時則不易發揮分工合作之效果。向來農業推廣基層組織的成員以十幾二十餘人最爲適當，這樣的規模，在開會活動時成員較能一致行動，且成員之間的互動關係也較良好。

組織輔導人員在招募或延攬組織成員的過程中，應注意兩項重要工作：第一，努力去發掘參與興趣與動機都較強烈的農民，使之加入組織；第二，認眞去說服條件優秀但動機不強的農民，使之也能自願地參與組織。其中前一種工作做來較不困難，只要用點心力去打聽或觀察村中的農民，就不難發現參與動機較強者。至於要做好第二項工作，則非多花點唇舌功夫不可，輔導人員必須要有耐心且能掌握打動對方心理的要點，才能有效說服動機不強的農民也來參與。

如果招募成員的結果，形成願意參與的農民數超出了預定數目，推廣輔導人員便需要運用分組的方法，且在分組時也必要講究一點原理。如果目的在使組織分子較整齊化，則分組時可按成員之某種條件相同或接近者加以歸類，把性質相近者編成同一組織。又如果目的在使小組的成員間保持良好的互動關係，則可由其自願選擇加以編組，總之，分組之原則視主要目的如何而定。

(二)確定組織的規範、目標與法則

組織成立初期的另一重要輔導工作內容與方法是，確定組織的規範、目標與法則。組織的規範層面涉及到組織的價值取向與禁忌，需要把它明確化以使成員便於遵循或廻避。輔導組織的人員，有必要協助各成員把共同性的價值取向變爲組織所追求的目標，且將大衆所不願冒犯的事項定成爲組織的禁忌。譬如針對一個合作性的農民基層組織，就得輔導它把成員的共同利益明確定爲組織的目標，而將合作行爲當爲達成目標的途徑與信條，且也必要規定如果違反合作，破壞團隊精神，便應受到處罰。

輔導人員在協助農民確立這些組織的規範、目標與法則時，要能開誠布公的說明其要義與理由，使組織成員由衷地明瞭並接受，千萬不能含糊或草率，以致造成因不解而不服。規範與目標能定得越爲明細越好，必要時也要確立目標的結構性，即將目標安排有上下高低與遠近左右的層次，使組織的成員實踐起來有系統並有效率。在此還應特別一提的是，基層組織的規範與目標不能違反大社會的規範，否則將不爲大社會所接受，其違反大社會價值的組織目標即使能爲小團體的農民分子所接受，卻也不能持久存在。譬如說，果農基層組織的輔導人員就不能因牽就團員的近利，而把社會上消費者大衆所唾棄的包裝投機當爲組織的目標，因爲虛僞的水果包裝技倆會爲一般社會大衆認爲是不道德的行爲，這種投機行爲雖然或許可爲果農基層組織帶來一點近利，卻終會因與社會道德規範抵觸而無法長期維護。

輔導農民基層組織制定目標與規則時，也極必要講究由全體組織

分子共同參與決策的過程，不能輕易依輔導人員或少數一兩個代表的意思而決定，否則決策過程就不無淪爲獨裁專斷之嫌。如果因爲情況緊急而無法讓全體組織分子全部參與決策時，則組織的輔導人員及領袖也應儘量做到參照成員的看法與想法而後做決定。如此訂下來的團體目標與法則才能爲全體分子所接受，也才不致受到他們的抵制。

(三)指派組織分子分別負起適當的角色與職務

農民基層組織的分子應依其個別才能與其他條件，在組織中分別負擔不同的角色與職務，使組織中的各種不同角色都能各盡所能，終使整個組織成爲一個完整健全的合作團體。基層組織當中較重要的特殊角色是領導者，如班長或組長等，此種角色若能由具有領導才能的適當人選擔任，將會有利組織的健全發展。適合擔任組織領導者角色的人，所應具備的重要條件包括能有服務他人的熱忱，比其他人較有更爲深遠的見識以及更熟練的待人處事能力，此外也應具有較他人豐富的專門知識與技術，在修養上更應能有寬大的胸懷及公平的氣度。組織輔導人更須能冷靜客觀的選拔或鼓勵比較具有此等條件的農民出任組織的領導者，切忌只注重啓用或選擇與自己的關係密切卻未能具備領導條件的人當領導者。如果在組織初成立時，成員普遍顯不出具備領導條件與氣質，則輔導者便要進而鼓勵發展，使其有人能逐漸成爲良好的組織領袖。

發展組織領導者的重要方法，包括鼓勵及訓練其動機、志向與能力。具體的做法是，使原爲非領導者的農民有練習扮演領導者的機會，並在其練習時給予方法上的指導，包括指導其增進思考與表達能力以及培養其處理組織事務的正確態度與觀念，使其從練習扮演領導角色的過程中逐漸產生信心與興趣，並引發更多改進自我能力的動機，經過這樣的訓練培養，組織的領導人物便可產生。

在農民基層組織中除領導的角色外，其他較不尋常的角色還有各種特殊性的專門人才，如康樂人才、協調人才、會計人才或農事技術示範人才等。這些特殊性角色的發現與培養也都要經由組織的輔導人員努力而達成。

輔導人員在組織工作的過程中於選定或培養出各種角色之後，還要能不斷的給予各種角色作必要的指導，使組織中的各種角色能越演越好，並應能時常指派適當的職務給各適當的角色，使之不斷有機會發展與鍛鍊其所長，如此則各種組織角色才能更有良好的成績表現。一旦組織中的各種角色能有較良好的成績表現，則整個組織也必然會有較可觀的功能。

(四)建立組織的交通及指揮系統

在確定組織中各種角色與地位過程的同時，組織的輔導者或工作者也應同時注意將組織的交通及指揮系統建立起來，使各種角色能較明瞭在扮演角色時適當與人互動的途徑，包括可了解究竟應接受誰的指導與命令及應將命令傳遞給何人等。組織能有良好的交通系統便能形成良好的動態結構，由是組織中的每一人才能知所事事，整個團體也才能適當運作，且能較有效達成各成員所共同追求的目標。

三　組織成長及成熟階段的輔導原理與方法

農民在基層組織形成之後，即將步入成長與成熟的階段。自此以後組織輔導人員最需要注意輔導的重點目標是使組織能成長不衰，而在做法上則有如下幾個重點：(1)不斷注入新目標及新工作方案；(2)

維持組織成員的繼續參與；(3)穩固並擴大組織成員的受益程度。就在這三點輔導途徑上應有的做法略爲說明如下：

(一)不斷注入新目標及新工作方案

組織初成時訂下的目標會有達成之一日，如果組織不能繼續注入新目標，即可能於舊目標達成之後便告停止活動，故也不會再繼續成長並成熟。爲使組織能繼續成長並成熟，則組織很有必要不斷注入新目標及達成新目標的新工作方案。因爲農民基層組織的成員常很缺乏自尋新目標的能力，於是很有必要由輔導人員協助其尋找並設定。

輔導人員及組織中的農民在尋找並設立組織的新目標時，約可朝幾個方面努力，其一是，根據原有的目標性質加以擴大並細分，而後訂出與原目標相近但卻是更專門化及更特殊化的目標。譬如說，一個青果合作產銷組織，首先是把藉共同運銷以減低運銷成本提高收益當爲目標，而在辦理共同運銷的初期，所需要的貨運車輛很可能由託運的方式獲得，同時在都市消費地行銷的方式也很可能以靠行方式爲主。然而此種組織在逐漸成熟的過程中將可逐漸擴大目標，包括自買貨車營運，以及在消費地自設行號直接銷售等，這樣擴大工作目標的最終目的是在減少更多的成本，並獲取更多的利益。第二種注入新目標的努力方向是順應政府的新農業及農村發展政策與社會變遷環境，來尋求與原目標不甚相干的新組織目標。譬如一個原是青果共同產銷性的農民基層組織，也可轉爲順應政府的新農地政策而變成以實行委託代耕及委託經營爲主要目標的組織。

(二)維持組織成員的繼續參與

一個組織在發展過程中，其成員的一部分或全部很可能因爲組織的決策、領導或運作的不當而紛紛撤退參與，組織的領導者及輔導者如果未能注意這種轉變並設法阻止與挽回，則組織終會解散，也就談不上繼續發展與成熟，故維持組織成員繼續參與是穩定並促成組織成長與成熟的重要途徑。爲能維持成員參與的興趣，則組織必須時時維持能合乎成員需要的目標， 同時也維持達成目標的工作方案之活潑性，重要的具體做法包括下列幾點:

1.適時開辦會議及活動

一個組織不能經常不召開會議及活動，否則成員參與組織的事即變爲有名無實。但會議與活動也不能過度頻繁，否則成員也易因疲於應付而感厭倦。平時適當聚會的時間約爲每月至每兩月一次，遇有特殊重要事故時，則可按實際需要酌以加開。但開會或活動時必須配合各成員的時間表，避免與成員的重要事務與活動時間衝突。

2.保持足以引發成員興趣的會議及活動內容

每次的會議及活動應事先經過研究與設計，內容必須充實，不可空洞，且也必須能吸引成員的興趣。有時必要討論或開辦的重要活動不一定很有興趣，遇此情形時召集人很需要設計穿挿一些有興趣的節目，如附帶播放有娛樂性的影片或以摸彩及其他康樂節目相配合。不過也不可使康樂活動取代正事，最重要者還是應設法使與會的成員能從中獲得所需要的實質利益或知能。

3.開會或活動過程中應採民主化並尊重成員的意見

民主的原理或 方法是 引發組織成員 繼續參與 組織的重要途徑之一，組織的領導人及輔導者不能不注意並採用。除非能使所有的組織成員在參與的過程中有充分表達意見或需求的機會，否則其意見與需求將不能充分被團體所了解與接受， 也就不易維持其繼續參與的興趣，因此輔導人應注意安排各與會人員能有充分與他人溝通意見的機會。然而對於不願發表意見的成員則只能給予較溫和的啓發與培養，不可強求其表達，否則也會迫其感到窘困而萌退出組織的意念，這不是輔導的上策。

(三)穩固並擴大組織成員的受益程度

農民基層組織在成長與成熟過程中必須能穩固並擴大成員的受益程度，才能維持組織的成長與成熟。爲能達成此一目標，輔導人員應善作企業性的經營輔導，輔導項目包括投資、生產、銷售及分配等，使組織在各種企業經營的層面上都不出弊端並有優良成績，才能使成員受益的程度擴大。事實上這種輔導工作做起來很不容易，但卻非做好不可。以往經營成效較好的農民基層組織常使用加多組織共同資財的辦法，藉以激發組織成員更加關切組織的經營成效，然而此種辦法只能當爲促進組織成員團結的手段，不能當做目的，農民基層組織輔導人員在繼續借用此種方法時不可過度，以免引起組織成員因負擔太重而起反感。

四　組織衰敗階段的輔導原理與方法

一個農民組織成立並發展日久之後常會走下坡，朝向鬆散及解組的方向變化。造成組織解組的原因當中，較常見者有組織內部成員的衝突或歧見，以及部分成員失去參與的興趣等，故輔導者在此一衰敗的階段，應以化除及調和組織內部的衝突與歧見，及勸說成員繼續參與做爲最重要的工作內容。

協調衝突的工作要能有效，必須針對衝突的原因先加以探討，而後設法加以去除。如果協調著實無效，與其讓組織不能行團體功能而繼續地拖延下去，不如宣布解組，而後再重新加以改組。但在可以補救的情況下，則應儘量設法補救，不使衰竭。

在化除組織內部的衝突過程中，輔導人員可以發揮的輔導事功或技巧包括，善為運用團體勸說或個別勸說的途徑與方法，前者是指面對所有成員就組織整體處在衝突過程中，可能遭受的害處而給予分析與說明，使堅持衝突立場的雙方能互相讓步，以達妥協和諧的目的。若能進一步從各組織成員的反應中明顯看出引發衝突的關鍵人物為誰，便可進一步使用個別規勸的方法，如果由輔導者直接規勸無效，則有必要改用迂迴的方法尋找較適當的協調者出面規勸。

為能有效勸說萌發退出組織意念的分子繼續參與，輔導者也應從了解其想要退出組織的原因著手，進而加深個別接觸及勸說的過程，使其能繼續對組織活動發生興趣。此種工作若能奏效就可維持組織延續不衰，否則組織將因成員之退出而趨衰弱與崩潰。

五 後 語

探討輔導農民基層組織方法的角度很多，本文是依組織發展過程的三個重要階段，分別提出幾點重要的輔導原理與方法，供為基層農業推廣人員及農村建設工作人員之參考。本文所論的輔導原理與方法都較偏向社會組織或管理學性。此外，經濟性及產銷技術性的輔導方法也很重要，唯本文未有涉及這兩方面的討論，並非因為筆者認為這兩方面的輔導原理與方法不重要，而是因為受到篇幅及個人的訓練背景之限制，乃僅選擇個人感到較有興趣及較有把握之角度加以分析與闡明。期望輔導人員於參考這些社會組織與管理學性的輔導原理與方法之時，也能配合技術性及經濟性的輔導原理與方法，合併運用，以便求得更良好的輔導效果。

拾玖　自立性農業生產組織的育成策略

一　自立性農業生產單位的組織意義

自立性農業生產組織是指具有獨立生存並發展的能力之農業生產單位。臺灣農家農場普遍都小，經營困難，缺乏自立的能力，因此很需要經由結合多數農家，共同組成可以有效發展並提昇自立程度合作生產團體。但是不可忽視的，臺灣地區確實也存有不少小規模但確能自立的農家生產小單位。這種家庭農場通常具有較良好的資源條件與管理能力，因此更能發揮良好的生產效率，其收益不低，許多由創業青年農民所經營的專業性農場都甚能合乎此種條件與特性。然而這類農場爲能更有效發揮生產效率，仍然常要與同類的農場聯繫與合作。由是可見今後要培育與發展自立性農業生產單位的主要道路是加強農家間的合作，藉以擴大規模以提昇經營效率，只是此種道路卻是崎嶇難走，有必要經由精心的規劃與輔導。

過去農政單位曾經推行過多種農業生產組織體，例如農事研究班、共同產銷班、共同經營班及農場合作等，其中成功者固有不少，失敗者也所在多有，由其失敗可知要能有效組織與合作並不容易，但由其成功則也可以理解到只要有心努力，所用方法或策略得當，則藉組織來達成合作並增進生產效果也非難事，至於得當與有效的育成策略卻也很需要研究。本文卽從社會組織的管理及輔導角度，來探討若干組成自立性農業生產團體的重要策略或方法，提供予有興趣參與此種組織的農民，及輔導推廣此種組織的農業行政與推廣人士之參考。

臺灣個別農家的生產資源及經營規模太小，很難能自立，故需經由合作來組成較大型較有效率與力量的生產單位，藉以增強自立的能力。至於如何加強合作來提昇組織的自立能力，則可從組織中的個體、組織的整體及組織的外在環境因素等三方面考慮。就從這三方面著眼而能增強組織的合作，藉以發展組織自立性的策略或方法提出並分析於下。

二　發揮個體合作意願與能力的策略與方法

基層農業生產組織是由許多農家所組成的，要增進整個組織的合作以提昇其自立性，則有必要從基礎上發揮參與組織之個體的合作意願與合作能力。但如何能發揮這種意願與能力呢？則輔導單位必要運用合作原理，對個別農家施展合作教育。在教育與輔導的設計內容上，必要先能使個別農家了解參與合作組織的必要性，以及提昇其參與動機與信心，進而使其更能實際參與合作組織的行動，藉由參與過程而獲得增加生產的成效與好處。

要使農民了解必要加入合作生產組織，可先使其了解未加入組織會有無法克服的缺陷，加入了組織則可增強效果與好處。農民了解了這種道理之後，就會考慮加入各種名稱的合作生產組織。無組織的主要缺陷是力量孤單薄弱，難以克服先天的限制。相反的，加入了組織則有諸多好處，包括可以超越個人的極限、降低經營成本以及提昇個人的效益等。農業生產組織可助個別農家更容易獲得土地與人力、種籽、肥料、農藥及資金等投入因素，也可提昇產量、售價等產出因素。許多小農不易改善的生產投入及產出因素，都可藉由加入各種合作性的生產組織而獲得改善。

要使個別農民了解並相信參加合作組織確有好處，只給其理論概念是不夠的，需要給其實例的證明並能使其眞正滿足需求，才能使其相信並建立信心。由是農政輔導及推廣單位需要樹立若干楷模性的合作生產組織，作爲推廣的榜樣，以便取信農民。此外，更需要考慮滲入各種鼓勵性的辦法，以及設法健全組織，使其發揮效能，農民才能從參與生產的組織中眞正獲得好處並滿足需要。農民參與自立性生產組織的主要需求在於獲得經濟利益，故在策劃發揮個別農民合作意願與能力的作法上，顯然應以能使農民獲得經濟利益爲主要目標。

從正面發揮個體合作意願與能力的同時，設法防止個體降低或損及本人及他人的合作意願與能力也同等重要。個人可能降低或損及本人合作意願或能力的主要情況是，當其未能如願獲得預期的目標時，甚至反而因參與組織而遭受損失時。至於個體可能損及他人的合作意願或能力的主要時機，則多半是當其因私心作祟，以及視組織的公益爲次要或不重要之時。一旦個體降低參與組織的意願，其能爲組織費力的程度就低，組織的成效就差。個人可能分享的利益也就很有限。如果個體太過自私，可能損及組織中其他分子的利益，因而會挫傷其他分子參與組織意願及對組織效勞的程度。有鑑於此，農政輔導及推廣單位應設法防止個別農民私心的運作，除給予解說勸導外，有必要輔導組織自設合理的懲罰規則或辦法，對自私心重的組織分子必要時或許應勸其退出組織，以免傷害他人及團體。至於如何增進個人發揮合作組織的能力，則應使其熟悉合作組織的原理，並能適當參與及運作。

三 發揮組織的合作效能

一個組織體若要能自立，很有必要充分發揮合作效能。參照組織的原理，可以增進組織的合作效能之途徑很多，除了前述引發個體的合作意願與能力之外，重要者還有(1)發揮良好的領導力；(2)作好組織的決策過程；(3)建立公平合理的賞罰制度；(4)設立良好的溝通系統；(5)檢討並改變組織成效。這些重要的途徑或工作，需要組織的輔導人員、組織的領袖及全體成員等共同努力，才能達成。就這幾方面及輔導單位的要點提出如下:

1.發揮良好的領導力

自立性的農業生產組織需要具備良好的領導條件。組織要能發揮良好的領導力需要有優良的領導者爲基礎，不同組織的優良領導者的條件各有不同，選擇對象及培養方向要有分別且適當，才能造就適當的領袖，並發揮適當的領導功能。合作自立性的農業組織之適當領導者最需具備的條件除了聰明能幹以外，更需要有意願爲組織服務的精神。聰明能幹的組織領袖，可以辦理別人無法辦到的事，可爲組織創造賺錢等良好的機會，但是如果聰明能幹的領導者缺乏爲他人服務的精神， 則其聰明才幹的能力頂多只能爲自己創造好處， 組織中的其他人鮮能分享其創出的成果。反之，若組織的領導者富有服務他人的熱誠，則整個組織才能確保可以獲得好處。農政輔導及推廣單位在協助生產組織團體選擇及培育領導者時，實應朝此方向努力。

2.作好決策的過程

合作性的生產組織也會遇到需要決策的時機，決策的內容是否良好及方式是否適當，關係組織的成敗至鉅。一般合作性組織的決策不外由成員共同來做，及由領導人物來做兩種不同的方式，其中前種方式比較合乎民主的原理，但往往會因成員的意見分歧而不易進行，極需要領導者保持風度耐心，從中勸解與協調。輔導及推廣人員在培育組織團體的決策能力時，要注意養成組織領導者的這種耐心與風度、妥協性格以及牽就他人的合作觀念。

至於良好決策內容的作成，需要經過收集充分的資訊以及詳細分析研判，自立性生產組織的成員必須了解此種道理。當組織缺乏各種與生產項目有關的資訊之時，乃極需要求助輔導人員及外界機構，提供充分正確的相關資訊。

3.建立公平合理的賞罰制度

農村中小型的合作性自立生產組織，雖是以鄰居親戚等關係而構成的非正式性組織爲主，基本上乃以其彼此的認識、了解與信任當爲合作共事的基礎。然而由於社會性質在變，小型親密組織成員之間也漸難以道義和諒解來維持其凝結與和諧，常需要有無情但明確公正的賞罰制度當做維護組織的工具與手段。輔導工作者甚至需要研究並提供公平適當的賞罰辦法，供爲各種自立性生產組織所使用。至目前爲止，發展中的生產組織所使用過的懲罰辦法，曾設收入會保證金及驅逐或開除會籍的辦法。而曾使用過的獎賞辦法，則分別有頒發給整個組織或組織中個人獎金及補助金等的辦法。適當獎懲辦法的制度除了考慮獎懲方式以外，獎懲量的考慮也甚重要。

4.設立良好的溝通系統

合作自立性生產組織的規模通常不大，理論上內部的消息及意見之溝通應該不會很難，但實際上仍可能發生溝通阻塞或歪曲的情況。其與外界同類或相關組織的訊息溝通上之阻礙往往更大，主要是因爲農友爲田間的事忙，也因見識有限，難能注意外界局勢的變化及其與組織的關係。其與上層的垂直溝通進行起來尤有問題，若有垂直溝通也都是處於被動的地位，去接受輔導及推廣單位所傳來的政令。對於本身的困難，常缺乏適當管道及充分的能力，以致不能將下情很快上達。今後輔導及推廣單位特別需要協助生產組織能將困難很快上達，以便很快謀求解決困難之道。如此，農民參與生產組織才有信心與興趣，也才能收到實際效益。

5.檢討並改善組織成效

生產組織要能有良好的成效需經常檢討其得失，從檢討的過程中找出改善成效的方向。檢討組織成效的要點，包括目標有無達成？達成的特殊面及程度如何？達成目標的成本多少？組織運作過程中有何失誤？組織人員對份內工作是否勝任？有何因素阻礙或影響組織的成效？以及組織的下一步目標與行動應如何設定與進行？這些問題的檢討很有助於組織問題的改進與效率的提昇。

不同方面的成效考評各有不同的指標，組織內的分子尤其是領導者或管理者，應能知所應用，能如此成效的評估或檢討工作才能做得踏實。例如要考評組織內一個人的工作能力，重要的指標就包括其工作的數量、工作成果的品質、失誤以及勤惰的情形等。又如原評估或檢討組織達成目標的成本，則重要的指標包括經濟成本及社會成本兩大方面，而僅就前者看，又可分成整個計畫的本益比，每單位產出的平均成本及機會成本。又爲細項成本中可再分成現金成本及資產成本等。

四　適應外在環境調整組織的結構與功能

合作自立性的農業生產組織，與外在的其他農業要素及一般的社會經濟與政治體系息息相關。這些其他的農業要素與社會經濟政治條件，形成了自立性農業組織的外在環境。外在環境的條件及其變動對自立性生產組織都會造成影響。通常個別生產組織對於外在環境條件能影響或左右的程度甚微，故爲求自身的安全與生存，常需要被動地適應外在環境的條件及其變化，由調整本身的結構與功能著手。近來外在經濟、社會及政治環境系統或因素中，變動較大且對自立性生產組織的產生影響者計有：(1)國內的農產品等經濟事物變爲自由化及國際化；(2)臺幣升值，外銷難度增加；(3)股票與都市房地產價格的飛漲；(4)勞工供應缺乏；(5)弱勢團體的社會運動興起；(6)社會治安趨於混亂；(7)政治變爲更多元化及民主化；(8)與中國大陸的關係發生劇變等。

先就主要外在環境因素對於自立性農業生產組織的主要影響略作說明，而後再建議生產組織需要作的結構功能調整。(1)經濟自由化與國際化過程中，國內進口各種農產品，其中有的爲國內所生產者，如牛肉、雞肉及水果等，於是影響國內農民，包括加入自立性生產組織者及未加入者在農業經營上都更加困難。(2)臺幣升值直接影響農產品及其他商品外銷的困難度增加，農產品的外銷前途變爲更加暗淡。(3)股票及都市房地產價格的飛漲影響物價水準升高，從事農業生產的收入更難與股票、房地產及其他商業投資的報酬相抗衡，乃促使農業勞動力的流失，農業經營也益感困難。(4)勞工缺乏過程中，農業勞動力繼續外流，供給數也越形缺乏，經營成本升高。(5)弱勢團體社會運動的興起，影響農民自救意識擡頭，農民上街頭行動乃漸漸多見，或許有利於農業政策傾向更可嘉惠農民。(6)社會治安的混亂也影響農村中農民的安全與士氣。一般罪犯當中出自農村家庭的子弟者爲數不少，影響其務農父母的經濟力與生產意志力的喪失。(7)政治的多元化與民主化，影響了自立性農業生產團體更能表達意見，唯其面對競爭與壓力也加大，一得一失之間，農業生產團體並無特別明顯獲利。(8)與中國大陸政策關係變爲開放的結果，許多大陸農產品暗中輸入臺灣，反而影響臺灣農業的生產銷售遭遇更多的競爭與壓力。

面對多種外界經濟、社會與政治環境變遷的影響，一般臺灣農民在從事農業經營上得利者少，受害者多。個別農家的自立性變低，需要經由加強個體間的合作及得自政府在政策上的保護，以謀求自立與生存。不論個別農業生產單位或合作性的農業生產組織單位，也都必要由調整結構與功能圖謀生存及發展。至於合適的調整方向爲何？針對著過去農政單位所推行的基層合作生產組織的缺點加以改進應是重要者，這些合作生產組織包括共同經營班、共同運銷班、合作農場及農事研究班等。參照過去的研究結果，將基層合作生產組織的缺失略舉如下，這些缺點的改進也可供爲農政機構研擬的農業調整方案內容之一部分。

有關各種基層合作生產組織的缺點，曾有多位學者專家亦做過研究與檢討，林梓聯曾分別水稻、果樹及蔬菜等不同生產別的共同經營問題，逐點加以列舉與說明，其中水稻共同經營的重要問題有：(1)機械設備的使用不經濟且故障率高；(2)班幹部的負擔重、能力不足；(3)核心農戶代耕規模不易掌握；(4)農機組織未盡能合適調配。至於果樹共同經營班的重要問題則包含：(1)農產運銷政策與制度不健全；(2)經營技術與管理方法欠佳；(3)農民幹部負擔重，培育不易；(4)管理制度不佳。蔬菜方面的共同經營現在政策、機械設備、技術管理與幹部的培育下也都有問題，其問題與果樹共同經營班相彷。

蔡宏進曾研究過生產地區農場共同、委託及經營組織工作的問題，對於此類合作性農業生產經營組織的困難，分成來自計畫辦法的、來自農民的，及來自農業大環境的等三大方面的困難與問題，其中來自計畫辦法的困難，主要爲委託雙方要訂約有困難，補助經費被認爲不足。又來自農民的困難與問題，主要有農民平均年齡太高、教育程度不一、住處分散、意見分歧、經營的作物種類不同、領導幹部得之不易及向農民募集配合款不易等，至於來自農業大環境的困難與問題，主要爲務農利潤微薄，影響農民缺乏參與共同委託與合作經營的誘因。

黃傳欽及楊初雄於研究雲嘉地區共同經營班、場、經營效益後，對共同經營班潛在的問題與缺點提出了建議，由其建議可以推知重要的缺點包括了，記帳資料不確實、缺乏完整的組織制度、缺乏完整的市場情報網、供應系統配銷系統之控制權薄弱，及農村中欠缺優良的經營者等。

戴旭如研究高屏地區水稻共同經營的農機投資效益後指出，不同農機的使用上分別有不同的問題，其中曳引機方面的問題最大，主要是投資額大又無法充分使用，以至虧損。

上列的研究發現只是有關推行共同經營、共同運銷及合作經營等生產組織所面臨問題的一部分，然而這些問題都是實際且重要的，很值得當爲繼續培育同類或其他自立性生產組織時，避免再失誤及謀求改進的參考方向。

貳拾　青果合作社社員組訓問題及改進建議

一　問題的背景

臺灣省青果運銷合作社自民國四年成立以來組織遍及全省，至今全部社員共約有10萬人。合作社成立之初以外銷香蕉爲其主要業務，當民國五十六年時經青果社外銷的香蕉值 6 千餘萬美元，在我國農產出口種類中的價值僅次於蔗糖。惟後來由於國際間香蕉趨於競爭，青果社在管理上也曾發生問題，香蕉外銷遭遇的困難加大，青果社爲謀業務上的改進，辦理運銷青果的種類增加，且內銷業務也逐漸加重。自六十三年以後，青果社也響應農政單位的輔導，進而推行青果共同運銷。青果社要做好青果運銷業務，極需果農社員表現良好的合作產銷態度與行爲之配合，而社員要能有良好的合作產銷態度與行爲，則有必要依賴青果社方面給予教育訓練指導。

民國七十年時臺灣省政府李登輝主席以農業專家的專長，指示青果運銷合作社應加強社員組訓工作，藉以了解農民需求願望與問題，且輔導農民必要的觀念技術及知識，藉以改善青果產銷的數量與品質，使果農的收益提高，青果社的業務也因而藉以改進。

然而要作好果農之組訓工作，首先對於其對運銷合作組織之認知、參與、觀感或對共同經營之合作意念，以及對合作社之期望需求，進而對其在經營青果生產及運銷上所遭遇的種種困難問題等，都需要有完整的認知，才能善作設計與輔導，所推行的組訓工作才能不與農民的願望及實際情況相違背，也才能對症下藥。

本文所要探討的範圍包括以下十項:

(1)目前社員參加合作社所辦理的共同運銷情形及對共同運銷的看法。

(2)社員參加共同經營的情形及對參加共同經營的看法。

(3)社員經營果園所遭遇的最大困難。

(4)社員從事生產及運銷最需要指導的項目。

(5)未來青果社辦理訓練班最合適的時間。

(6)適當訓練教材的性質。

(7)社員最需要的活動種類。

(8)社員認爲合作社最需要改進的服務項目。

(9)社員對青果前途的看法。

(10)合作經營班及共同運銷班班長的最適人選。

希望對這些內容的了解使未來的組訓工作能符合社員之要求，進而促進青果產銷目的之達成。

二　重要發現

爲了獲得上述問題的答案，我們以郵寄問卷方式訪問全省各地青果合作社農民社員共爲 3,970人，但回覆率極低，僅17% (674)，根據674位社員的反應，摘述重點如下:

1.社員參與共同運銷的情形及看法

目前社員當中約有半數能將半數以上的產品交由青果社共同運銷。參與共同運銷程度之高低，與社員的教育程度、栽種面積及所屬分社別有關。教育程度較高，栽種面積較少，所屬分社較努力辦理者，社員參與共同運銷情形也較普遍。一般社員認爲參加共同運銷的最主要好處是青果售價可較穩定，惟也有不少社員認爲即使參加了共同運銷，仍有多種缺點未能有效克服，乃影響其不願加入共同運銷，由是之，故社員對青果社如何改進青果共同運銷過程有頗多建議。社員所提出的種種共同運銷上的問題及其對共同運銷的指責、評價與建議，都爲青果社今後加強組訓工作時極需誠懇認眞檢討的重要課題，也爲今後改善共同運銷之重要參考依據。需要改進的要點將於本文後部分建議中扼要列舉，以供爲青果社更清楚並作合適改進行動之參考。

2.社員參與共同經營班之情形及看法

農場共同經營是今後青果合作社在辦理社員組訓工作中，可考慮加強輔導的目標之一。目前社員中約有半數左右對共同經營的意義及辦法尙不了解，對共同經營不了解是影響其對共同經營不需要的原因之一。由本研究的結果進而獲知有半數以上的社員對共同經營感到需要，由此可判定今後在社員組訓工作中大致可加強推行共同經營，惟在推行時需要加強對共同經營的意義及好處的介紹與說明，且要提出具體有效的可行辦法，共同經營才能廣被接受，並發揮效果。

未來在輔導共同經營班時，規定適當的班規模及班員分子的構成乃爲輔導者所應考慮的重要因素。經調查社員的結果發現，最多人認爲適當的班規模以5至10人之間最合適，但考慮經濟效率，則客觀上適當班規模或許以每班15至20人較爲合宜。至於組班時應以何種要素作爲考慮組班的基礎，則由調查的結果發現相對較多的社員認爲應以生產相同種類產品的社員作爲組班的基礎較爲合宜。

至於未來共同經營班應以全部過程都共同或只以部分過程共同為宜的問題，調查社員的結果，較多數人的表示僅以部分過程共同較為合宜，其中較需要共同的工作項目依次是噴藥、採果及育苗，這些訊息也甚值得青果社於今後加強輔導共同經營班時之參考。

3.社員經營果園所遭遇的最大困難

為能從了解社員在經營果園上所遭遇的最大困難，以供為輔導時改進之參考， 本研究也發現了在社員心目中目前經營果園最大的困難，依次是價格低廉、產銷未能配合、工資昂貴、勞力不足、資金不夠及耕種技術不足等。這些問題都為今後輔導社員組訓工作時所極需要改進的項目。

4.社員從事青果生產及運銷上最需要接受輔導的項目

為能進一步確知如何給予社員作適當的生產技術及運銷指導，本研究乃調查了社員在從事青果生產及運銷上最需要指導的項目，按回答人數多少決定較需要多指導的生產項目，則依次是病蟲害防治、選好品種提供種苗、施肥技術、剪枝等。至於最需要接受指導的運銷項目，則依次是提供市場行情資料、適當的收穫時間、如何與辦理共同運銷的人聯繫、貯藏方法、分級包裝程序及計算收益成本等。此外，社員還在拓展銷路、資金及材料供應等方面提供多種需求。

5.辦理訓練班的最適當時間

依多數樣本社員的意思， 辦理社員講習會或訓練班最好不要定時，應視農民實際需要或方便之時而辦理。至於在一天之內何為最適宜的開會時刻，則最多數的社員認為以晚間為宜。社員對集會或受訓的時間因素的種種看法，也值得供為輔導組訓的青果社參考之用。

6.適當的訓練教材

絕大多數的社員都希望在接受組訓時，能有書面的教材或資料可供參考，社員所需要的參考資料或教材大致應分為生產方面及運銷方面兩類。在生產方面的教材依需要的重要順序是病蟲害防治、最新的栽培技術、選種及種苗提供、施肥技術、剪枝及蔬果等。而運銷方面的教材依需要的重要順序是市場行情資料，如何與辦理共同運銷的人做好聯繫及適當的收穫時間等。至於最受歡迎的教材種類是雜誌。此外社員也歡迎使用電視影片、圖片或照片等教材。

7.社員需要的活動種類

合作社社員除了需要專業性的訓練班之外，較感需要的農業推廣活動是觀摩會、講習會、產品展售會等。這些活動都可供為今後青果社辦理社員組訓的內容。

8.社員最需要改進的服務項目

本研究先列舉數種社員較可能需要青果社服務的項目，由社員回答，按回答者的多少，得出的順序是 (1)爭取較高的售價；(2)應認眞辦理合作運銷；(3)指導生產計畫；(4)廉價供應農用資材。這些需要也都甚值得青果社重視。

9.社員對青果前途的看法

本研究也試由調查去了解社員對青果前途的看法，調查結果是有45.0%的樣戶回答前途很好會賺錢，有 30.3% 認為不會賺錢，另有23.8%回答不知道，及有10.4%未答，而有 0.7%回答視合作社的作法而定。因回答能賺錢者尚低於半數，今後青果社方面都需努力，使果農確能賺錢，以增加其信心。

10.合作經營班及共同運銷班班長的最適人選

經調查社員的結果，認為適合當班長的重要領導條件依序是 (1)技術要良好；(2)要公平公正；(3)清廉；(4)年輕有為。這些答案都為今後組訓時選擇優秀組織幹部的重要依據。

三 建 議

根據我們的調查發現提出若干建議，供青果合作社改進組織活動及規劃辦理社員組訓之參考。

(一)因爲社員之中尙有一半左右未能將青果產品交由青果社共同運銷，故今後青果社尙須加強辦理共同運銷。參照社員指出的共同運銷之缺點，則重要的改進方向似應包括如下的要項:

1.青果社原則上應再加強鼓勵社員參加青果共同運銷，因爲由調查資料顯示約尙有半數的樣戶未加入。

2.青果社在擴大辦理共同運銷時，尤應注意對參加率較低的社員類型加強鼓勵，這種類型的社員包括教育程度較低，栽培青果面積較多以及參與率較低的分社地區的社員，如嘉南分社、臺北分社及新竹分社等的社員。

3.爲能吸引社員樂意參加青果社辦理的共同運銷，青果社的輔導單位需要努力設法使共同運銷制度發揮更多的好處,使壞處減到最少。重要的工作項目包括銷售較高的價格、加速市場行情訊息的流通、改進分級包裝手續及快速付款等。

4.青果社也必要參考社員進一步的建議及反應，再加強拓展青果外銷，對社員工作時應表示更多熱誠，且應儘量開誠佈公，使社員能多了解青果社對共同運銷的計畫，推行過程及對社員的要求等。對部分農民社員偏好自產自銷的不合作觀念也必要由發揮共同運銷好處而給予合理的疏導。

5.參照農戶對青果社員工的幾點看法，青果社的工作同仁也有心要圖謀振作，在各種運銷工作上謀求更爲精進。

(二)因爲有不少社員對共同經營感到需要，但卻也有不少社員對共同經營又不甚了解，故青果社要認眞指導，提出合適的實施辦法，使社員對共同經營的辦法有清楚的概念。又在組織共同經營班時，也應注意使每班的人數多少適中，一般以15至20人爲適度，又各班的組成最好以生產同種類產品的農戶爲基礎。在共同經營的過程中最好以部分作業的共同爲宜。

(三)因爲目前果農遭遇到的困難不少，極待協助改進。青果社爲能吸引社員的向心力，極必要協助果農解決各種困難，重要者包括設法提升水果的產地售價，加強產銷計畫之輔導，仿照農會建立貸款融資，直接或間接加強研究水果種植及採收的機械以節省勞力及成本。此外，在生產管理技術上也應加強研究與推廣。

(四)根據本研究的發現，社員需要接受數項重要的生產及運銷技術指導，故今後青果社對社員仍必要繼續加強這些生產及運銷技術指導。重要的項目包括各種病蟲害之防治、選好品種、介紹或提供良好的種苗、指導施肥技術及剪枝、提供市場情報、指導適時採收貯藏、以及分析及計算收益成本。此外，辦理共同運銷的職員也應主動與各社員或其組織相聯繫。

(五)今後對各地方的社員組織展開辦理講習會或訓練班時，應視社員的需要而彈性辦理，最好的辦理時機約在下種及收穫之前，而短期性的集會或講習最好能多在不影響農民工作的夜間召開。

(六)未來青果社在辦理社員組訓工作時，生產及運銷方面的教材都需要詳作準備。青果社本身需要不斷充實《果農合作》雜誌，分送社員閱讀，也應儘可能提供果農其他的有關雜誌或指導其訂閱。此外，在教學時，儘可能使用各種合適的視聽器材。

(七)在辦理社員組訓的過程中，也宜配合果農之需要，多舉辦各種生產或運銷的觀摩會、講習會及產品展覽會。

(八)面對果農需要服務的項目，青果社似乎應依序多做爭取產品售價，認眞辦理青果運銷、指導生產及廉價供應農用資材等服務，藉以提升果農對青果生產的信心。

(九)社員組訓的成敗，與今後青果生產及運銷前途，與良好的農民幹部的領導功能息息相關，青果社今後要愼選農民幹部，尤應選擇技術良好、公平公正、清廉及年輕有爲的社員擔任組織幹部，由其協助推動青果生產及運銷業務的發展。青果社不僅應注意選擇良好的社員幹部且應設法發展社員幹部，藉使青果產銷業務能欣欣向榮。

貳壹　青果合作社基層組織幹部的領導條件

臺灣青果運銷合作社為能有效加強社員合作行為，曾經特別委託本人從事一項有關社員參加組訓態度與意見的調查研究。我在調查研究中，曾注意收集了多項有關果農對於參與青果社組織與活動的態度意見和事實的資料，其中也探討了農民心目中適當領導幹部之條件。果農所期望的領導條件是為影響青果社基層組織功能成敗的重要因素，也是身為或將有意擔任農民基層組織的幹部，如青果共同經營或共同運銷班的班長等，所應注意並具備者。如果一個幹部能夠具備一般農民所重視的領導條件，便能獲得組織內農民之擁戴，也才能確實將農民基層組織帶領到健全並有效率的境界。如下列舉幾點果農對基層組織幹部所預期的重要領導條件，並加以說明其重要性，供為農民之認識，並供為農民幹部之參考。

1.優良的經營技術

農民對於農事組織領導者的種種期望當中，以能指導其農業經營技術最為重要。在約有七百個接受我們調查的果農當中，約有60%指出，最合適擔任青果共同運銷班班長的人選，是具備良好的青果經營技術的農友。樣戶們認為由具有此項條件的人擔任班長，就較能有效指導其他農友解決生產技術上的難題，因而有助於生產效率及品質的提升，進而也可幫助他們獲得更高的收益。由此，我們可以推知，若有意擔任農民基層組織幹部者，必須先充實本身的農業經營技術，才能獲得大家的推舉。同時我們也得指出，目前擔任共同運銷班班長之類的農友，爲能獲得班員的信任與擁戴，必須不斷增進自己的農業生產與經營技術。

2.公平公正的處事原則

此點領導條件也爲許多被調查的果農所認爲重要者。其所以被果農所重視，乃因爲任何共同運銷班或經營班的班長等幹部，勢必要處理有關多數班員之事件，班長等幹部必須能公平公正對待所有的班員及其有關的事，才能減免由不公平而引發的糾紛與事端，因而才能使整個班團體達於和諧的境界。團體或組織才能長久維持並發展。

3.清廉的作風

果農之中也有不少人認爲要擔任班長等幹部者也甚需要具備清廉的作風。唯有班長等幹部的作風清廉，班員才能確信經由他們領導不致使自己受損。青果社基層組織的幹部多少會有管理財務的機會，必須管理人很清廉，所管的財務才能健全，也才能確保與之有關的班員之利益。

4.熱誠的服務幹勁

農民幹部所做的工作是一種義務性的行爲，必須有熱誠的服務幹勁作爲基礎，才不致失去工作的興趣，也才能爲團體做出成績並爭取好處。此項領導條件的重要性也爲許多接受調查的果農所認定。曾有不少果農認爲一般年紀較輕、教育程度較高的農友，會有較多的服務熱誠，也較能掌握有效服務和要點，故指出較年輕的成員比年紀較大的成員，較適合擔任幹部的職務。由此觀之，目前各農民基層組織中，極需要發揚並培養年輕的幹部。

以上諸點有關果農對基層組織領導條件的認識，是我從進行加強果農基層組織組訓的研究過程中，經整理農戶反應的資料所得到的，故應能爲青果共同運銷班或共同經營班的班長等幹部所採信，所以在此將之加以說明，乃期望各農民幹部能予重視並加力行，使能發揮本身的優良領導功能，藉以達成果農之間的合作效果。

貳貳　農民組織與社會結構變遷

一　前　言

人類社會的結構是會變動的，當前臺灣社會結構變遷的速度尤爲快速。社會結構變遷的原因有多種，重要者包括人口數量增減、生產技術改變及生活觀念與方式的改變等。農民組織是社會結構中的一部分，其與社會結構中其他部門的變動密切關聯在一起。一方面農民組織的性質會受社會結構中，其他部門的改變之影響而產生變化；另方面農民組織的改變也會影響社會結構中，其他部門的組織制度與功能的改變。換言之，農民組織與大社會結構變遷之間的關係是雙向的，且農民組織本身也爲一種社會結構。本文在探討農民組織與社會結構變遷之間的關係時，無意從雙向的相互影響的角度去探討，而只側重在社會結構變遷對於農民組織的影響。關於農民組織對於社會結構變遷的影響，其相關題目如有關農民組織之功能或角色等，都是強調農民組織對社會結構或其他方面的影響。而本文所側重的有關社會結構變遷對農民組織影響的課題是很重要的，因爲農民組織是推展農業發展及農民生活改善的重要策略或重要的行動單位，而這種策略或行動單位的性質，會因社會結構變遷而變動，也因社會結構變遷而必要調整其角色或功能。當前臺灣的社會結構是多方面的，而且也是很明顯的，其對於農民組織的影響也是廣泛且深遠的，但究竟會影響農民組織的社會結構有何顯著的改變？且改變之後對於農民組織造成何種影響與後果？卻很缺乏研究與探討，本書作者於此提出所見及所思的心得，當爲引發更多討論之用途。

本文所指農民組織所受的影響面尤著重其結構、功能與管理等。至於可能影響農民組織會發生較大改變的社會結構變遷，則有人口變遷、家庭結構變遷、就業結構變遷、教育結構變遷、政治結構變遷、價值體系的變遷以及人文區位結構的變遷等。

二　鄉村人口結構變遷的影響

臺灣地區的各種農民組織主要都分布在鄉村地區，且以實際務農者爲主要成員。近來鄉村地區人口的結構改變程度不小，其中最重要的改變有二：其一是務農人口的絕對數及所占比例減少；其二是年齡結構變爲青年人口所占比率減少，而壯年及老年人口所占比率增加。從1977年至1987年的十年內，臺灣地區的農業人口由 5,572,000人減至 4,075,000 人，共減少 27.8%。農業人口占全部人口的比率也由 33.1% 減至 20.5%。同期間臺灣地區各鄉人口滿15歲至24歲、滿25歲至 39 歲及滿 65 歲以上的青年、壯年及老年人口所占比率的變化分別是，青年人口由 23.6% 減至 21.5%，壯年人口由 17.6% 增至 22.9%，而老年人口則由 4.18%增至 5.83%。在這三段不同年齡的人口組中，青年人口的絕對量也減少了，其餘兩段年齡人口數則都增加了。

農業人口數及其所占比率的減少，表示農民組織的潛在參與人口也減少，必然造成農民組織的規模變小，除非由調整組織成員的資格，使較多的非農民也能加入組織，則另當別論。然而農民組織若多由非務農的人口加入，則組織的本質將會改變。事實上，近年來臺灣農會會員數並未因農民數量的減少而減少，反而更爲增加，但所增加的會員中非務農的贊助會員顯然相對較多。民國六十五年至七十四年之間全部個人會員數由952,453人增至1,329,192人，共增加39.6%，同期間贊助會員數則由255,622人增至454,838人，共增加77.9%。

晚近當農民數量減少時，農會普通會員卻反而增多，主要乃因過去未加入者變爲願意加入，但直到大多數的農民都加入爲農會會員後，若農民人數繼續減少，則農會普通會員數便不無減少之可能。由是可以預測，農會等正式性的農民組織爲求生存而不使萎縮，則勢必將吸收更多非農民，如此，則農民組織將逐漸爲非農民的勢力所入侵，其服務農民及造福農民的宗旨，將可能漸不易把持，實值得農民組織的領導者及政府的輔導單位所注意與警惕。

當農民人數減少之際，鄉村人口並未顯著減少，農民組織乃極有可能擴大功能與服務範圍，而延及到鄉村中的非農民身上。變遷中鄉村的人口結構顯得青年人數減少，壯年及老年人數增多，故當前各種農民組織若要擴大吸收非農民及農民人口，且也擴大對農民及社會大衆的服務功能，則壯年組及老年組是較有可爲的對象。

三　家庭結構變遷的影響

由於出生率降低、人口移動頻繁及生活方式改變等影響，臺灣地區的家庭結構也有了明顯的變化，重要的變化包括規模變小、核心戶、單身戶及破裂家庭比率都增加。這種結構性的改變，即使在農民家庭之間也是如此，影響農民組織中部分結構功能與管理問題變爲單純，但另一部分的農民組織，其結構功能及管理問題卻變得更爲複雜。核心戶及單身戶之趨於普遍，使若干以農家爲單位而組成的組織可以減少家庭內部參與意見之分歧或不一致性，反而更容易達成參與目的。但是這種普遍增加的核心戶、單身戶及破裂家庭戶，需要許多社會支持及特殊的服務，農民組織必須顧及能提供支持與服務，以滿足其特殊需要。核心家庭較之擴展式家庭更需要有專門性的托兒所以照顧幼兒，也更需要農業機械化或代耕制度，以替代缺乏的勞力。農村的單身家庭往往也以老人家庭多，尤需要家庭成員以外的專業服務機構或人員給予醫療或生活上的幫助與服務。農會等農民組織於傳統的功能之上，需要再去發展新的功能或業務，以應付這種變遷中的特種需要。破裂家庭中的問題通常相對較多，農會中的家政指導部門逐漸需要對於這類家庭給予新方式的指導與服務。

四　就業結構變遷的影響

晚近臺灣社會就業結構變化的性質，可從多方面加以詮釋與認識，就總體的大結構變遷性質看，主要是農業生產業萎縮，而工商服務業都顯著膨脹。從1977年至1987年之間，農、林、漁、牧等初級行業的就業人數由 1,597,000人減至 1,226,000人，也由占總就業人數的 26.7%減至 15.3%。相反的，從事次級行業及三級行業者分別由2,250,000人增至 3,430,000人及由 2,133,000人增至3,367,000人。兩類就業人數占總就業人數比率的變化是次級產業者由 37.6% 增至42.8%，三級產業則由 35.7%增至 42.0%。

整個社會從事初級產業人數及比率的減少，以及從事次級及三級產業人數及比率的提升，乃致使農民組織面對更多由次級及三級就業人口所形成的組織所帶來的競爭與敵對。不同就業人口的興趣不同，其組織的興趣與宗旨必也不同，農民組織固然與若干工、商、服務業組織之間可能相輔相成，但也必有競爭與衝突。近來農會、水利會及漁會等組織就免不了要面對農漁民的要求，去與許多製造污染的工業組織理論，甚至採取抗爭行動。同時在這種與非農、漁民組織抗爭的過程中，農民組織常顯出弱勢，於是也逐漸失去農、漁民們的信心與信賴。農民組織的工作人員也常因此感到無奈與困擾。

社會上就業結構的轉變，反映出就業人口的就業興趣與意願之轉變。務農人數及比率下降顯示務農意願下降，致使農業推廣工作倍加困難，除非農業推廣在觀念上及補助系統上能有較重大的突破與改進，否則很難吸引農民對於農事的改進產生興趣。故面對農民職業與趣的改變，農民組織的推廣角色與功能需要調整和改變的程度應也非同小可。

農村人口就業意願的改變，也導致農民組織內部辦公室的工作機會變的更爲可貴誘人，因而也更受到初尋職業的農家子弟之熱烈需求。當前就常聞各地農會所開放的少數幾個工作機會，成爲地方有影響力人士引用或推介人事的重要目標。更有甚者，有影響力人士所引介的人員難免有不甚適合於從事農民組織工作者，以致造成所用非才，難免效率低落，功能不彰。探討就業結構改變對農民組織的影響時，不能不注意及此。

五　教育結構變遷的影響

近來社會上教育結構重要改變的現象有二：其一是受較高教育人

口所占比率增加，農民及其他鄉村人口也然；其二是教育來源與內容更複雜化及更多元化，這兩種教育結構上的變化，對於農民組織也都有直接的影響。農民組織成員教育程度的普遍提升，對於組織的幹部及工作人員知識的準備造成很大的挑戰與震撼，組織的幹部與工作人員在教育水準與知識的準備上，若不能也跟著農民教育水準的提升而提升，便難以滿足高水準農民的需求與挑戰。事實上，當社會上受高等教育的人力較爲充足時，乃提供了農民組織更容易獲得優良工作人才的機會，唯不少農民組織可能因爲人事凍結或因人情包圍，而未能使用更好的人力，以致會逐漸出現外行領導內行之落伍現象。

社會上教育來源複雜化及多元化的結果，必會促使農民的智慧與能力大開，其對於生活理想的期望程度也爲之提高，對於農民組織必會更爲挑剔。如果農民組織不能加緊腳步來滿足及順應農民對於組織的嚴格需求，有可能易爲農民所漠視，甚至被唾棄。

農民在接受多方面教育之過程中，也容易產生非理性的不滿意態度及情緒，極需要組織的領導者給予適當的疏解與矯正。對於農民接受多元化教育所產生的不合理行爲反應，農民組織的領袖及工作者也必須能夠判斷清楚，拿捏得準，引導有方，才不致使農民的誤解與不合理性加深，對於農民才有好處，農民組織也才能得以生存。

六　政治結構變遷的影響

晚近，臺灣社會的政治結構也有明顯的改變，實際具有制衡作用的第二政黨，顯然已形成並在發展中，執政黨的權力結構也漸趨民主化及分散化。這種政治結構的轉變，對於農民組織與政治也有直接的影響，重要的影響是，在野政黨的勢力也可能逐漸進入爲農民組織或組成新農民組織。當前以執政黨爲主要勢力的各農民組織，將會逐漸受到挑戰，故未來農民組織的領導與管理方式，必須要更能符合農民的需求。

政治民主化及權力分散化的過程會影響基層農民組織，使其變爲更需要根據地方實際情況來自作決策，且要逐漸擺脫對政治體制一條鞭決策之依賴。政治上分權制度越趨健全，便越有利地方農民組織力量之加強及功能的改善，但必須組織的領導者能夠善爲領會與運作，才能確實產生功效。

近來在選舉制度的發展過程中，不少地方在政治權力結構上都呈現黨派對立與分裂的現象。不少農民組織也因地方黨派的糾結不清而損傷了組織的許多元氣與力量，派系的衝突常因政治性的選舉活動所引起，衝突之後又常引進政治權威力量來謀求化解，在謀求化解的過程中，有時政治力量的運作並不能十分恰當，於是政治結構因素對於農民組織的不良影響反而加深，例如會增加組織成員的農民對於政治的不解與不滿，這種不良的後果，應可經由組織領袖之自省與覺悟而避免或減少。

七　社會價値體系變遷的影響

社會價値體系是屬於較無形的社會結構之一面，晚近臺灣社會快速都市化、工業化、自由化與國際化，社會價値觀念乃變爲相當錯綜複雜。明顯可見的變遷有金錢主義興起及功利主義擡頭，機會主義也與之不衰，社會人心普遍變爲更自私自利，人人不輕易放過自己的權益及享受的機會。這時期政治控制力也逐漸變爲寬鬆，人們也逐漸敢於對權益受損表示不滿，即使一向最安份最能容忍的農民也變爲容易走向街頭，對於易損害自身權益的農業及貿易等政策，以及對於善於製造污染的工業曾表示相當不滿的抗議。面對農民這種價值觀念的改變，農民組織乃被農民期許代表農民出面與外界爭利，如果不能有效達成任務，便將爲農民所不滿。

在社會價值觀念普遍崇尚私益並罔顧公益的變遷趨勢下，農民組織甚易爲有野心的人利用爲生財的手段，一旦農民組織被貪吝的人附會上身，其元氣就會被損傷，效能也會被削弱。

今日社會價值體系的變化是多面性的，正當人心變爲崇尚私利的同時，也變爲更注重合理化、公平化、科學化、民主化及效率化等光明正大的性質，影響社會各種農民組織等在行政管理上也要順應合理、公平、科學、民主與效率等原則，將之奉爲重要的管理目標。爲使組織能達成合理、公平、科學、民主及有效率等理想目標，在管理上便要講究合適的原則與技術，爲能達成公平、合理原則，組織的事務必須經由民主的討論過程而後明定規則。今日我們的各種農民組織中，好的治事與管理規則者固然有之，而迄未設立者爲數也有不少，實在極待組織的領導者所注意與努力。

組織要能科學化必須能善於運用進步的管理設施，例如多使用科學化的電腦設備與技術，這點也甚值得各個農民組織所採行，能多運用科學設施於管理上，組織的管理效率便可以大爲改善。

農民組織的民主化有助於改善組織的功能與效率。而要使農民組織能邁向民主化的目標，細節的方法很多，其中長期操縱與約束各級農民組織的背後的政治之手，必須要先能抽出，少再加以干預與控制，組織才能自立壯大。此外，組織內部也應多學習與運用民主方法於各種組織事務上，這有待農民組織領導者本身要有民主風度，才能進而把組織帶向民主的性質。

八　人文區位結構變遷的影響

近來鄉村地帶的人文區位結構變遷的程度也不少，這方面結構的變遷也影響農民組織發生相當大程度的變化。重要的人文區位結構變遷包括:(1)因爲人口移動頻繁，交通便捷及都市範圍的擴展，使得鄉村與都市的空間及時間距離爲之縮短，兩者關係乃變深；(2)因爲工業化及商業化，乃導致鄉村的土地用爲工商業目的者所占比率越來越高，影響鄉村的經濟功能與景觀也爲之改變；(3)鄉村的人口、產業及建築物顯得更爲密集，自然環境破壞及汚染的程度乃爲之加深。

上述三大方面的鄉村人文區位結構變遷，對於農民組織的影響是多方面且複雜的，就重要的影響分別述說如下:

1.鄉村與都市關係變爲更密切的影響

鄉村與都市關係變爲更加密切之後，農民組織在決策與管理上勢必要將多考慮都市的變數。近來農會及靑果合作社在辦理農產品共同運銷時，都要顧及都市消費者的偏好，及都市行口商與果菜市場制度等性質，因爲這些因素對於農會的供銷功能都有影響。若干農會及靑果合作社也正積極規劃發展適合市民興趣的觀光農園計畫，依此類推，今後各種農民組織在規劃各種發展方案時，實不能孤立於都市因素的影響之外，進而若將都市與鄉村的關係因素考慮在內，則不少組織的發展計畫，必將變爲更有可爲，也可能變爲更加難爲，實値得農民組織領導者或管理者之注意。

都市中農民組織固受都市性及其變化所影響，但也受鄉村的變化所影響。一般都市中的農民組織受都市化而獲得益處，其固定資產價値通常變高，由這些固定資產升値所獲得的經濟利益也相當可觀。都市型農民組織的信用或金融業務一般都較鄉村型農民組織的信用或金融業務良好，可說分享到地利之益處，然而今日都市中農民組織則因受到農民數目銳減而面臨名分不正的難題。爲使都市中農民組織仍能名正言順地存在並盡功能，則經由與偏遠地區農民組織合併的模式是值得鼓吹的，藉其良好財政狀況來協助財力不佳的鄉村農民組織，實是一種良好的構想與制度。如此，則當都市與鄉村關係變爲密切之際，都市中的農民組織也可與鄉村中的農民組織相互合作，都市中農民組織也可由鄉村中的農民組織而取得土地等限制性資源，作爲再發展業務與功能的基礎。

2.超越農業的土地利用變化之影響

在工商業化過程中，鄉村中的土地被用爲設置工廠或建築住宅及休閒設施者逐漸增多，當土地的利用方式改變時，區位結構必然也會改變，影響不少農民組織也牽連其中。不少農民組織因地方的工商發展而增進信用業務，但其農業生產的推廣業務一般卻都變爲更加困難。工商業發展用去了農業土地，也吸去了農業人力，其副產物則也污染了農業生產因素與生產物，破壞農漁業生產成果，逼使農民必須要求農民組織出面維護其權益，農民組織因而增多了一些難以圓滿的新任務。

3.人口、產業與建築物變爲密集的影響

鄉村地區生態上的另一重要變化是人口、產業及建築物變爲更密集，直接影響農地及漁塭或海灘等，可以生產農漁產品的土地資源受到更多污染的威脅，因而也增加農會、水利會及漁會等農漁民組織需多負起協助農漁民保護環境及生產資源的任務。從相反的方面看，人口、產業及建築物變爲更爲密集的結果，其可能附加於農民組織的產銷及信用業務也爲之增多，其業務營利所得也可能增多。

九　結　論

社會結構的變遷是多方面的，晚近臺灣多方面的社會結構都有顯著的變化，這些變化對於農民組織的影響有直接的，也有間接的，有正面的，也有反面的。面對這種社會結構變遷的複雜影響，農民組織的結構、功能與管理業務不能不有所調整，調整的方向因影響的性質不同而異。不同的農民組織其所受的影響會有不同之處，故其合適的應對之道也各有不同，農民組織的領袖或管理者實必要時時注意這種變遷影響，且要能適當地調整結構、功能與管理，如此，才能使農民組織繼續生存並發展，農民也才能經由組織的正常發展而獲得好處。

參考文獻

一、中文部分

1. 朱岑樓，《我國社會的變遷與發展》，三民書局印行，民國七十年。

2. 蔡文輝、蕭新煌，《臺灣與美國社會問題》，東大圖書公司印行，民國七十四年。

3. 楊懋春，《近代中國農村社會之演變》，巨流圖書公司印行，民國六十九年。

二、英文部分

1. Clapham, W. B. Jr., 1981, Human Ecosystem, Etzioni, Amitai and Etzioni, Eva, 1964, *Social Change, Sources, Patterns and Consequences,* Basic Books, INC., Publishers, New York, London.

2. Dessler, Gary 1976, *Organization and Management, A Contingency Approach,* The Behavioral Science in Business Series, Printed in the United States of America.

3. Hass, J. Eugene and Drabek, Thomas, 1973, *Complex Organization, A Sociological Perspective,* The Macmillam Company, New York.

4. Hall, Richard, Hammond, 1977, *Organization Structure and Process,* Printiee Hall, Englewood Cliffs, N. J..

5. Kast, Fremont and Rossnzweig, James E., 1979, *Organization and Management, a System and Contingency Approach,* Rinehart and Winston.

6. Nelson, Lowry, Ramsey, Chailes E. and Verner, Coolie, 1962, *Community Structure and Change,* The Macmillan Company.

7. Yanj, Martin, M. C., 1978, *Chinese Social Structeure,* The National Book Co., Taiwan, Republic of China.

貳叁　影響農業推廣工作的外在與內在因素及相關問題

一　前　言

對於此一講題我想分成兩大部門來討論，第一大部分是農業推廣的外在體系，也就是影響的環境因素方面，就這部分，我想試著指出幾個影響農業推廣工作的方向及農業推廣工作成敗的重要環境因素。第二大部分是針對農業推廣的內在體系來指出一些問題，作爲改進的方向，並將內在體系項目分成三方面：第一方面是推廣組織與制度之體系；第二方面是針對推廣工作人員；第三方面是針對推廣工作對象，也就是農、漁民方面。這部分將針對這三個小體系來檢討問題。對於外在環境體系，我將分成七個部分說明，而針對每一體系我先指出其影響農業推廣的一些問題所在。這七個環境體系分別是：(1)自然環境因素；(2)國際關係因素；(3)政治系統因素；(4)法律系統因素；(5)經濟系統因素；(6)社會系統因素；(7)人口系統因素。以下先就這七個環境因素來說明其對農業推廣會造成何種影響，以及將影響當前農業推廣工作的關鍵問題所在，最後討論推廣工作界從上層至基層，面臨這環境影響因素的作用時應如何來加以因應？對於每個因素都分這三個層次來探討。

二 外在環境因素及相關問題

(一)自然環境因素

首先我先從自然環境因素對農業推廣工作的影響來探討。所謂自然環境因素，大體上可以分成二個小方面，一方面是所謂獨立性的自然環境因素，另一方面是所謂人文性的自然環境因素。

首先分析獨立性的自然環境因素，其意義乃是指會獨立發生的自然環境因素。以臺灣地區來看，對農業推廣比較有直接重大影響的獨立性環境因素是風災與水害，而這兩者往往是同時發生的。1986年韋恩颱風的災害，我想各位的體會一定很深。這種獨立發生的自然環境因素對於農業會造成重大的影響，因此對於農業推廣必然也會導致很深的影響。有關韋恩颱風的統計資料指出，此一颱風造成生命財產很大的損失，價值估計高達100億元以上。大家很清楚這類災害主要受害者是農、漁民，而農、漁民是我們農業推廣工作的主要對象，這種自然環境因素，特別是風災與水害帶給農業災害之影響特別深，因此對於農業推廣之影響也很大，其所造成的主要影響是我們農業推廣之成果為此類自然災害所毀掉。有鑑於此種慘痛經驗，也鑑於此類災害將來亦會不斷地侵襲本省，乃可預見這種因素勢必會影響我們未來的推廣計畫、推廣工作內容及推廣工作成果，因此我們不能不予以注意、重視。面對此種因素的影響，推廣界應如何因應呢？我們推廣界所能做的多半都是較被動性的，我們很難去改變自然環境，我們所能做的是面對此種因素存在的既存事實，儘量設法指導農民避免此種災害的損失，在所擬訂之推廣計畫中應列入自然災害預防的項目。我不知道推廣界的朋友是否在推廣計畫中都列有此一項目，如果過去未將自然災害預防項目列在推廣計畫中，很顯然的這是計畫上的一項缺失，也是一項疏忽。另一方面我們可以做的，也是應該做的是，應設法加強農、漁民有關防治災害的意識、觀念，以及救災的知識、觀念與能力。此外，推廣界應該做的是，在推廣經費中要編列救災、防災的預算項目。另一項重要的應做工作是在災後應實施救災與防災的服務，面對此項因素，個人提出以上意見供各位參考。

第二項自然環境的因素是所謂人文性的自然環境因素，其與獨立性的自然環境因素之差別在於獨立性的因素是自然發生的，而人文性因素是經過人爲利用環境之後所形成的，此種影響因素稱爲人文性的自然環境因素。就目前臺灣地區來看，重要的人文性的自然環境因素應是環境汚染，環境汚染是人們經過利用自然的條件，如土地、水、空氣等的結果，導致造成自然條件的改變，而且危及農業生產及生活環境的因素稱爲人文性的自然環境因素，其對農業所造成的危害大家是有目共睹的。面對這種人文性的自然環境因素的影響，農業推廣界應如何因應呢？個人認爲下列幾點是大家所應注意、覺醒及所當爲的重要職責：

第一點，我們推廣界有義務與責任協助農、漁民提升環保意識及防治汚染的知識。換句話說，我們推廣工作人員的重要職責之一，是指導農、漁民對環境汚染的意識及知識之提升，首先使農民了解環境汚染對於自己所從事的生產事業的影響之重要性，進一步再加強如何來防治。

第二點，我們推廣工作人員所責無旁貸的事情是，我們有必要協助農、漁民對於汚染性來源加以監測以及索賠。記得在多年以前，個人有一次機會至高雄地區與當地推廣指導人員談論到當時該地區的重要推廣工作的內容時，當地的指導員指出他們花了很多時間與精力來幫助農民寫告狀，向法院控告工廠對農田的汚染等事情，以及協調農民與工廠方面接洽賠償的事情。過去所發生的環境汚染問題僅存在於較高度都市化的地區，目前這個問題幾乎已遍布臺灣各地，所以推廣工作界常會碰到農民要求幫忙索賠、接洽、聯繫與協調。可見因汚染問題的普遍性，推廣界乃有新的任務可做。

(二)國際關係的因素

第二方面我想指出的是國際關係的環境因素。不僅自然環境是環境，若就廣義的意義來探討環境一詞，則社會政治環境都算是環境之一環，在非自然性的環境中一項很重要的體系或很重要的因素就是國際關係的因素，至於國際關係與農業推廣有什麼關係呢？我想這個關係主要是透過國際關係會影響到農產品的產銷，所以也就會影響到農業推廣工作。觀之今日的農產品正如同其他很多商品一樣，都具有高度的國際化與自由化的性質，也就是說本國的農產品，一方面會受到其他國家農產品的產銷之影響，以及其他國家社會經濟條件變化的影響；另一方面，本國的農產品也會影響到其他國家農產品的產銷，及其他國家的社會經濟條件。這種相互的影響會愈來愈密切，因此一個國家的推廣工作必然會受到國際間的變化所影響。

捨其他方面不談，在此僅就會直接影響到國內農業推廣工作的國際關係的二個主要課題提出報告，第一方面就是目前我國與其他國家之間的邦交受到很大的限制，這個國際關係上的要點對於我們的農業推廣有很深切的影響，另一方面就是目前國際間保護主義非常盛行，每個國家都在極力保護自己的農產品，保護自己的生產者。既然這種所謂的國際保護主義如此的盛行，就必然會影響到我們的農業推廣工作。

首先就第一方面而言，到底國際間關係受到限制，對我們的農業推廣會造成何種影響呢？主要是會影響到我們農產品的銷路，農產品的外銷會因為我們的國際關係不夠廣濶、不夠良好，往往會受到限制。另一種影響是，我們常為極力改善與其他國家之關係，因此在農產品貿易上不得不稍做牽就與讓步，結果就會對我們內部所生產的農產品有負面的影響，也就會影響到我們農業推廣工作之成效。

另一方面國際間保護主義往往會影響到國內農業的生產與發展，這點大家應也很清楚。報紙上曾經刊載美國穀物協會要求與我國雜糧公會直接談判，談判的重要內容是向我國傾銷，也即要求我國增購該國的農產品，這類事件對我們國內農產品的生產勢必有很不利的影響。在美國穀物大量流入國內的情況下，要企求我國所生產之農產品能有好的銷售價格就很不容易，而我們農業推廣的努力也會在國際關係的影響之下受到影響，而我們的推廣工作成果乃會受到抹殺。面對這種因素之影響，我們農業推廣界也很難有能力去改變不利的情況，除非我們能透過政治外交的途徑去影響國際之間的農產貿易政策，否則農業推廣工作界也只能從較低層次的方向去考慮我們的因應之道。考量我們當前的政治情勢，面對國際關係因素之影響，我們農業推廣工作界能做的有下列幾點，提出供各位作參考：

第一點是我們本身應注意國際關係之變化，特別要注意國際關係變化對我們農業生產與運銷之影響，然後再考量對我們農業推廣工作的影響，並作適當之調整。當然各個基層農會推廣人員所能盡的力量非常有限，比較必要有高層次的農業主管機關及農業推廣主管機關去謀統合性的調整，制定全國性的新農業推廣政策，再交由基層實施。這樣的作法比較合理，譬如對美國大量的農產品輸入，我們勢必要對自身的農產品訂定一合理的產銷計畫，至少在經濟部或農林廳的高層次機關加以統合作成適當的應變計畫，交由基層來實施。至於基層的工作人員，一方面要了解在徒感無力對應之情況下，就上層交付下來的合理政策認眞加以執行，應當也是一適當的應對舉措。

第二點是在國際關係影響下，我們也應積極的向外推銷國內所生產的農產品，要使這種外銷成果能顯現出來，勢必要加強全國性的農產品外銷網，面對這種外銷網，在基層方面最需要做的是在運作上要徹底、要有效的認眞執行。

(三)政治環境因素

第三方面要談的是政治環境因素。一個國家的農業推廣所面對的條件因素中，政治因素也是很重要的一環，我們知道政治的體系非常的複雜，而與我們農業推廣較有密切關係的是，這個政治系統中的農業與農村發展政策。農業與農村的發展政策對於我們農業推廣影響比較直接，也比較重要，個人對於目前臺灣農業與農村的政策之性質所持的看法是，政策本身是相當穩定，但也相當軟弱。數年前的國建會期間，報上曾刊載，前行政院俞院長在發表的談話中曾提及，當前最令最高行政機關感到困擾的不是別的問題，而是農業問題。雖然行政最高當局的負責人對農業政策感到困擾，可見其對農業發展政策也相當的關心，然而當我們仔細將農業政策與其他的經濟政策相互比較，農業政策則顯得較高度的次要性、配角性、支持性及被動性，換句話說，與其他工商業的發展政策相比較，農業政策在整個政府的政策體系中是屬於較次要的地位、較配角的地位、較支持性的地位，也就是說，將農業政策視爲用來支持其他產業發展的政策。

我們的農業政策具有上述的特性，至於造成我們政策性的這種特點之原因則非常錯綜複雜，今天在此不擬分析其成因，而所要注意的是，這種農業政策的性質對於我們的農業推廣會有何種重要的影響？我覺得最重要的影響是農業的政策處在此一種情形之下，對於我們農業界長期以來所面對農業所得偏低的基本難題，很難作突破性的克服，而在這種基本性的難題很難被有效的克服的情況下，農業推廣的成效就很不容易顯示出來，我們的農業推廣基本上之所以不太容易看出非常突破性的效果，受到這種政策特性的影響很大。面對這種情況，理想的作法是，能夠加強透過政治性的運作來改進農業推廣界所遭遇的問題，也就是透過政治性的運作來增加農業推廣的功能，而比較實際可行的做法，是基層的農業推廣工作人員能夠儘量將問題反映出來，使有機會在政治體系中形成改進的政策，使能透過政策的途徑來解決問題，這點是我們基層工作人員可以做的，在過去也許做得較少，卻是今後我們大家需要共同勉勵的地方。在我們的工作岡位上，一方面要承上，一方面要啓下，透過我們將基層的問題具體反映出來。至於要透過何種管道呢？我想我們可以利用會議時將問題反映出來，或是進一步以書面報告表達上來。以上是就政治體系的影響情形，以及我們應該面對及因應的措施提出來向各位作一說明。

(四)法律環境因素

第四方面是法律系統。法律系統對於一國的許多生活面都會有影響，而我們所從事的農業推廣工作勢必也會受法律系統所影響。法律系統對於農業推廣工作比較直接的影響，是透過有關農業法律的性質來影響農業推廣。當前有關農業發展、農業推廣方面的重要法律問題有如下幾點，很值得提出來討論：

第一點問題是，有些需要有的法律目前卻缺乏，具體的說，與我們最有切身關係的農業推廣法規現在還未訂定完成。

第二點重要的問題是，已經有的法律考慮欠周全的地方很多。

第三點問題是，有許多已制訂的法規之間有互相衝突、互相抵消的地方。

有關農業發展的法律所以存在上述許多缺點的原因很多，其中一個重要的原因，就是要制訂良好的法律本身就不是一件容易的事情，加上目前的立法效果不是很健全，因此要求與農業推廣有關的法律都能很健全也就不是一件很容易的事情。針對這方面的問題，個人覺得因應之道是：第一，農業推廣界面對本身缺乏法律的情況下，要積極努力促成農業推廣法；第二，基層工作人員比較能做的就是將有關農業發展、農業推廣方面的困難問題儘量反映出來，使其有機會透過立法之途徑來謀求改進。相信此種作法會比較有效果，而針對有關農業推廣法在立法制訂過程中遭致難產的問題，在此有必要作一簡要的說明。以下就其制訂的動機爲何？目前進行至何種程度？主要遭遇的困難爲何？今後會有何種發展？在此作一簡要的說明。

農業推廣界認爲農業推廣法有制訂的必要，主要是想到如果農業推廣法能夠設定成立的話，則各階層的農業推廣工作就比較有一法律依據。無論在人事制度上或工作內容等方面都比較有保障，也就能從長計議農業推廣的正確方向與應有的作法，而農業推廣法從觀念的萌芽到現在的進展已經過十年左右的歷史，但至目前爲止仍未能通過。唯雖尙未通過，但也已進展至將法的草案送至行政院審核的階段，若行政院能批推，就可進一步送至立法院三讀通過，完成立法的程序，但在九年前行政院卻將法的草案退回農委會重新研擬，主要的困難在於農業推廣法的草案中有一項比較重大的改革，就是建議在每三、四個鄉鎮農會區域中設立一個推廣站，其中的人事、經費、工作皆由政府來負責，估計一年需增加上億的預算及上千的人員，行政院認爲此項內容不可行，所以退回農委會重新研擬。針對此項意見，農委會仍在研究階段，預料未來可能的動向是農委會會對此一項內容作某種程度的修改，而不再打算設立推廣站，轉爲傾向充實農業改良場推廣課工作人員的編制，以加強基層農業推廣工作人員的素質及農業推廣的工作內容。這項構想未來是否爲行政院所接受，或說推廣法是否能夠成立，目前尙難預料，唯並非全無可能，但可能尙需幾年時間才能知道究竟是否能夠成立。

(五)經濟環境因素

第五方面是關於經濟環境因素。經濟環境因素對於農業推廣的影響，大體上是透過下列三種途徑：即透過經濟結構、經濟政策及經濟氣候（景氣）而對農業推廣產生影響。

首先就如何透過經濟結構來影響農業推廣加以說明。這方面的影響主要是透過農業與工商業之間相對地位的變化而對農業推廣產生影響。我們大家都知道，如果就臺灣經濟結構變化的歷程來看，可以很明顯的看出早期農業的重要性要比工商業的重要性來得高，而後來一直至目前爲止，農業的分量已處在較次要的地位。在這種結構性的變遷過程中，農業推廣工作勢必會受到影響。就所遭受的重要影響之性質來看，很明顯的農業推廣工作的地位與重要性，也隨著農業在產業結構中重要性的低落而低落，而且這方面的影響相當的明顯。針對這個結構性的變化，農業推廣界應變的措施該如何呢？在此願意提出個人的看法，也許並不太符合農業推廣界的看法，不過個人覺得確實有一提的必要。在整個經濟產業體系中農業產業地位在下降的情況下，如果強調農業推廣的重要性而要求農業推廣編制的擴大，實在不是一種很合理的想法。如果就整個國家資源合理再分配的觀點看，隨著農業地位的下降及農業的萎縮，從事這一方面工作人員大概將免不了要萎縮的命運。面對這樣的命運，個人覺得推廣界比較合理的因應措施是，要逐步朝精兵主義及朝提高品質的方向來努力，也就是說今後我們推廣工作人員或許在人事上不必斤斤計較於求增加、擴充，可是在不太可能擴充人員的情形下，我們人員的品質一定要更精良。

經濟系統方面的另一種影響途徑是透過經濟政策的影響。在各種經濟政策當中，對農業推廣比較有直接影響的政策大概是糧食政策，也即是糧價穩定、糧源充足的基本政策，對我們農業推廣的影響最大。很不幸的，農業在此政策影響之下所形成的後果是農業利潤很難有效的提昇，農業推廣工作在這方面所受到的影響是，在工作的推動上相當的困難。因應此種政策上的影響，目前在農業行政及農業推廣工作上的作法是實施「精緻農業」。也就是說，在此種政策的影響之下，農業要求高利潤勢就必要走精緻農業的路線，而「精緻農業」在今後也只好被農業推廣工作人員奉爲指導農民的一項重要準則。在糧源充足、糧價穩定的政策影響下，我們要求農產品利潤的提高大概也只有朝比較精緻的農業發展。所謂精緻的意義就是說要避開大數量需求農品產的路線與方向，去生產一些比較不是大數量的農產品。精緻農業的主要項目多半不是主要的糧食，而都是生產量不是很多，可是需求量比較特殊的農業項目。

除了上述兩種影響途徑以外，另一種是透過經濟景氣的途徑來影響農業推廣。近年來，臺灣地區的經濟是處在低迷的狀態，在景氣低迷的狀態下，農業推廣所遭受的問題一般看來不如工商業那樣不良與嚴重，因此在這方面農業界所受的影響相對就比較小，可是比較小並不是就沒有影響。各種影響並不全然對農業都不利，但卻也包含一些不良影響的成分，比較不利的影響有下列幾點，值得我們注意。

經濟不景氣同樣會影響到農村經濟的衰落，以及影響到農業投資意願的低落，其中工業性之農業資材業及農產加工業所受到的影響，要比初級農產業所受到影響來得大。換句話說，在整個農業中受到經濟不景氣的影響之下，農用品生產業、農產品加工業所受到的影響，要比農作物生產所受到的影響大。如果農業資材的工業及農產加工業受到不良的影響，則對農業同樣會有不良的影響，因此也會影響到農業推廣的效果。另外還有一點很值得我們注意的是，在不景氣的時期，很多人力會由都市回流到農村，這些回流農村的人力與我們農業推廣工作直接有關係，我們農業推廣工作界如何來正視這些回流農村的人力，並將之納入農業生產體系中，應是我們工作同仁所應重視的一個課題。

（六）社會環境因素

第六方面是社會環境因素。大家都知道社會環境因素非常的廣泛，在此指出比較會影響農業推廣工作的社會因素是「社會價值」。社會中的社會價值體系反應在社會當中居民認爲較有價值的事物上，這一因素直接會影響到農業生產與農業消費的型態，因此也會影響到我們農業推廣工作的方向，所以很值得我們農業推廣工作人員注意。換句話說，在指導農民從事生產的過程中，推廣人員要能了解消費者的價值取向，也就是要了解消費者喜歡何種產品，才能予生產者正確適當的指導。因此，一位好的推廣人員也必須是一個良好的農產市場專家，對於農產品在市場上，受到社會價值取向影響之動向要能夠洞察先機，並針對此種社會價值體系的影響而能予農民正確的指導。

如果我們檢討一下臺灣的消費市場上，對於農產品的價值取向的變化，我們大概可以看到幾種主要的變化情形：(1)針對產品的內容，從早期比較注意到對澱粉的需求轉變到著重對肉食的需求，到最近再轉變到對果菜的需求的變化趨向，因此我們的指導工作人員，必須順應市場上消費取向的改變而予農民適當的指導；(2)再針對水果方面價值需求的取向，我們可以進而看到消費市場有如此變化，在過去幾年來，對舶來品非常的偏愛，可是最近在消費市場似乎慢慢放棄這種價值取向，而比較喜歡新鮮度高的本地產水果；(3)此外，消費大衆對消費的價值取向也變爲對時間、情調、氣氛等方面都較講究。因此，我們推廣工作人員對有關消費者對各種產品需求的時間、情調及氣氛最好也都有所了解，才能予農民作適當的指導。以上是針對社會價值取向的影響及我們推廣工作人員的適當應對措施作一說明。

(七)人口環境因素

最後一方面的外在環境因素是指人口環境因素。大家都知道農村人口的數量及結構的變化對農業經營的影響很大，因此對於農業推廣工作的性質也會有直接的影響。過去國內農村勞力外流非常的嚴重，影響我們農業經營的方式有很大的改變，其中個人覺得最値得我們注意的轉變是，隨著農業勞動力的外流，農村中農業勞動力的結構當中之兼業農所占比例愈來愈大。今日我們政府農業政策的重點似乎放在積極輔導專業農，亦即透過八萬農建大軍及透過核心農戶的計畫來輔導專業農，但如我們所了解的，在農業勞力結構當中兼業農所占比例要比專業農多的情況下，推廣工作人員如何來對兼業農作適當的輔導，也是很重要的一項工作。另外在比較都市地區人口中的觀光農業消費人口數量增加，此也關係到推廣工作的方向至大，未來比較靠近都市地區的推廣工作人員，應加強指導農民去發展觀光農業，這也是一項很重要的工作方向。

以上分析當前影響農業推廣的外在環境因素，針對每一因素又分別其如何影響到農業推廣，進一步說明針對每一方面的影響，農業推廣工作人員應採取何種適當的應對措施。

三　內在因素及相關問題

上述分析了農業推廣的外在環境影響因素及其牽連的問題之後，進而針對當前農業推廣內部因素的若干重要問題也加以分析。當前重要的課題主要有三方面值得我們注意：第一方面是農業推廣組織與制度的問題；第二方面是工作人員方面的問題；第三方面是工作對象的問題，以下針對這三方面的問題作一簡要的說明：

針對第一方面的問題，個人覺得較重大的缺陷是基層的組織中缺乏政府的公職人員。大家知道基層的農業推廣組織是以農會的推廣工作人員爲核心，一直很缺乏政府的公職人員從事這方面的工作，在其他方面，政府的基層組織都有相當數量的公職人員，唯獨農業推廣在基層缺乏政府方面的人員。第二個缺點是不同的農業機關推廣組織與業務之間缺乏整合性，因此在業務上常有重疊或衝突的現象，我想重疊問題還比較小，但若有衝突的現象，則將會抵消農業推廣的效果。例如不同的農企業機關所推廣的作物不同，因此對推廣對象就會形成競爭與衝突的局面，而抵消農業推廣的效果，目前全國農業推廣組織體制方面也很缺乏整合性。針對此一問題，農委會正急切地尋求一條整合全國農業推廣體制的途徑。農委會曾經委託臺大農推系辦理一個農業推廣體制改進的研討會，目的在將目前各自爲政、組織非常紛歧的推廣體制加以整合起來，過去在行政院科技會議中也曾針對此一個問題提出加以討論、研究，不過目前此種整合的工作仍陷於靜止狀態。

第二方面是針對推廣工作人員目前存在的一些問題提出我的一些意見，以供參考。

首先針對數量方面來看，到底目前全國農業推廣工作人員夠或不夠？這是一個見仁見智的問題。站在農業推廣界人員的立場，大部分的人會認爲不夠，但在行政院某些決策人士的觀念上也許認爲目前推廣人力已經足夠。我們都知道，要使一件工作做得更精、更細，則所需求人員勢必要比較多。最近本人從參閱一些國外推廣人員制度的研究報告中發現，在某些農業較進步的國家，推廣教育人員多半由政府方面來編制，推廣工作則由政府方面來承擔。若將推廣工作分成兩大部分，一部分是教育性的工作，一部分是服務性的工作，則多半在先進國家，從事所謂教育性工作的人員都是政府方面的人員，而如農會的組織多半所從事的是屬服務性的工作，持這種觀點來看，我想國內的推廣人力還有不足的問題。再就品質方面的問題而言，我們知道農民的程度愈來愈高，要求的教育及服務品質、程度也愈來愈高，因此我們推廣工作人員的品質面對很大的挑戰。若是我們的知識及技能不能較快速的增加，則很難應付農民的要求，因此針對推廣工作人員品質的問題，我們不敢說很不夠好，不過我們推廣工作人員卻要有此認識，就是要不斷的加強研究，增進研究的能力，提昇我們的知識及技術的水準，才能應對不斷提昇的農民需求水準。最後就工作人員工作士氣的問題而言，長期以來農業推廣工作界工作人員的工作士氣一向不是很高。上述三個問題是就推廣工作人員所存在的一些問題而言，很値得我們農業推廣工作界共謀改進。

最後一方面是就農業推廣工作對象的問題加以討論。就這一方面的問題來看，第一個問題是農民的務農意願低，農民的務農意願一般看來有普遍低落的現象。面對此一普遍務農意願低落的服務對象，推廣工作人員遭遇了一項很大的挑戰，即是如何幫助農民提昇其利潤，以提高其務農意願。另一個重大的課題是農民的需求及農業推廣工作的方式也在逐漸改變中，未來農民的需求大概會朝下列幾個方面變化：愈來愈組織化，愈來愈講求舒適化，以及越效率化。面對農民對農業工作方式的需求，也刺激我們農業推廣工作人員應知如何去應對，輔導農民加強其組織，使他們的工作環境能更舒適，使他們的工作效率能更提升，這些都是今後農業推廣工作的重要方向之一。再就農民的知識水準而言，未來一個很重要的變化就是水準不斷會提高，需求程度也不斷會提高，這些都將影響我們推廣工作人員。今後工作的標準也應提升，才能符合農民的需求。最後我要提的是來自農民的服務需求，過去一向都很注重的技術性的需求，但未來對於經濟性、社會性的各種服務需求，勢必會愈來愈增加。這種服務需求的改變，也影響到我們農業推廣工作勢必要朝這個方向去因應。

貳肆　農業推廣人員應了解的社會經濟情勢

一　社會經濟情勢為農業推廣環境系統的一部分

農業推廣人員的主要職責在從事農業推廣計畫，教育並指導農民的農業經營及生活改善，當然必須先具備豐富的農業與家政的知識與技能。然而農業生產與農家生活不是孤立的活動，受到外在環境的影響至大，重要的外在環境系統包括自然區位的、技術的、經濟的、社會的、政治的、法律的、文化的及至國際關係的等等。這些外在環境會直接或間接地影響農業產銷和農家的收支與其他活動，甚至也常與農家日常生活糾結在一起，密不可分。負責農家與農民的農業與生活指導的基層推廣人員，對於這些外在環境系統的性質，不能不有所知，以便藉以化解其對農家的事業與生活的不良影響，並藉以指導農民及農家能多妥善處置並巧為應變，使其能夠避免遭受損害，甚至進而能夠善於運用情勢謀取幸福。

各種農業與農家生活的外在環境系統所牽涉的範圍與內容都極廣泛，且每一大方面的環境因素都各有其專門知識，本文乃僅從社會、經濟面加以思考，指出農業推廣人員在從事農事及農家生活，改善指導工作活動時所應注意的社經情勢，並探討其對於農家的農業經營及日常生活的影響，以作爲農業推廣人員需要了解與認識的理由。本文內容也建議農業推廣人員應由了解這些情勢與影響，進而妥善輔導農民。即使僅在社會、經濟因素的範疇內，較足以影響農家的農業經營與日常生活的要素旣多樣且複雜，故對於這方面的探討乃必須限制並選擇項目與內容。就農業推廣人員而言，最必須了解者，應是對於農業經營及農家生活方面較有直接與密切關係或較有重大影響的社會、經濟情勢。亦即在目前的社會、經濟情勢中農家的農業與生活較有直接關係與影響者。這些重要的情勢，固然有些是至爲重要的社會、經濟問題，但也並不一定全是非常惹人注意的嚴重性社經問題。重要的社經問題固會成爲農業及農家生活具有重要影響的社經因素，但若干並不十分凸顯，但卻也與農業及農家生活有關的一般社會經濟環境與條件，可能也是影響農家農業經營與農民生活的重要因素，故也需要對之作較深入的分析與討論。

二　影響農業及農家生活的重要社會經濟情勢

與臺灣地區農家的農業經營最有關聯的社會、經濟情勢中，當以國內外的農業體系最爲主要，包括生產方面與運銷方面，其中島內的農業產銷情勢又比國外農業的產銷情勢較值得注意。然而國內的農業產銷情勢也深受國外農業產銷情勢所影響。全國性的農業產銷情勢固是累積了個別農家農業產銷的結果，但全國農業產銷結構與過程，又是成爲個別農家農業經營的最直接外在因素。當前國內農業結構與過程情勢中，直接影響個別農民產銷前途，因而也最值得農民去了解者約有兩點：即政府設定的農業零成長政策目標及推行的休閒農業計畫，將之分析如下：

1.政府設定的農業零成長政策目標

國家的農業政策目標是引導個別農民從事農業經營的最高指導方針，零成長的農業政策目標反映出農業總產量擴充的停止，但這並不意味個別農業經營者就不能再增資或擴大經營規模，然而卻也給個別農業經營者一個重要的訊息，即是要再擴充增資必須小心謹愼，因爲總體農業的零成長目標顯然表示在未來最近的幾年內農業發展將很困難。所謂發展困難意味著再增多產品將不會有好的出路，故也少有人會願意再多增資增產，這或許與農產品的內銷市場已達飽和，外銷市場的開拓不容易有關，此外，也意味著到目前爲止能再開發利用的農業資源，包括土地、人力及資金等都已到達極限。

總體農業發展條件的限制致使個別農業經營者要再擴充經營規模已不容易，即使能擴充，也未必會有好前途。如個別農民願再擴充規模，大致僅能尋找在過去尙未充分開發，且在國內外市場上尙有銷售空間的項目爲宜，然而這類項目幾乎極爲難尋。目前推行中的休閒農業或許符合此一種類之一，不過國內對於休閒農業的需求量也將很有限度。依此看法，則多數的農業生產者也僅能固守原有的生產項目與規模，對於其中銷售情況顯然變壞者，甚至有必要減少生產以謀適應。

2.休閒農業的發展計畫

當前臺灣地區變遷中的社會、經濟情勢，另有一項與農民經營農業決策較有關聯者是休閒農業的開發計畫。在高度工業化與都市化的影響下，社會中消費者對於休閒農業的需求增加，也即市民與工人普遍需求接近田園地區的寬敞空間與綠地。是以，政府農政部門正積極推行開發休閒農業區。這項計畫值得推廣人員輔導農民參與，指導部分農民將農業型態由以生產爲主的傳統經營方式，變爲以提供消費者感官滿足的服務性經營方式，若能改變或許會有較好利潤可得。

休閒農業的發展計畫將無法容納所有臺灣地區的農場與農民，卻可以導致部分農田變爲更加美麗， 使部分經營者農民的收益更加提高。臺灣地區未來在產業結構上將會變爲服務業者所占比率提升，初級產業所占比重下降，爲順應這種趨勢，農民不論是否投入休閒農業區的開發與經營，都應該注意儘可能與服務性的工作方式沾上邊，在從事農業生產之外，能多利用農產品、農田及農宅等資源從事服務性經營，或考慮在不利用這些農業資源的情況下，也能多去從事服務事業，以提高收益。

爲能有效協助農友具有服務能力，農業及非農業的就業輔導機關都正籌劃輔導農民增進第二項工作的計畫，目的在能提高農民的兼業或轉業收益，其背後的重要理由是因社會大衆趨向對於服務的需求增多。臺大農業推廣學系爲順應這種變遷趨勢，於八十年度前半年內舉辦農民第二項職業能力的講習會，重點放在培養農民經營休閒農業的能力。推廣人員應能輔導農民把握此一學習的機會，並掌握轉業的契機。

3.國家將再展開爲期六年的建設計畫

隨著上期國家四年經建計畫的結束，政府將陸續推展未來六年的國家建設計畫。這種國家建設大計將會高度影響全社會大衆的工作與生活，農民也將不例外。自民國八十年至八十五年內的六年間，國家建設計畫的重點將放在若干重大公共工程的建造上，包括交通運輸建設及都市住宅建設等， 具體的項目包括開發第二高速公路， 高速鐵路，北部第二港口，濱海工業區，北、高、中三個都會區捷運系統的開發及興建國民住宅等。

在這些重大工程的開發計畫下，許多農地將會被徵收，部分農民將可能致富或喪失繼續經營農業的機會，同時也將增加參與工程建設的機會。面對這種變局，推廣人員應指導農民將知所因應，重要的因應之道顯然有必要包括：(1)巧於利用土地賠償費轉用於事業發展上，包括農業的及非農業的投資；(2)增進農民的農業外工作能力與意願。尤其，更應注意輔導第二代農民子弟善於處理土地賠償金，不作不當的揮霍。

4.國際經貿自由化

近來世界經貿的規律趨向國與國間來往的自由化，亦即各國經濟產品都可能透過貿易市場，包括農業產品及工業產品。貿易自由化將使保護性的民族產業難以立足生存。這種世界貿易自由化的變遷，固然也可能有利於我國農工產品輸出的機會，但受到的阻力可能反而更大。貿易自由化將使國際市場上的競爭加劇，目前我國產品的生產成本不僅在價格上難與勞力充足的開發中國家的產品相競爭，又我國的科技水準也不如已開發的國家，產品的品質常難與這些國家產品比高下，工業如此，農業也然。故預計未來我國農產品的外銷將更為困難，未來在國內消費市場上也將會出現較價廉的進口農產品。在輸出困難進口又漸多的雙重夾殺下，農民的處境將更困難。應對之計是，農民在心理上要有準備，對於過去以外銷為導向的農業生產或許有必要加以調整，縮小規模，尤其對於一向外銷量不少的豬肉及水產，更有必要調節產量。未來這兩種重要外銷農產品在外銷市場上將面對較強大的競爭，又其已在產地造成嚴重污染，故未來可能將被迫需要減產或退出生產。在農產貿易自由化的影響下，推廣人員也需指導農業經營者，使其能面對自外國輸入農產品、以致降低國內市場農產價格的壓力。疏解之道包括放棄壓力大的生產項目，可改為生產壓力較小的項目，或由政治途徑尋求政策保護，使原來壓力大的農產種類也能繼續生產。

5.國內社會風氣的惡化

社會、經濟環境變遷的重要項目之一是社會風氣的惡化。近些年來臺灣社會風氣的轉變可說每況愈下，包括民風趨向功利與奸詐及犯罪案件叢生不窮等。推廣人員與農民難免也可能被捲入其中，身受其害，輕者損失財物，重者家破人亡，故不能不予重視。此外，農業生產者也常爲多增加產量及收入，而不當使用農藥，造成危害消費者健康。對於這些不良風氣及其對農民的影響，推廣人員也不能坐而忽視。

防患之道是推廣人員應首先避開邪惡，並以此一道理指導農民，協助農民避免捲入金錢遊戲以及作奸犯科的惡習之中。除此而外，更應輔導農民能於風氣衰敗之環境中發揮道德心，保持善良風俗習慣，而爲中流砥柱，藉由散發善良習性以匡正鄉村、都市及全社會的歪風，以維護大衆的安全與健康。

6.社會結構的改變

在當前臺灣快速的社會變遷中，人口、產業以及社會組織等的結構無一不在快速變化，這些變化也都影響農業的經營與農民的生活。人口都市化以及生產工業化的結果，使農村及農業人力繼續流失，農民的農業工作也必須加強機械化與自動化以之適應。當產業結構趨向高度服務性時，農民適當的應對之道包括兼業、轉業以及改進農產品銷售服務的功能等。社會趨於組織性及組織趨於功能性的變遷，是意味著農民不得不注重投入相關的社會組織，藉以改善產銷的競爭能力以及更高品質的社會生活。

7.生態環境汚染程度的升高

近來臺灣生態環境汚染程度的升高，也爲廣義社經遽變的一重要層面，其對於土地、用水等農業資源也產生相當嚴重的不良影響，多數農民都已親身體會蒙受損害。生態汚染環境的來源包括工業、居住社區及農業本身，推廣人員除應指導農民負起監督改善的職責外，更應指導農民約束自己，不加入汚染製造者的行列。農業推廣人員若能由此兩項不同的途徑指導農民扮演汚染防治者的角色，臺灣地區的生態環境條件應可獲得較佳的維護。

當前臺灣地區社會經濟情勢變化多端，各方面的變遷與情勢環環相扣。在這劇變的時代，農業與農民的處境相對較爲被動與平靜，也較容易落後或被壓抑。農業推廣人員負有指導農民調整生產與生活方式，以適應社會經濟變遷的重任，對於整個社會經濟情勢與動向不能不有一了解，才能勝任輔導農民的重責。以上七點當前臺灣地區的社會經濟情勢，只不過是整個大情勢的一部分，但卻是較爲明顯且重要的部分。這些情勢對於農業及農民都有密切的關聯及顯著的衝擊，農業推廣人員必須仔細深思這些關係與衝擊，進而協助農民也能了解並善作應對。使相對較習慣於單純平穩工作與生活習慣的農民，面對複雜遽變的社會經濟環境能不吃驚，且能善作應對，並過安定的生活。

貳伍　農業推廣方案的設計

一　推廣方案設計之重要性

農業推廣工作要能做好，需有良好的推廣方案作爲依據與引導，而良好的推廣方案則需要經過精心的設計。推廣方案之設計意指對於一種具體的推廣事項的計畫，有必要將計畫或設計的要點具體地寫成書面的形式，一來供設計者或規劃者當作改進設計的底本，以及作爲執行及檢討計畫的依據。且推廣方案的設計書或規劃書也可供爲其他人了解推廣或工作方案的觀念與內容，以便據以審核、建議或參與。

任何一項推廣工作牽涉的事項都很多，在執行之前有必要先經過設計或規劃，才能掌握所有重要的有關事項，並合理妥當的串聯在一起，使得此一工作推行起來能很順利並有成效，不致於在進行的途中紛亂了頭緒或遭遇種種意想不到的問題與困難。

凡是參與農業推廣工作的人都有必要親自設計推廣方案。由於每位參與農業推廣工作者的地位角色不同，其所需要設計的工作方案之內容、範圍與要點也各有不同，但設計時都應能合乎原理並顧及實際。迄今推廣工作人員擅長設計推廣方案者固有不少，但不擅於設計者也不乏其人，尤以部分基層新進的農業推廣人員因過去缺乏此項設計訓練，執筆乃較困難，於是常坐失爭取實施推廣方案之機會。也有因爲計畫不佳以致做不出良好推廣工作成績者，殊甚可惜。今後個別推廣人員與工作單位，如農會或改良場等，爲能辦好農業推廣工作，必須先要發展推廣教育方案的設計能力。全國的農業推廣教育工作要能有良好成效，也必須使農業推廣界上下各有關的人都能善作推廣方案的設計。

二　推廣方案的設計原理

農業推廣方案的設計與其他許多事項的設計，如建築設計、工程設計、課程設計及研究設計等一般，有其原理可循。推廣方案的設計者必須了解並熟悉這些原理，才能做出良好的推廣方案之設計，最後也才能辦好農業推廣業務。農業推廣方案的設計原理牽涉極廣，本文選擇若干重要者，且爲較多農業推廣人員所應了解者加以說明。

1.選擇恰當的推廣主題

一個良好推廣方案的主題必須恰當，因爲主題確定了，大致上也敲定了工作的目標、內容、方法與相關的配備。恰當的主題是給人見之覺得重要而有興趣，且也實際可行者。一般基層推廣方案主題的選定有兩種不同性質，一種最常見的是配合上層推廣行政機關交辦的年度推廣計畫重點事項而設定的方案主題，另一種是比較少見的出自基層推廣人員，或機關主動創新式所設定的方案主題。第一類主題的形成經過是，當鄉鎮區農會或農業改良場的推廣部門於接到農委會、農林廳或上級農會交辦或通知年度的中心推廣計畫後，表示有心配合或接受，乃於規定時間內提出應對的推廣計畫，以計畫書的方式送請備審。基層推廣部門的人員著手編寫計畫書時必先下定推廣主題，當然這類推廣方案的恰當主題都應與上級推動的大計畫有密切的關係，常爲大計畫的一小部分。通常這類標題的選定較不困難，但是要定的很恰當、很良好，卻也需要費神加以斟酌。簡短幾個字的標題，往往因差之毫釐，但實施的內容就會差之千里。至於基層推廣人員主動提出較具創見性的推廣主題時，更應愼重思索推敲，由考量當前農業背景、農政大計及擬定推廣的計畫之特性等，而設定一個能夠引人注意的重要主題。通常較爲重要並能引人興趣的標題是較有問題性，較與政策有關，也較有特殊性的題目。

2.列明推廣方案的目標

推廣標題確定之後，卽需於標題之下列明該項推廣方案之目標。一項推廣方案之下可分設數個目標，大致分成三至五點，但要儘量能具周全性及合適性。目標的數目不宜太多，否則分得太細，不易一一達成，也會因太細瑣、零碎而形成支離破碎，或易生鬆懈、摩擦與衝突的缺點。

目標應是針對主題的分解，因爲目標的數目有限，故宜作愼重選擇，也卽選擇與主題有關的細項中較爲重要者。在方案設計書中所列出來的目標之間應能合乎邏輯與順序，不使雜亂無章。這些井然有序的目標若能一一實現，則整個推廣方案也才能整合完成。

一項較爲龐大或複雜的推廣計畫或方案，目標可以較爲多樣。但當計畫的目標較多時，有必要加以組織，使其在層次上有上下之差別與關係，在水平排列上也有類別之差異與關聯，也卽使其有結構性，並應考慮使其達成的時間有先後的差別性，如此則較有條理，也有較高度的整合性。

選定良好推廣方案的目標時，需要顧及目標的內涵與性質是否符合農民、社會與國家的需求、價值與規範。只合乎少部分農民的價值而不符合社會規範者不宜當爲目標，譬如說可爲少數農民增加收益，卻會危害更多數農民或社會大衆的利益者是不應當爲推廣目標的。因爲與推廣方案有關的單位，除了接受農業推廣的農民個體外，也包括其加入的推廣組織、農會組織、社會大衆及政府等，故不同的單位對同一推廣方案所期望的目標可能會有不同，向來政府由上而下輔導的推廣方案，都企圖兼顧農民的價值利益與組織（如農會）及國家的價值利益。能夠使不同方面的利益都兼得固然最好，然而要顧慮多方面都能獲得利益的推廣目標，往往會在農民的價值利益方面要大打折扣。鑑於此，基層推廣方案中所包容的推廣目標應在不違背農民組織及國家利益的原則下，儘量能爲參與推廣之農民的利益著想，才能引發農民參與的動機與興趣，推廣計畫的成效也才能落實。

3.說明推廣內容

由於推廣方案中所列舉的推廣目標通常是較概要性及抽象性的，爲使參與執行的農民等人員都能較清楚了解並掌握行動的方向，在推廣目標之下往往需要較詳細敍述或列舉推廣內容，包括對目標之說明，及對工作細項及相關計畫的構想等。譬如對「在鄉鎮內選擇休閒農業區開發地點之目標」，則詳細的工作方法至少應包括先加宣導，進而鼓勵各村里農民提出准開發地點及構想，再經集合全鄉鎮內各村里推廣組織的負責人會商，加以比較後選定較爲理想之地點。

詳細的推廣工作內容，可能會涵蓋推廣方法與步驟。但如果計畫方案內另闢推廣方法及步驟，則在推廣內容部分，只需對於推廣目標加以注解及說明即可。但如果在計畫書內未再列舉或說明推廣方法與步驟時，則務必在推廣內容部分也載明推廣方法與步驟。

4.說明推廣方法

推廣方法是指手段性的推廣策略或過程。方法是針對達成目標考慮的，所以一個推廣方案下合適的推廣方法必要能扣緊推廣目標，使運用了選定的推廣方法後，便可以直接達成預期的推廣目標。

基層推廣人員在考慮設定合適的推廣方法時，除顧及 (1)方法要能切合目標外，進而需要再考慮下列兩點重要原則：即 (2)方法要能爲計畫參與或方案實現者所了解與運用，因此不能太深奧難解。如爲重要而有效的方法，卻是較難懂者，則在推廣過程中必須考慮特別給參與者作方法指導。(3) 方法要能合乎經濟原則。有些方法雖然有效，但失之成本太貴，使用之後形成無利可得，這類方法應該放棄不用，另尋較爲經濟實際的方法爲之替代。

5.預計推廣步驟與進度

推廣方案之設計也應涵蓋推廣步驟與進度，有此設計便可以讓方案之審核人及相關的執行人員如農民等預見計畫進展的前景，以便事先作成相關的預備及計畫。恰當的推廣步驟與進度具有漸進性、連續性及適時性。所謂漸進性是指某一步驟完成之後，再進展次一步驟，不宜使兩個先後有序的步驟同時進行或倒前爲後。所謂連續性是指步驟之間應能相互銜接，連成一氣，不使中斷，如此才可使整個計畫順利進行，節省不必要浪費的時間。而適時性的涵義具有雙重性，其一是將某一工作步驟置於全部推廣工作過程中某一合適的時段進行，太早或太晚進行都不適宜。譬如方案設計的階段一定要放在全部計畫或方案推行過程的最先階段，而成效評估必須放在整個方案或計畫推行過程的最後一個階段進行。適時性的另一重涵義是指某一推廣步驟或階段需要花用的時間正好恰當，不多也不少，不長也不短，用時間太多或太長，則形成浪費時間，而所用的時間太少或太短，則必形成時間匆促，難免會草率了事。

一項推廣方案進行的時間，短者數月，長者數年。然而以一年爲期者最爲常見，這與所配合的會計預算常以一年度爲期有關。一年之內含有不同月份及季節，形成一個循環，故也適合成爲一項推廣計畫或方案的期限。通常以一年爲期的推廣方案，其進行的過程都分成數個不同的階段或步驟，按照這些事先設定的階段或步驟逐一順序推展，預定的進度也就會逐一顯現，最後也都能完成預期的成效。

6.說明預期的成效

多種的人都會想到要先看看某一農業推廣方案的預期成效。一種是方案的規劃或設計的審查人員，另一種是實際參與實踐推廣方案的農民，第三種是農業推廣工作人員的業務主管，第四種是關心農民及推廣工作的農村領袖或農業官員等。推廣方案的審查人員所以關切推廣方案的預期成果，乃在於可由預期成效判定計畫的價值，再考慮是否應給予支持或鼓勵。農民樂於預見成效乃因計畫的結果和本身的利益與幸福有密切相關，預期成果良好的含義是在未來的受益良多，較易引起其參與的動機。推廣業務的主管關切推廣方案的預期成果，顯然是因爲方案預期成果良否與其個人的工作成績密切有關。不少推廣方案的設計都是出自推廣業務主管人員之手，不然即出之其手下的推廣人員，方案預期有成，這表示推廣人員的工作有成，督導有方，這些都是推廣業務主管所樂見者。鄉村領導者之所以關切推廣方案的預期成效，乃因其一向關心鄉村中農民的禍福與生死。預期中會有良好成效的推廣方案必是能使農民受益者，否則即是對於農民無益者，甚至是有損害者。鄉村領袖如農會的總幹事、鄉鎮首長乃至縣政府的農業及其他行政部門的官員等，都是較爲關心農業推廣方案預期成果的鄉村領袖們。

7.規劃適當的參與人員

一項推廣工作方案的設計範圍也必須包含參與工作的人員。由基層推廣人員所規劃設計的推廣方案，在實施的過程中主要的參與人員通常包括農民與輔導人員兩種 。 設計時對參與的農民對象應愼重選取，人數也應妥善設定，對參與輔導的推廣人員或地方領袖等也應當規劃，因爲任何方案能否成事，參與人是否適當關係重大，故設計時不可不愼。多種由上級農政機關所推動的推廣方案，到基層階段都需要聚合若干農民形成合作組織來共同參與，基層推廣人員在設計參與人員時，實際上的選取過程是在組織成一個共同經營班或合作團體。設計班成員時，既需要考慮合適的人數，也需要考慮團體成員的品質及其他合作條件。進行組班時，常爲顧及參與人員的地緣關係或農場條件，以致無法在人的品質或合作條件上做太多選擇，因此易致成參與組織與計畫成員的凝聚力差，爭論與衝突性大而致方案礙以難行。針對這種難題或缺點，設計方案中的人力規劃部分，也應顧及人力發展與運用的原則，也卽在方案推行過程中，應該訓練或發展參與人員的合作精神及增進其工作能力。

至於對參與輔導人員的規劃與設計，重要的考慮應包括輔導人員所具備的輔導能力，避免安排不當的輔導人員，以致傷及輔導員之間的和氣及輔導人員與農民間的相互信賴。此外，對於參與輔導的人員也應給予適當的報酬與鼓勵。

8.編列合適的預算

任何推廣方案的執行都需要配合預算，故在方案的設計內容上也應編列預算。一項推廣方案的合理預算，數目與來源都要恰當，故方案的設計者在編擬預算時先要考慮數目，以能達成目標爲原則。編擬預算時若發現爲達成目標所需花費的預算過於龐大時，或許需要調整目標，先由考慮有多少錢，才決定應辦多少事。如果目標確定，且可編列的預算來源也無問題，此時便很需要堅守預算以不浪費爲原則。

回顧以往推廣預算的來源，多半都可全數得自上級農政單位之補助，但有時考慮由基層執行單位及參與人員支付一部分也是必要的。若由執行單位或人員支付部分費用，便能加重其責任感，計畫或方案成功的可能性會較大。唯在考慮由基層推行單位或參與人員負擔部分費用時，應不使其感到過度負擔，以致缺乏參與興趣。

9.考慮可用的其他資源與條件並作良好的配合

可助一項農業推廣方案成功的條件，除其要有合適的目標、內容、程序、方法以及恰當的人力與費用外，尚需要其他多種資源與條件之配合，譬如需要有合適的設備、場地、制度及環境條件等。雖然推廣的設計方案中對這些配合性的資源與條件難以全部考慮周詳，使其鉅細靡遺，但卻不能不爲這些可配合的資源與條件預作估計並留其餘地，否則未能使其爲推廣方案發揮助力，或消除阻力，則殊甚可惜。

最可能與設計中的推廣方案形成阻礙的環境條件，主要有同質性以致可能成爲競爭性的其他推廣計畫，此外不可預知的自然、社會、經濟、政治、文化、法律乃至國際關係的變化也都是重要者。推廣方案中若能將這些環境變數多少也考慮在內，融入其推廣目標方法及其它項目之中，就較能彈性應變，也較少危險性。

三　推廣人員應參照方案設計原理及良好的範例做好方案設計

農業推廣人員與其他方面的工作者一樣，爲能做好份內的工作都有必要經過設計良好的推廣或工作方案。在一項良好推廣工作方案的設計過程中，設計人員很有必要參閱方案設計的各項原理，進而也必要多參閱已編設的良好推廣方案的範例。本文指出了各項重要的推廣方案設計原理於前，希望能有助引導農業推廣人員及其他的工作人員，做好良好推廣或工作方案的規劃與設計。由於篇幅所限，筆者於此不便再多介紹良好的推廣或工作方案的設計範例，但卻寄望推廣人員或其他方面的工作者都能自動搜集並加參考。但願經由這些方面的參考、思索與用心之後，每個人都能善作設計推廣及工作的方案。

貳陸　肉品推廣教育問題

一　激增的肉品消費量

由於人口增加，國民所得提高以及消費習慣改變等因素，使國內肉品的消費量及其在食品中的比重均與日俱增。當前每年肉猪屠宰頭數約爲700萬頭，較之四十年前（卽民國四十一年時）的126萬頭約增加4倍多，又七十年時鷄的屠宰數爲1億5百萬餘隻，較之四十一年時的1千2百萬餘隻，也約增加8倍之多。七十年時每人每年平均肉品消費量爲40.1公斤，比四十一年時的16.82公斤也增加1.5倍之多。由於內外銷需求量增多，使畜產品的生產量也呈增加的趨勢，且歷年來增加的速度相當快速。自四十一年至七十年全部農業生產量約增加1倍，畜產品總產量則增加6倍之多。

當肉品的消費量及生產量的絕對值及相對值上升之際，與肉品的生產、運銷及消費有關的人也逐漸增多，國民與肉品的關係也更爲密切，因之有關肉品的生產、運銷及消費的知識也益形重要，乃需要有專門人才給予生產者、運銷者與消費者指導及推廣相關的重要知識與技術。

二　肉品推廣員應具備的生產知識

能夠指導肉品生產者的人應是熟悉畜牧及獸醫學或牧場管理技術的各級農業推廣及工作人員。然而當前各級農業推廣工作人員不見得人人都是畜牧、獸醫及牧場管理的行家，故本身需要先經由進修或自習來充實自己，才能使推廣指導工作勝任愉快。在本省推廣人員需要充實知識的主要畜產種類有猪、牛、羊、鹿、兎及鷄、鴨、鵝、鴿等，其中猪、牛與鷄、鴨是較普遍多產的種類，故當前優秀的推廣人員都應能精通這些產品的生產知識及技術，進而能有效地推廣給農民。對於這些產品的相關知識如果不能樣樣精通，至少對轄區內的最主要畜產品的生產知識與技術也應能知其大體，才能合乎工作上的要求。

近來本省畜牧生產趨於大規模方式者到處可見，這種生產者本身多半都能備有必要的生產管理知識與技能，若有必要諮詢他人則對象都屬較高層次的人才，如畜牧獸醫的學者或專家。基層的農業及獸醫推廣人員，通常較少被要求去作這種大規模的生產指導。反之，這些大養畜場的管理技術常可被推廣員吸收，作爲指導小農戶改善生產條件的參考。

爲能發揮良好的推廣效果，推廣人員需要具備的肉品生產知識至爲廣泛，包括技術性的及經濟性的。技術性的重要知識則包括育種、選種、飼養、防疫及治病等，具備了這些技術的推廣員有可能做好生產指導工作。但因爲肉品生產農戶都以增加收益爲最終目標，故推廣工作的內容若僅限於生產技術指導顯然不夠，還應包括經濟知識的指導在內。重要的肉品經濟知識，一大部分與運銷過程有關，相關的課題以供給量與消費量的變動、消費者的偏好習慣、市場價格的變化、產品加工與運輸的方法、貯藏與販賣的制度等。推廣人員若能具有這些方面的知識並有效推廣給農民，使農民於獲得良好的生產之後，也能獲得良好的收益，則推廣的功能才算完滿達成。

三　推廣教育對生產者的指導

肉品的運銷知識需要由生產者具備並應用，故也應寄望由推廣人員來傳播。但因運銷過程中的商人也應具備許多必要的知識，這些知識的傳播工作就非全是農業推廣人員所應該或所能夠勝任的了，有必要由地方政府的主管部門負起主要的推廣教育責任。過去我們的社會及政府很少對商人展開推廣教育，對於肉品的屠宰商及販賣商也很少給予推廣教育，以致在屠宰與販賣過程中容易產生毛病，譬如曾有灌水、污穢、擡價等不名譽之事。爲使肉品的運銷品質能夠改善，使運銷制度能上軌道，則對屠宰商及販賣商，施以商業技術與道德的推廣教育是非常必要的。

如何建立肉品商人的推廣教育制度是一項相當複雜的問題，若就推廣目標而言，則指導其如何營利固是重要，但教導其如何不貪圖非份之利，使能維護服務品質也同樣重要。就推廣途徑而言，固然以能誘使其自願接受教育爲上策，但若大家的反應冷漠，則政府也有必要適度將之當爲義務性的教育來處理。商業教育的推廣實是我們這個邁向高度商業化的社會所應積極發展與改進的事項，對肉品商的推廣教育更有必要辦理並加強。

四　推廣教育對消費者的指導

肉品推廣教育的最後一環是對消費者的知識指導。消費者的人數衆多，知識的程度參差不齊，其需要與問題五花八門，故適當的教育內容也極不單純，但重要的範疇不外兩類，即指導其能達到最佳品質的消費效果及能使其善盡應盡之義務。前一類涉及對種類的選擇、食量的調節、烹飪的技巧以及營養衞生的講求等問題。後者則涉及採購時的風度，對生產者應盡的職責以及對廢物的妥善處置等。究竟應由誰來對消費者展開這些必要知識的推廣教育呢？恐怕有必要由社會中的許多種人共同來努力，包括生產者、商人、政府、學者專家、消費者基金會人員，以及消費者當中能力強、熱心夠的人等。雖然農村地區中的農業推廣人員難能擔當全部的消費者推廣教育工作，不過由農業推廣人員當中的家政指導員，對農村地區的衆多消費者給予適當指導，卻也是責無旁貸的事。平時家政人員的重要推廣工作是協助農民的生活改善，包括食、衣、住、行、育、樂等各方面的改善事功，今後家政推廣員對於農家的肉品消費指導，似乎也應視爲重要的推廣事項。至於在都市地區或其他較缺乏家政推廣人員的地區，肉品推廣教育似乎很有必要多依賴肉品加工商及政府的市場與衞生機關來推行。

隨著各種科技的快速進步，肉品的生產、運銷及消費過程所涉及的技術與知識也日趨複雜，生產者、商人與消費者爲能改善其生產功能、服務效果或消費品質，乃需要不斷增進新消息、新知識與新技術。這些新消息、新知識與新技術的傳播工作，乃需要借助多人的參與並推廣。肉品發展基金會新發行的創刊雜誌，或許也能協助社會來克盡一份肉品推廣教育的功能。

第五篇

今後鄉村發展的趨向

貳柒　預測未來農業發展的情勢

數年前由於前省政府邱主席提出「精緻農業」的新口號，農業問題曾經引起輿論界及學術界的熱烈討論，大家所關切的問題背後牽連到一個少為人談，但卻是很根本的問題，即今後臺灣的農業將會往何處去。這種問題雖然很根本，但談論起來很不容易，因為對於未來的變遷與趨勢，受許多不可預知的因素所影響，故難做正確的預測。

然而對未來的事 先做預估 遠比對過去的事 做詳細的說明 更具價值，不但可供為政府樹立政策的依據，且可供為各種農業界工作人員作計畫之參考，因此不能不加以探討。

一　影響因素及基本假設

未來農業的變遷必然受多種農業內部及外在的因素所影響，故要預測未來農業的新趨勢必先了解這些因素的可能變化。因為農業內部的因素也可視為農業的範圍 ，　故於此所謂因素應特指農業的外在因素。又因為這些外在因素的變相也有不易預見性，故不能不先下定基本假設，假設其可能的性質或變化，有了假設性的因素性質或變遷做基礎，才能較正確地預測未來農業的新趨勢。

影響未來臺灣農業變遷的主要外在因素約有五種：第一是經濟發

展的水準與結構；第二是政治局勢及國際關係；第三是技術水準；第四是人口成長；第五是社會變遷。以上各種因素的變化趨勢都將決定農業發展的政策及型態，其中技術水準及人口成長較易預測，而經濟發展的水準及結構、政治局勢與國際關係及社會變遷等，受不可知的人爲想法及做法的變化之影響較大，故較不容易預測準確。

於此對未來農業的影響因素做成如下之假設：首先假定未來臺灣的經濟發展趨勢，將繼續以工商與貿易爲主要發展方向，而在政治局勢及國際關係方面將無重大改變，至於技術水準則將繼續提高，人口方面則繼續成長，社會結構與價值也將朝原來變遷的方向進行。在此前提之下，對未來的土地資源、農業人力結構、農業資金等投入要素的分配、來源與利用、農業生產、農產運銷等產出的情形，及農業的社會與政治意義等之變遷趨勢，便可作較可靠的預測。就短期內可能發生的變遷趨勢作如下扼要的分析與說明：

二　對本地管制更嚴格

由於土地是稀少性資源，又是農業生產的重要因素，當人口不斷成長之際，政府對土地的計畫與管制將更趨嚴格，故土地的分配與利用受政策取向的影響將有增無減。政府在農地政策上可能仍會反對完全自由買賣及利用的方式，也即將不會允許資本家無限制購買兼併。

預測政策上仍將繼續維持家庭農場制度，故未來的農業仍將以小農經營爲主。政府也將繼續以政策措施輔導委託代耕及共同、合作或委託經營，藉以彌補單位耕地面積太少的缺點。其中代耕制度將最能符合實際需要而趨於普遍，共同、委託及合作經營的發展將因辦法難行而進展有限，大規模農場的理想將因人口密集而大受限制。

預測中的土地資源利用，則將趨於資本與科技更密集投入的型態。傳統無利的作物生產如水稻、甘蔗等的比重將降低，特殊高利的生產種類如新園藝產品等則將會興起。

因爲未來的經濟政策仍將繼續著重在工業發展，故農業人力占所有勞動力的比重仍將下降，絕對數量也將有減少之可能。今後兼業農的比重將再增加，專業農的比重則將減少，企業化農戶的比重也將增加。專業農民的平均年齡將再略爲提高，婦女農民的比重也將再增高，但合併兼業及專業農民的平均年齡，則將趨於穩定而少有變化。

未來專業性農機操作將成爲農村的主要動力來源，若干舊農業勞動團隊，如甘蔗採收隊及挿秧隊等，將難再存在。

三　農家貸款將更普遍

未來農戶從農業外收入得來的資金將更重要，主要來源爲工資收入，這種情形尤以兼業農戶爲是。農家由貸款獲得資金的情形也將更普遍，主要貸款來源係得自農業金融機構及政府的農貸專案計畫。一般專業農戶因爲與每單位人力及土地配合的資金將更提高，一來因爲農用品的成本不斷提高，二來則因爲經營的集約度也將提升之故。但是相反的，不用心經營以致不願多投下資金的兼業農戶也將普遍可見。綜合觀之，農家用於農機及其他勞動資金及費用的比重將更爲加重。

隨著農戶更積極並能相當自由追求有利的生產目標，今後全省農業經營的雜異化程度將會提高。稻作與蔗糖等兩項主要傳統作物的生產比重將會下降，新的農業產品將不斷出現。農民將會力求新奇以減少競爭，由之謀得較好之利潤。新穎的生產種類將以園藝及畜產類爲主，原來生長在外國但很罕見的珍禽異獸及新的花卉果樹等，在臺灣將會逐漸多見。若說臺灣將成爲世界農產品的博物館，似不爲過。

未來農產品的銷售型態將有改變，包裝及加工將會更爲講究，藉以提高售價。外銷的重要性將會加大，但困難與阻力也將有增無減。生產者爲能克服運銷過程中的損失，對共同及聯合運銷將更感需要，但此種運銷制度因受運銷商人設法抵制與對立，將難有可觀的突破性成效。

未來的消費者對農產品的品質將更挑剔，故農產品的銷路受消費者偏好所引導的趨勢將更明顯。

四　各單位講究本位利益

一來因爲政治人物更知如何運用農業資料於政治活動上，二來因爲農業生產者、消費者、運銷商及政府之間將更講究本位的利益，於是彼此間競爭、衝突或對立之程度很可能會提升。農民與消費者及運銷商形成對立關係的原因，主要是在農產價格的歧見上，農民希望售出高價，其他兩者則企求從農民處以低廉價格買進。農民與政府在利益上不能完全一致的原因，乃發生在政府所考慮及需要照顧的層面遠超過農民與農業部門。政府除需顧及農民與農業外，也需考慮一般都市消費者及軍公教人員的利益，甚至也會因顧慮到的外交關係，以致不能處處完全以農民之益處爲決策前提。

農民與農業社會性及政治性意義提升的另一重要現象是，農業及農民團體介入各種地方社會活動及政治選舉的情形將更活躍。農民團體常會成爲選戰兵家必爭之地，政府也不會放棄輔導。

農業發展不僅是一種經濟事業，也是一種政治器物與成果，基本上需要政府的關切、支援及管理，決不宜讓其自生自滅。以往的農業政策對農業生產資源，尤其是土地資源的保護較爲注意，直到八萬大軍的構想出現，在精神上轉爲更注意從事生產的農業人力及農民。今後面對農業經營困難，農業生產相對不利之情況，政策的重點尤應轉爲以保護生產者利益爲重點。藉此政策以提高農民的生產意願及加速農業發展的目標。針對此一目標，政府可採行的具體措施包括設法保證農產價格，降低農用品成本，節制農產品進口，適度開放農地改變用途，且也必要由改善外交關係以開拓農產貿易前途。此外，在內部可由發展農村工業，增加農民收入機會，以利提升農業投資能力。

農業的發展及農民的生活改善，固然爲政府所應努力的目標，但農民本身也應努力以赴，自求多福。應努力的方向包括講究農業企業化經營，擴大經營規模及力求技術改進，此外也需多改進本身的社會力量與技能，以謀經濟及社會生活的改善。

推廣人員及其他農業行政工作人員基於職責所在，也應更認眞輔導農民，主要輔導方向有三，即技術的、經濟的及社會文化的。技術指導是過去農業推廣的重點工作，今後推廣人員仍需繼續指導農民新技術方法。經濟指導的重點，似乎應包括開源、節流及會計事務。

而社會文化指導工作則應特別注重增進農民的組織能力，及提升農民行爲的氣質及風度等。

貳捌　臺灣第二次土地改革及其實施途徑

一　改革的基本涵義、目的及重要性

十餘年前臺灣第二次土地改革之議論卽已興起。初由若干經濟及農業專家學者提出討論，以後由政府陸續從事若干相關的改革措施，最近政府更認眞的考慮透過立法程序加以廣泛推行。所謂第二次土地改革，是針對第一次土地改革所未曾解決的土地問題，及因應近年來社會、經濟變遷所形成的土地利用問題，而提出的改革方案。至目前爲止，論者對第二次土地改革的涵義及辦法尙未作確定性的界限。但由過去的討論及已推行的農業發展方案，約略可以得知第二次土地改革的範圍包括：(1)擴大農家耕作土地面積；(2)土地共同經營；(3)土地委託代耕；(4)土地耕作機械化；(5)農地重劃；(6)區域土地使用計畫與管制；(7)限制農地繼承及購置。這七項改革措施各有其特殊的涵義，但彼此間具有密切的關聯性。擴大農家耕作面積係指所有面積及經營面積的擴大兩種層次，土地所有面積擴大，經營面積一定擴大，但要擴大經營面積卻不一定全靠擴大所有面積，還可經由共同經營及接受委託代耕而達成。農場耕作面積擴大，採行共同經營及委託代耕之後，就有必要實行耕作機械化，而田間機械化要能有效推行，則有必要先經由農地重劃，使每塊田坵都能接近農路。農業區域計畫的實施，對各種非都市土地使用區明確劃分，對優良農田加以保護，不因工業發展及都市發展而廢損，有助於農場面積擴大，或不致縮小。爲使擴大農場面積的理想容易實現，並使擴大的農場能充分發揮農業生產效率，政府將在農業發展計畫中對優良農民繼承及購買耕地加以鼓勵，由適當的人購買農地經營農業，當能使土地利用效率有以提高。

以上大略對耕地面積擴大與其他改革目標的密不可分關聯加以說明，進而再以土地共同經營及土地委託代耕的不同性質爲例，說明各項改革目標的性質間的差異。土地共同經營與土地委託代耕在性質上有所不同，前者通常指數個有土地的農民共同撥出土地、人力及資金的共同經營；後者通常是指由一人出地，而由另一人出力及出資的委託經營。

第二次土地改革的目的雖少被明確指陳，但仔細推想應含有促進土地有效利用、增加農業生產，及解決農家問題、增加農民收益等目的。擴大耕地面積、土地共同經營、土地委託代耕、土地耕作機械化、土地重劃、區域土地使用計畫與管制，及限制購買與繼承農地等改革性措施，都具有分別達成上述目的的作用。其中擴大耕地面積若能實現，農民的農業生產量與生產值將可增加，可望從增加總產量而改善農民收益。其餘六種措施若能實現，則單位土地面積的生產量，也可望由於勞力及機械等其他資本的有效投入及由良田獲得保護而增加，土地總生產力增加及農民收益提高的目的，也大致可望達成。但是這些目的要眞能達成，改革措施的進行必須要很有效率，且要有其他能保護農業及農民的優厚條件加以配合。

第二次土地改革是否已經達到極爲迫切非立即實行不可的地步，

個人以爲正確的答案是：這種要求確實逐漸普遍，但未到每戶農家都有此需要的地步。從主觀或客觀理由加以分析，需要接受前述第二次土地改革七個項目中任何一項或多項的農家，可分爲如下數類：第一類是願意成爲專業農而自有耕地面積太少者，顯然會感到有擴大耕地面積的必要；第二類是自耕農中由於耕地面積太小、資金或勞力不足，而需要與鄰近農友共同經營，以便共同購買較現代化農機具，並藉共同經營交換其他生產因素者；第三類則是由於本人年老力衰，勞力不足或移動到外地工作，不便照顧自己土地生產而需要將土地託人代耕者；第四類是能以機械耕作等現代化方法耕作自己土地的較現代化農民，且有餘力替他人代耕者；第五類是願意切實採行農業機械化而樂於接受農地重劃者；第六類是爲人長子或兄弟中唯一有耕作能力，而樂於見到一人繼承制度的實施者；第七類是有意購地並期望能獲得貸款及減少契稅等優惠的農民。究竟全臺有多少農戶是屬於上述七類需要接受第二次土地改革者？政府農業政策設計及執行機構恐尚無詳切的資料。然而大致可以觀察到屬於第三類及第四類的農戶有快速增加的趨勢。不過至目前爲止，多數自己無力耕作的農戶，並非願意將土地長期託人代耕，而較願意以按工資給酬的方式，僱用農工及機械協助收穫及播種。如果法律能充分保障土地所有權人的利益，使其不因託人代耕而喪失土地，則願意接受較長期性的委託經營者將會更多。而目前這種較長期性的委託代耕情形，大都僅存在於親朋好友之間，並不普遍。

事實上到目前爲止，共同經營、僱用他人或機械代耕，以及完全委託他人代耕的方法已行之數年，要將這些方式全部中止顯然已不可能。但也並非像第一次土地改革一般，凡有租佃關係者都得全面接受土地減租及放領的改革。第二次土地改革的實施與推廣顯然應較具彈性，應僅以概括需要接受改革者爲限。至於需要擴大規模、需要共同經營及需要委託代耕者，若不能使其滿足需要並實現其期望，則不但其個人的生產及收入將蒙致損失，即整個社會的農業生產量也將不能達到最高點。事實上，目前農民不希望將前述各種改革目標全部實現者，不在少數，其中不希望農地重劃及限制農地變更用途者居多數，而不願意農地重劃之主要原因是要負擔重劃費用及遭受土地損失。

二 改革的背景

倡議第二次土地改革之主要背景，包括：(1)人多地少，農場面積普遍狹小；(2)第一次土地改革所留存的問題；(3)工商業及都市發展快速，土地買賣投機普遍；(4)農民所得偏低，農村人口大量外流；(5)外出謀生的農民對經濟前途缺少把握，不願輕易放棄土地；(6)過去農業生產缺乏精密計畫，產銷配合不十分理想；(7)農地常因投機而落入非農民之手，並因多子繼承而土地細分。玆分就各方面的背景條件說明如下：

1.人多地少，農場面積普遍狹小

臺灣地少人多，根據最近資料平均農場面積約爲一公頃，而不及半甲的過小農戶所占比率高達45%。農場面積普遍狹小，使農業經營不易採用機械化等進步的科學方法，農家所得不易大幅增加，農家生活偏低情形甚爲普遍。面對此一困難背景，在第二次土地改革的擬議中，遂提倡減少農家戶數及農業人口，以擴大農場面積。在許多有關建議中，有人主張農場面積至少應平均擴大到三甲，更有主張擴大至十甲或更多者。顯然，所訂目標越高便越難達成。

2.第一次土地改革遺留的問題

第一次土地改革地主普遍損失土地，其原有的土地出租，其原有的出租土地減租，減租土地不能隨意撤銷租約，地主出售土地所得的三分之一左右得分給佃農。鑒於過去地主因出租土地而蒙受損失，今日的農戶遇有勞力不足而不能自耕時，大多寧可僱人耕作或任其粗放，而不願意出租或完全委託他人經營。通常例外的情形是，外出謀生的農民只願將土地委託留鄉的兄弟或至親好友耕種，如此才能放心保有土地所有權，且不致惹來麻煩。

隨著第一次土地改革的完成，在農業土地利用上所帶來的嚴重問題是土地的細分。「耕者有其田」使地主的土地轉移給佃農，於是全省有土地的農家數量變多，而每一農戶擁有土地的面積則較以前大爲減少，可見土地的所有權因土地改革而細分。自耕農戶土地則因爲子女分別繼承或部分出售，致使農場面積變得愈爲細小，農場經營變得愈不經濟，兼業的情形愈趨普遍，採取機械化耕作愈加困難，而農業收益占農家總收益的比率也愈來愈小。欲改善這種小農經營的缺點，遂有擴大農場經營面積之議，擬經由獎勵優秀農民購買耕地及採共同經營或委託代耕等方式的改變，以達到擴大經營面積之目標。

3.工商業及都市發展迅速，土地投機普遍

過去二十餘年來，臺灣的工商經濟與都市社會在政府全力推動之下發展迅速，可用爲建設工廠及都市建築的土地價格飛漲，尤以市郊的土地爲甚。原位於市內及市郊的農地遂成爲土地投機者的主要目標，這些土地轉入非農民手中之後，常被閒置或粗放使用，情形相當嚴重，影響農業生產至鉅。針對此一背景因素，第二次土地改革的建議中遂有限制農地購買者資格，及限制良田變更作爲其他用途的主張。事實上多年以前，土地法即有課徵空地稅及荒地稅之規定，目前則已付諸實行。

4.農民收益偏低，農村人口大量外流

相對於工商經濟及都市社會的快速發展，農村經濟日趨落後，農民收益偏低。同時，農村人口迅速並大量外流，導致農村勞力供應大減，農業僱工工資大幅上升，使農民收益更加低落，形成惡性循環。針對這一問題，在第二次土地改革中，擬採共同經營、委託代耕及農業機械化等措施加以克服，目的在透過這些改革解決農家勞力缺乏之困難，並降低農業生產成本，以增加農民收益。

5.外出謀生的農民對其經濟前途缺乏把握，不願輕易放棄土地

目前不少過小農戶保留其原有土地而外出謀生，因對其經濟前途缺少把握而不願放棄微少的耕地。這種農民或其子弟在外地工廠或其他機構任職，職位低微，收入不高，且有失業或入不敷出之虞。若鄉間留有部分土地，失業時還可返鄉耕作以糊口，以作爲退步。民國六十二年世界經濟大不景氣時，不少由鄉村外出的青年即回流鄉村繼續耕作，得以維持生活。此一方式對外出謀生的過小農戶固可避免失業之憂慮， 但平時這些外移人口所保留的耕地， 卻乏人照料而生產低落。

6.過去農業生產缺乏精密計畫，產銷配合不理想

過去臺灣的農業生產非無計畫，而是計畫未能充分週密；不同區域間的生產項目雖略有分工，但也不十分精細。過去曾有專業區的設置，這是一種區域性專業生產的計畫措施，但每一種農業專業區僅設在少數鄉鎮，未能將全省的農地都納入精密的計畫生產網，產銷往往難以達到十分妥善的配合，有時供不應求，有時嚴重滯銷。鑒於過去產銷計畫的脆弱與缺失，農業發展的設計單位最近特提出農業區域計畫以資因應。

7.農地因投機而落入非農民之手，並因多子繼承而細分

前面提及因都市及工商業的發展，農地改爲市地及工商用地者日增，嚴重影響農業生產。又我國社會長久以來，祖傳的土地都由子嗣平分繼承，因而導致農地越加細分，影響農業機械化的推行及農業企業化的經營。這些背景導致制訂的農業發展條例，對購買政府開發農地者的資格加以限制，對祖產土地限由一位有耕作能力的子嗣繼承之規定。

綜合以上的背景因素，可以瞭解當前臺灣的農業發展所面臨種種難題，包括農場面積細小、土地買賣投機普遍、土地利用粗放、農業勞動力日趨缺乏、農業生產成長緩慢、農民收益偏低、農地變爲非農業使用、及農地不斷細分等問題，政府及農業界人士寄望經由第二次土地改革的多種措施，以克服農業發展的困境。

三　改革的途徑

第二次土地改革的範圍及目標前已大略勾繪出，要達到每一目標都有數種可行的途徑或方法。茲分項析述如下:

1.達成農家擴大農場面積的途徑

臺灣的耕地面積有限，欲擴大全省每一農家平均耕地面積，只有減少農家戶數一途。農戶數量減少愈多，每一農家平均耕地面積擴大的可能性就愈大。目前全省耕地面積共有 918,143公頃，總農戶數爲884,592戶，平均每戶可耕地面積僅爲 1.0379公頃。若要使每一農戶耕地面積增至三公頃，則約須減少總農戶的三分之二，也即近五十餘萬戶。又若要使每一農戶的平均農場面積擴大至十公頃，則總農戶數必須減少十分之九，也即由今日的八十八萬餘戶減至八萬餘戶。然而若要使農戶數能有效減少，則顯然有更大幅度發展工商業，以吸收農業人口的必要，此外也須使小農戶能願意放棄耕地。然而我們卻發現許多兼業農戶或小農不願或不能放棄耕地，故擴大全省每一農戶平均農場面積的目標，似乎有必要尋找其他途徑才能達成，如改爲共同經營或委託代耕，以擴大經營規模，而不必非擴大每一農家的所有土地面積不可，即爲一例。

當擴大所有農家平均自有耕地面積不易達成時，也可考慮只擴大少數現代化農民所擁有的耕地面積。具體的途徑爲鼓勵優秀青年農民購地，使他們成爲有較大農場面積的現代化農戶。從另一角度考慮，當擴大全部農戶平均耕地面積的目標不易達成時，至少避免農場規模再予細分。針對避免農場規模再細分，過去曾建議修改民法，由單一子嗣繼承農地，這種構想與歷史性的社會習慣不符，農民不易接受。故在農業發展條例中，仍准由有自耕能力的多數兒子共同繼承，並可將共同繼承的土地登記爲共有。進一步看，規定單一子嗣繼承的辦法，僅能消極的避免農場再分割，畢竟不能更積極達成擴大農場面積之目標。

2.達成土地共同經營的途徑

共同經營不是集體經營，此種經營型態之推行是假定農民有共同經營意願，而農民是否眞有這種意願，便要看能否從參與這種經營而獲得利益，及其獲利大小而定。如何使農民因共同經營而獲最大利益，當是影響這種土地改革成敗的關鍵所在。

增進農民參加共同經營利益的重要途徑至少有如下幾項：(1)謹愼選擇共同經營組織的成員，以有良好社會關係的農民做爲結合的重要基礎；(2)增進共同經營成員的團結，以便於共同經營計畫之推行；(3)培養共同經營組織領導者的企業能力及服務精神，以增加共同經營的盈利機會；(4)適當擴大合作採購農用品及共同運銷農產品，以節省成本並增加收益；(5)以共同經營組織基礎，接受委託代耕或運銷，以增加農場外的收入；(6)建立健全公正的成本利益分配制度，以取得信賴，增進長期共同經營之意願。以上數種途徑都爲通往共同經營的要道，言易行難，因此指導推展共同經營改革的工作者及農民本身都要謹愼從事，努力實踐才能成功。

3.建立土地委託代耕制度的途徑

當前無力自耕而必要將土地請人代耕的農家或非農家爲數不少，其數目估計高於願意參加共同經營者。故在第二次土地改革中，建立委託代耕制度要比共同經營制度更加需要。而委託經營制度成敗的因素甚多，必須掌握其中關鍵因素，才能順利完成並推廣這種制度，可以採行的途徑應是：(1)制定合理的法規，充分保障土地所有權人的權益，使其不因委託代耕而蒙受不合理之損失；(2)由政府貸款給代耕農民或限制農機具及其他耕作設備的價格，藉以培育更多願意代人耕作的農民或農民團體之產生；(3)由現有農民組織體、農林行政、企業及服務單位推廣並協調代耕事宜，使代耕者與被代耕者之間有良好的聯繫，並對雙方合理的權利及義務的制定與實施，能發生有效的協調及公正的仲裁作用。由這些途徑建立及普遍推行一個合理而有效率的代耕制度。

4.達到土地耕作普遍機械化的途徑

臺灣的農業機械化已行之多年，過去學者對有效推行農業機械化途徑，提出重要建議，包括：(1)加強農業機械使用訓練；(2)擴大農場規模；(3)改善購買農機貸款及補助條件；(4)加速農業機械工業之研究發展；(5)增設鄉鎮農業機械化推廣中心及代耕服務站；(6)推行農機操作一貫作業；(7)修改土地政策，歸併擴大耕地並防止土地分割等。本人於此再補充建議三項：(1)合理降低農機價格；(2)利用臺糖公司的大型耕耘機及甘蔗採收機替農民代耕；(3)中國石油公司對農業機械加油量不予過嚴限制。強調上述三項建議乃基於下述理由：(1)過去部分自製及進口農機的售價偏高，廠商及進口者獲利太高，購用農機具的農民支付費用太大；(2)臺糖公司較有財力購買並使用高成本的農業機械，但至目前該公司的機械大多僅限在其附屬農場操作，少代耕民間的土地，未能充分使資源利用；(3)過去中國石油公司對農業機械用油量曾經嚴加限制，雖後來經過農民代表的爭取，已稍爲提高耕耘機購油量，但仍有限制。而且許多村莊距離加油站太遠，耕耘機來回加油費時又耗油，加以每次購油量受到嚴格限制的結果，對農業機械化的推展不無阻礙，故有加以改進之必要。

5.圓滿達成農地重劃的途徑

農地重劃一度推展得相當快速，但問題甚多。今後有關農地重劃的基本政策是，要使重劃範圍擴及絕大部分農地，目的在便於農業機械化的推行。鑒於過去農地重劃產生的問題，發生不良影響，今後爲期順利及健全推展，應使弊端減到最小，並使農地重劃的功能發揮到最大程度。減少弊端的重要途徑，無非是愼防土地重新分配發生偏差、減輕農民的經費負擔及減低農民的農地損失率等。至於積極發揮農地重劃正面功能的途徑，則應著重對土地集中過程能作適當的處理，及對農路和給水排水工程能作更適當的施設與維護。過去農地重劃並未能顧及將同一農戶分散的土地適當集中，農路及給水排水工程也因設計及施工有誤而未達最大效果。今後要進一步推展農地重劃時，對這些問題均應妥善注意加以改進，才能獲得農民贊同。

6.達成區域計畫農地有效利用目標的途徑

農業區域計畫是配合國土綜合區域計畫的農業政策性措施，在這計畫下將全省農地作區域劃分並做最有效利用的設計，此一計畫也爲第二次農地改革重要目標之一。目前農業區域計畫已開始推行，如何使其作最合理的安排並達最有效利用，實爲此項工作的重要課題。迄至目前爲止，重要的做法是將重要農業區域按綜合區域計畫而劃分，也卽分成北、中、南、東四個區域，再於每個區域下規劃不同農業生產用途的土地面積及地區，包括劃定栽種不同作物的農地面積及適當地點等。爲提高計畫區域下的土地生產效率，在計畫工作中顯然還要有其他有利農業發展的措施加以配合，包括提供貸款、培養並推廣種苗或改善運銷系統等。

要使區域計畫下的土地利用達到最理想境地，除依前述做法外，尙有參照下述建議並行的必要：(1)以計畫下非農業用地增值稅收之一部分，供爲補貼計畫下農地的租稅負擔、偏低的農業收入，或推行農業區域發展所需之公共資金等；(2)參照區域計畫下個別農戶其他生產因素與農地的條件，准其適度變更農地利用方式，如准許稻米專業區內的農民不一定都須將土地一律栽種稻米等；(3)當區域計畫下的農民無法按計畫生產而能得到最佳收益時，准其將土地利用方式作較大幅度的變更，如准許改爲設置工廠或開闢魚塭，尤其應准允較劣質的土地有較爲寬大的變更使用範圍。

7.達到由較少數優秀農民繼承及購地的途徑

爲使優良土地確能保留作爲農業用途，並充分發揮土地的生產力，政府於六十二年公布農業發展條例暨施行細則，明文規定有關農地利用的限制，包括：(1)農地變爲工業用地的限制；(2)對公私有農用地的水土保持；(3)對農地重劃與水利的配合；(4)農地只准由有自耕能力的子嗣繼承或由多子共有，以避免細分；(5)政府開發的農地除供自用外，准優先租售農民；(6)家庭農場經營者購買農地時，可減契稅並獲貸款。以上的規定都有助於意願務農的優秀農民獲得優良土地。但這些規定尚不能完全阻止非農民獲得耕地，願意耕種但現非爲農民者也不一定能經由這些法令而獲得土地。如果其他農業經營條件不能更有效改進，獲得耕地的優秀農民也不一定能夠將土地的生產力發揮到極限。爲能使農地都能爲優秀農民所有，並發揮充分的生產力，尙應推行下述途徑：(1)准許有潛力並有濃厚務農意願的非農民，也能於購地時享有貸款及減契稅之優惠；(2)充分保護農業經營利潤，藉以提高農村青年務農意願；(3)對企業家大量購買農地坐收投機之利的行爲予以適當限制。

四　結　語

廣義的第二次土地改革，其改革的範圍不僅限於所謂「小地主大佃農」的狹義性土地改革，尙包括農業生產之改進在內。其目的要使土地利用問題有效解決，改革措施顯然要超越委託經營的狹義範圍。這種廣義的改革實現起來當然比較複雜，事實上本文所述及廣義的第二次土地改革措施，有些已行之多年，如共同經營及土地重劃；有些則尙在開始推行階段，如委託經營及區域計畫。不論是何種改革方案，至目前爲止，離全面實現的境界尙有一段長遠的距離，實際上也不必使樣樣改革都需普及所有農家及農業土地。

今後推行這些改革措施時，需要堅守的重要原則應是：不使經濟地位已經低落的農民受到損害，要從改革措施中使其獲得利益，如此，則政策所需達到的促進農地有效利用及農業有效生產的目標才不致與改善農民利益的理想相違背，這種改革才能收到理想的良好效果。

今後推行第二次土地改革時，需要切合實際的優良法規與之配合。所以加強農業立法及農業法令修改的功能實應受到重視。高度利用立法機構及立法機構以外對農業土地利用的專門智慧，注入於第二次土地改革的立法及其他推行過程之中，也是極爲重要的成功因素。

第二次土地改革將是國家進步的內政與經濟建設措施，必爲國人所樂觀其成，要使第二次土地改革的成效達到理想境界，國人對推行過程中任何可能產生的反作用或不良效果，都應隨時加以注意預防並謀改進對策，使第二次土地改革能夠成功。

貳玖 鄉村工業化

一 鄉村工業化之基本性質

(一)基本意義

鄉村工業化的基本意義是指在鄉村地區設置工廠發展工業之意。在許多國家的工業化過程中，都市地區因爲人口密集、土地缺乏，逐漸不宜設置工廠，舊工廠乃紛紛遷移鄉村或郊區，新設的工廠更是以非都市地區爲設置地點。因此在許多國家鄉村工業隨著整體工業的發展而發展。

鄉村工業是一種社會變遷，這種變遷是指一方面使工業分散到鄉村，不再集中都市或都會區內。另方面使鄉村的產業結構發生改變，工業比重增加，農業比重下降，隨之社會結構也爲之改變。

在許多的國家，鄉村工業化是一種公共政策，具有多方面的目標，包括減緩都市成長的壓力、平衡區域間的發展、增加鄉村居民收益及減少城鄉間的收入差距等。

(二)鄉村工業的類型

世界各國及各地區鄉村工業化有其共同性質，也有其特殊情形，將之加以綜合整理，即可從多方面的分類並看出其複雜的性質。

1.空間分布的類型

就整個國家之內鄉村工業分布的類型而分，有採行較集中式，也有採行較分散式。有些國家的發展改革與計畫是採行在較少數幾個落後地區發展鄉村工業，但也有些國家或社會把鄉村工業化推展到較廣濶的鄉村地區，幾乎每縣及每鄉鎮都有工業區或工廠的設置。臺灣地小人稠，各地人力分布較豐，鄉村工業化的策略與趨勢是較傾向普遍化的類型。

又在較小區域範圍內，鄉村工業的空間分布也分成集中在工業區及零星分布的兩種不同情形。一般在較少規劃及較少嚴密政策配合情形下所發展的鄉村工業，都較傾向零星工廠分布的情形，反之，較有政策性配合或較有規劃的鄉村工業發展，則較傾向工業區類型的發展。臺灣地區較早期的鄉村工業化都是工廠零星分布的情形，約至1960年代後期以後，政府才認眞規劃並在鄉村地帶推動開發工業區。至1981年時，全省共設六十二個工業區，約有三分之一強分布在鄉村縣分，又當時開發中的工業區共有十八個，計畫中的工業區有五十八個，這些開發中及待開發的工業則多半都分布在鄉村地區。

2.鄉村工業區的專業類型

世界各國政府在開發鄉村工業區時都相當考慮到適當配合工廠的生產種類。就臺灣鄉村工業區生產類型而論，行政院經濟部工業局將之分成十類，即：(1)綜合性工業區；(2)石化工業工業區；(3)青年創業工業區；(4)農產品加工業區；(5)國防工業區；(6)汽車零件工業區；(7)紡織工業區；(8)造紙工業區；(9)木業加工區；(10)污染性工業區。規劃時儼然類別分明，惟筆者曾於研究過程中，發現實際經營運作時與原來的計畫變了樣。

3.工業區的工廠種類

工業區工廠的種類與一國工業發展的階段與性質密切相關，現階段臺灣地區鄉村工業區中數量較多的工廠類別，大致依次是食品、化學、金屬、木材、機械、非金屬礦物及紡織品等，數量較多的種類當中包含不少規模較小的工廠。

4.鄉村工業區規模的類型

就鄉村工業區所包含規模大小類別看，可按工廠數目及工業區用地面積等兩個重要指標而分。臺灣鄉村工業區用地從最小到最大之間相差很大，最小者僅有四公頃左右，池上及龍崎工業區即是。而最大的工業區則有超過三百公頃者，平均則約爲百餘公頃。就工業區內的工廠數量而分，最小者十個不到，最多者則包含數百個工廠。

5.鄉村工廠的規模類型

一般鄉村工廠的規模較之都會區規模爲小，其使用的人力較少，但相差不大。在1981年時臺灣地區鄉村地區共有16,239個工廠，每個工廠的平均員工數爲33人，而都市工廠的平均員工數爲35人。越晚近越新建的較大型工廠都向鄉村地區尋求土地，故一般鄉村工廠的平均規模將不會落在都市地區工廠規模之後。

(三)鄉村工業化的社會經濟關聯

鄉村的工業化不是一種孤立的社會經濟體系，其與鄉村中的許多社會、經濟體系息息相關，與之較有重要關聯的體系包括：(1)土地利用與價值；(2)人口遷移與勞力供需；(3)居民的工作方式及生活水準；(4)權力結構；(5)農業經營；(6)自然環境品質；(7)交通運輸；(8)公共設施與服務；(9)社區居民的心理態度及價值觀念；(10)地方政府的稅收；(11)住宅供需；(12)商業結構；(13)社會問題等。其中有些體系影響鄉村工業發展甚多，另一些體系則深受鄉村工業發展所影響。如下就鄉村工業發展與地方社會經濟體系的關聯性再略加闡明之。

1.與土地利用及價值體系的關聯

鄉村工廠的設置需要使用土地，這些土地可能由農田改變而來，故鄉村工業發展可能影響農田面積減少。又工業土地的價值一般比農業用地的價值高，故鄉村工業化可能影響廠址及附近土地價值漲高。工業化可能使土地品質改變，曾聞工廠廢水污染土壤品質的問題發生。

2.與人口遷移及勞力供需體系的關聯

工業發展需要人力，故在鄉村設置工廠可能吸引外地人力的移入，或緩和當地人力減少移出，因此影響當地人口的遷移及數量的變化。鄉村工業化也直接關係農業人力體系的變動，工業所需要的人力可能由部分農業人力所供應。原來農業體系內的人力也可能因爲轉到工業界而成爲兼業農民。

3.與鄉村居民工作方式及生活水準體系的關聯

長久以來鄉村居民的工作方式一向以務農爲主，但自從工業化以後，許多人的工作方式變爲以工廠的工作方式爲主，也有人的工作方式變爲半農半工者。一般而言，鄉村工業化具有增進鄉村居民的收入及改善物質生活水準的正面效果。在工業化程度較高的鄉村，鄉村居民收入中來自工業者也相對較高。

4.與權力結構的關係

鄉村工業區的開發具有選擇性，故在決定過程中常牽連地方權力的介入。又在鄉村發展過程中，工廠主容易變成地方權力結構中的重要人物，因爲工廠主的財力通常較一般農民等的財力雄厚，收入較高，權力資源較爲充足，工廠主也常介入政治的權力結構，與既存的政治權力結構密切結合。

5.與農業經營體系的關聯

鄉村工業發展影響農地利用方式的變更，也影響農業勞力資源更改工作方式，甚至也可能汚染土壤及水利資源，可說與農業經營體系的關聯密不可分。在美國，鄉村工業化可能致使兼業農民於夜間操作農機在農田工作。工業發展也可能影響農業生產結構，變爲較側重生產工廠所需要的原料以及工廠工人所需要的農產品種類。

6.與自然環境品質的關聯

鄉村工廠曝露於自然空間， 其噴出的煙灰及排出的廢水， 極可能汚染空中的空氣及地面的水源與土壤性質，嚴重影響環境生態的品質。嚴重的工廠煙害可能導致人畜及植物的死亡與損傷，工廠的廢水也可能毒死農田中的作物及池塘或濱海中的魚蝦貝類，負性的後果也相當嚴重。從相反的方面看，鄉村工廠需要水源，故在設廠時，廠主無不認眞考慮適當水源等環境資源的先決條件。

7.與交通運輸體系的關聯

工廠原料及產品都需要經由運輸，工廠的工作人員也都要交通，工業生意也需藉用電訊的交通傳達，故鄉村工業化與當地的交通運輸體系的關聯也密不可分。基本上鄉村工業區的開發及工廠的設置都會促進當地交通運輸建設， 包括開拓新路或拓寬舊路及改進電訊設施等。但也往往增多當地道路及電訊線路的交通量。重型的工廠運輸車輛的行駛容易壓壞路面，增多修路費用。又員工增多，通勤的交通車也相對增多。

8.與公共設施及服務體系的關聯

鄉村工業發展的地區，人口可能增加，需求的公共設施與服務也必會增加，需求的重要公共設施與服務項目，除了上述的交通之外，還包括供水供電及醫療的設施與服務、娛樂場所的活動、學校設施、垃圾與廢水的處理設施與服務等。迫使當地政府或民間必要增設或修護許多公共設施，並改進服務以滿足需求。

9.與社區居民心理態度與價值觀念體系的關聯

鄉村工業發展扣緊鄉村社區居民的心理態度及價值觀念變遷的許多方面。重要者包括對工作及休閒的喜好觀念與價值的改變，對污染恐懼心理的產生及對不當的決策產生不滿的心理態度與意見等。

10.與地方政府稅收體系的關聯

工業租稅結構與農業租稅結構不同，故鄉村工業化後必也影響地方政府的稅收。一般鄉村的工業發達了之後，地方稅收會增多，但是稅收增多並不一定表示地方政府的預算條件就會改善，因爲人多稅多之時，需要政府推展的公共設施與服務的數量也增多。故地方政府的財政是否會因鄉村工業的發展而改善，要看稅制結構而定。

11.與住宅體系的關聯

工廠的員工需要住宅，鄉村工業區的開闢或工廠的設置，往往需要增建住宅之爲應對，故也促進鄉村工業所在地區的住宅供應量增加。

12.與商業結構的關聯

工廠的原料供應及產品的出路需要經過商業性的買賣。工業工作人員分布之地也需求各種日常生活必需的商品，故鄉村工業發展必會影響鄉村，至少是工業區所在地區的商業結構，一般都會帶動當地的商業機構增多，商品的交流量也增加。

13.與社會問題的關聯

一般工廠的工人在性格上都較農民自由開放，也較激進不安，故較容易發生犯罪等社會問題。工業地區人口流動較易，人羣關係較不穩定，因而也較容易產生社會衝突。

14. 與社會變遷的關聯

鄉村工業化本身是一種社會變遷，其也牽連許多其他方面的社會變遷。除了如上所列各種關聯面都將因受其影響而會有所變遷外，其他可能引發的社會變遷層面還包括鄉村社區結構、鄉村婦女的角色、地方政府的組織與管理、人民與政府的關係等的改變。

二 鄉村工業發展的理論

鄉村工業化是一種鄉村發展的實務，理論性的概念較不成熟，但也有若干重要概念也略具理論性質，其一是配合區域計畫促進鄉村發展的角色理論，其二是有關鄉村工業偏重小型工業性質的理論，第三種是有關鄉村工業發展策略的選擇理論。就這三種理論的要點分述如下：

(一)配合區域計畫促進鄉村發展的角色理論

在一些有關鄉村工業發展的論著中，多半都將其重要的角色、目標或功能看爲是可以促進鄉村的經濟發展，也有進而將之看爲可以藉之達成區域計畫的目標。筆者以前曾著有〈鄉村工業發展配合區域計畫的研究〉一文，文中對於鄉村工業可以及如何配合區域計畫的角色有所論述，重要的論點可摘要成三：(1)區域計畫是當今世界許多國家，也是臺灣地區的重要發展性策略之一，目的在促進區域之間及區域內鄉村與城市之間，人口產業與居民的收入及生活水準趨於平衡性；(2)達成區域計畫目標的策略有多種，而推行鄉村工業發展是最有效的策略或方法之一；(3)鄉村的工業宜配合區域計畫中地方生活圈的劃定，在每一個地方生活圈中的成長中心附近至少設置一個工業區，使圈內的居民能方便在工廠就業工作，藉以改善生活，避免移居都市，達成城鄉間產業及人口分布均衡的理想目標（蔡宏進，民國七十三年）。

Gabriele Pescatore 在一篇論〈工業在鄉村地區發展的角色〉的論文中，論及鄉村工業發展對農業發展可造成多種影響或後果，爲配合區域發展，鄉村工業發展與農業發展保持良好的關係。鄉村工業發展對農業發展的重要影響共包含七方面，即：(1)影響農業生產因素的成本，尤其是勞力的成本；(2)與農業競相使用資源，如水資源；(3)與農業競相使用土地，於是促使地價上漲；(4)促使附近的公共設施發展，也有利農業之發展；(5)改變農業的耕作方式；(6)工業人口對食物及農產品產生需求；(7)增加農民兼業機會，並提高農民收益。至於應如何適當配合區域計畫來發展工業，則共有三種不同的選擇方式，其一是主張在農業已發達的地區仍應繼續以發展農業爲優先，其二是主張在農業較落後的地區則大力發展工業。第三種理論則主張在農業發展地區可由發展農業支持工業。總之，工業引進後則應顧及促進農業的發展，藉工業發展來改善農業發展條件，促使農工發展的整合。

(二)鄉村工業發展偏重小型工業性質的理論

不是所有的鄉村工業都是小型的工業，但不少理論與實際的研究都指出鄉村工業具有小型或較小規模的特性。特別是在開發中國家的鄉村工業大多屬於此種類型。於是有關鄉村的小型工業性質也構成一種理論。

Eugene Stalry 及 Richard Morse 在其合著的《開發中國家的現代小型工業》一書中對小型工業的重要性質作了三方面的說明，即：(1)型式；(2)重要性；(3)發展的策略等。將其要點摘錄如下：

1.小型工業的型式

小型工業區分成小型工廠工業及無工廠工業等兩類，後者如家庭手工藝之類，包括手工的及機器的工業。與大型工業相比較，小型工業具有四種特性，即：(1)管理較少專門化；(2)人身接觸較親近；(3)資金較短缺；(4)同類工業的數量爲數很多。

就小型工業的產品、技術與組織的不同水準而分，共可分成傳統的、半現代化的及現代化等不同型式。至於小型工廠與無工廠的兩種小型工業分配，則因國家的工業化水準不同而不同，在工業化水準低的國家，多半的小型工業都是無工廠的工業，也即以家庭的手工藝工業爲主，而工業化水準較高的國家，多半的小型工業都是小工廠工業。從無工廠工業到小工廠工業之間又有外放工廠（Putting-out or Dispersed Factory)，也即將原料分出於做成成品後再收回的情形。小型工業可按其產品的性質而分類。許多國家都採國際標準工業分類 ISC (International Standard Industried Classification) 而劃分。

小型工業的其他分類仍可依多方面的指標或角度加以進行，重要的其他分類指標是指：(1)生產型態；(2)工作組織體系；(3)工人數量；(4)資本額；(5)能量投入；(6)產品的物理性質；(7)產品的價值；(8)每個工人的資本比；(9)地點；(10)技術；(11)組織及商業方法；(12)所有權者；(13)依賴程度；(14)市場取向；(15)效率。在分類時也可把兩種或更多的指標合併運用。

小型工業的分類也可從管理的市場與需要着眼，而各國的定義所根據的指標不同，如印度係根據資本額，錫蘭則根據廠房大小、產品所需技術及使用動力能量及投資額等，日本則依據員工數及資本額，美國也依據員工數，義大利則依據技術、資本量及員工數，印尼則根據員工數及所用的動力等。

2.小型工業的重要性

即使在高度工業化的國家小型的工業仍然存在，惟其型式則較現代化。在1950年代重要的工業化國家如美、英、德、紐、日、阿等，員工少於 100 人的小型工業之數量均約占全國工廠數的九成以上。且在紐、日、阿等國，這些小工業的員工也占全部員工的半數以上。同期間在工業轉型中的國家，如亞經會（ECAFE）所轄國家，小型工業所占比重更高。在許多工業先進國家隨著工業演進的過程，中小型工業的分量並未減少，而能穩定存在。但在新興工業化的國家，工業發展的初期由於引進外來技術及資本，大型工業發展較快，小型工業的發展乃呈落後之勢。但到了中期以後，小工業也能有效發達，其與大型工業的發展則又漸趨於平衡。在若干新興國家，小型工業的角色反而比大型工業的角色重要，其所以重要乃因這種工業可以較小本經營，也較適合低技術水準的經營方式及小規模市場的需求，因而在新興國家也能生存並發展。唯往後的長期間，其地位漸衰，漸爲高效率的大型工業所取代，但終不致於完全消滅。

3.小型工業的發展策略

小型工業要能生存，有四方面的重要發展策略，第一種策略是改變經營型態，如手工藝必須能投現代消費者所好並著重較專門化，如修理工廠產品。而且在銷售、服務及管理上也要較講究現代化。至於家庭工業則也可由改變工作方式來謀求發展，如由工人組成團體；或集中工作，藉以提高生產效率及品質。

第二種發展策略是要能合乎經濟基礎及機會，地點儘量分散，生產大型工業所不能生產的項目，著重小市場的經銷目標。此外，小型工業要有前途必須尋找新的機會，通常在較大的國家，則找可與大型工業相結合的種類，成爲大型工業的衞星工業，而在小國家則要尋找外銷的線路。

第三方面是藉政策性的幫助促使其成長，重要的發展政策共有五種，即是現代化、選擇性的成長、改進管理、改進技術及結合不同型態及不同規模的小工業。在推行發展政策時需要考慮有適當的資源、法律、服務及稅制與之配合。

第四方面的策略是針對特殊環境，選擇多種適當有效的策略加以混合使用，重要的有效方法包括提供諮詢、訓練管理人才、提供研究服務、建設工廠、提供資源及設備、市場幫助、提供勞力及輔導工業單位之間的相互服務等。總之，在方法上可參考多個國家的經驗，但每一個國家應按其特殊情勢而採取本身最適當的策略。

（三）鄉村工業發展策略的選擇理論

在許多國家鄉村工業化都是由政府所支持與推動的。聯合國有鑒於政府政策支持的必要性，乃在其出版的《工業化與鄉村發展》(*Industrialization and Rural Development, 1978*) 一書中專節討論鄉村工業發展的策略選擇，可當爲鄉村工業化重要理論之一面。在這理論中，首先指出鄉村工業需要政府政策性的支持，主要因爲鄉村工業發展所受到的限制很多，資源技術都很缺乏，基礎設施也很不良，這些限制條件的改進非一般貧窮鄉村人民的力量所能辦到，極需政府大力支持。政府首先要把鄉村工業發展當爲國家政策的目標，把推動鄉村發展定在較高的優先順序上，藉以創造鄉村就業機會、開發有用的地方資源並保護既存的產業。首先政策上應決定在適當的鄉村地點發展工業。許多國家都逐漸選擇在產業落後的地方發展，這些地方發展條件較差，但若能有效發展對均衡國土開發則較有好處。因此越來越多的國家都選擇先驅工業發展計畫的辦法。總之，發展地點的選擇是重要的，當地的資源及民衆的發展意見也是重要的選擇依據。

在國家層次的政策上，鄉村工業發展面臨幾種重要的限制，重要者有來自貿易商及大企業的壓力，有關管理部門間的意見分歧，協調不良，責任劃分不清等也都是重要的限制因素。此外尚有法規不能有效配合，資本的負擔較大，文化背負較重等也都是政策的限制因素。

鄉村工業發展政策決定時，對於各種生產的優先順序本應有明確的安排，其順序的考慮可參照如下各種條件，包括基金的多少、原料的有無、能源及技術供應，及市場機會等。一般重要的生產種類依序包括：(1)農業資材工業；(2)農產加工業；(3)礦產及其他自然資源加工業；(4)建築材料工業；(5)基本消費及需求產品工業；(6)傳統手工藝工業；(7)修護工業；(8)其他工業的衞星工業等。

總之，在鄉村工業發展的過程中，要選定生產項目時，一方面要繼續發展傳統的既存工業，另方面則也要引進新的工業。在發展舊有工業時特別要注意生產設備與技術的改進，使生產的效率及品質提升。而要能有效引進新企業則必須提供資金等優惠辦法，及吸引企業家下鄉設廠。

在鄉村工業發展的策略上有關技術選擇也很重要。新技術選擇過程若經由採用或引進現有技術，要比重新去研究發展要快速並節省成本，但長期以後也有必要創新。

尋求制度也是有效發展鄉村工業過程中的一種重要策略。重要的制度除設定發展目標外， 還包括執行上的責任劃分及良好的溝通系統。鄉村工業化的推動責任機關往往包括政府中的許多部門，如內政部、農業部及工業部或工業局等，其有關各部門中應由一個部門負責協調工作。

要建立良好的溝通系統，不僅要注意中央的相關各部門間要有良好的協調與溝通，也應注意中央與地方間原有良好的協調與溝通。上層政府機構有必要對下層機構提供專家、給予協助及服務。而上層爲下層提供協助與服務時也要顧及地方的需求。在基層的政府也應注意提供機會，引發地方民衆參與發展，有效的制度也要有足夠數量及品質的專門人員參與管理。

三 臺灣鄉村工業化的變遷趨勢

臺灣鄉村設立工廠的歷史由來已久，自日據時代就在鄉村地區設置許多重要的農產加工及許多手工藝工廠，重要者有製糖工廠、鳳梨工廠，及各種食用油壓榨工廠等。但是政府較有計畫地在鄉村地區開闢工業區發展工業則是1968年以後。本節綜合自戰後臺灣鄉村工業化的重要變遷性質，歸納成數點並將之分析如下:

1.鄉村工業區及工廠數量變多

自從1968年政府開始著手開闢工業區以來，鄉村工業區及工廠數量顯著增多。不但絕對數量增多， 其相對數量也增多。從 1968 年至1981年的十餘年間,臺灣共已開發了六十二個工業區，用地共有8,891公頃，其中只有十個工業區坐落在五大都市內，其餘五十二個都分散在鄉村或都市郊區的縣分。其中有三十二個是道地分布在十二個鄉村的縣分中，占所有工業區的一半，用地占33.8%。至1981年時在開發中及計畫開發的工業區，分布在鄉村縣分者所占比率更高。當時開發中的工業區共有十八個，用地共有 6,756公頃，其中分布在鄉村縣分者占十二個 (66.7%)，用地 5,748公頃 (85.1%)。又當時正計畫開發的工業區尚有五十八個，其中有四十六個或79.3%將分布在鄉村縣分，由是可見在臺灣工業發展的歷史路程中，未來工業將逐漸分散到鄉村，故鄉村中的工業不僅絕對數量是將逐漸增多，所占的比率也將逐漸提高。這種變遷趨勢主要是因爲在都市及附近都會地區的縣分可用的土地數量已很有限，無法提供工業用地，故當工業繼續發展時必然要往鄉村地區分散。

表〈一〉 臺灣工業區往鄉村分布的趨勢，1981年

	地點	已設立		開發中		將開發	
		數量	%	數量	%	數量	%
工業區	合計	62	100	18	100	58	100
	12個鄉村縣分	30	48.4	12	66.7	46	79.3
	4個都會縣	22	35.5	6	33.3	12	20.7
	5個大都市	10	16.1	0	0	0	0
		公頃	%	公頃	%	公頃	%
土地面積	合計	8,891	100	6,756	100	6,095	100
	12個鄉村縣分	3,009	33.8	5,748	85.1	5,201	85.3
	4個都會縣	3,034	34.1	1,008	14.9	894	14.7
	5個大都市	2,848	32.0	0	0	0	0
每個工業區平均面積	合計	143.4	—	375.3	—	105.1	—
	12個鄉村縣分	100.3	—	479.0	—	113.1	—
	4個都會縣	137.9	—	168.0	—	74.5	—
	5個大都市	284.8	—	—	—	—	—

資料來源：工業局，《臺灣工業區的開發》，民國七十年十月，頁1～2。

表〈二〉 民國六十九年至七十五年間鄉村縣分工廠數量的變遷及其都會縣分工廠變遷的比較

鄉村縣分				都會區縣分				五大都市			
縣別	69年	76年	指數	縣別	69年	75年	指數	市別	69年	76年	指數
合計	20,996	27,292	129.9	合計	23,921	42,674	178.4	合計	13,548	11,639	85.9
宜蘭	1,195	1,237	103.5	臺北縣	9,858	20,813	211.1	臺北	3,548	3,318	93.5
新竹縣(市)	2,210	3,420	154.7	桃園縣	4,390	7,321	166.8	基隆	511	435	85.1
苗栗	1,664	2,381	143.6	臺中縣	6,721	11,299	168.1	臺中	3,644	2,105	57.8
新化	6,355	7,244	114.0	高雄縣	2,952	3,241	109.8	臺南	3,511	3,673	104.6
南投	883	1,152	130.5					高雄	2,254	2,108	93.5
雲林	1,048	1,959	161.1								
嘉義(市)	1,216	2,611	127.5								
臺南	3,318	5,106	153.9								
屏東	1,084	1,074	99.1								
臺東	197	322	163.5								
花蓮	770	660	85.7								
澎湖	56	118	210.7								

資料來源：《臺灣省統計年報》，民國七十年及七十七年版。
《臺北市統計年報》，民國七十年及七十七年版。
《高雄市統計年報》，民國七十七年版。

2.工廠資本及生產規模變大

雖然鄉村工廠中規模爲中小型者爲數不少，但許多新設立工廠的規模都相對較大。原來許多小型工廠也經由增加設備、資本及員工而擴大資本及生產規模。鄉村工廠規模變大的重要原因與臺灣工業趨向更高的發展水準有關，主要是受制於商品趨於國際性的影響。當產品銷售的範圍及競爭性加大時，必須在生產效率及品質上求改進，迫使許多原來規模較小，設備技術較爲落後的工廠不得不加以更新並擴大規模。

3.工廠用地規模變小

由於土地因素越來越受限制，鄉村工廠的用地規模乃呈變小的趨勢。依照民國五十六年的工商業調查資料，全臺灣平均每個工廠的廠地面積爲 2,335.75平方公尺，每工廠的建築物面積爲 752.09平方公尺，至民國七十年時，每工廠平均廠地面積減爲 129.59 平方公尺，而建築物面積則減爲 752.09 平方公尺。

4.工廠動力機械化

鄉村工業的另一重要變遷是不少原來以手工及勞力生產的工業變爲機械化。變遷的主要原因是受動力機械發達的趨勢所影響。機械化也促使生產效率提高，使品質整齊化一，並可節省體力，工作環境與條件也都較爲改善。各種鄉村工業中以食品工業的自動化變遷最爲明顯。過去鄉村不少食品加工業都是使用人工製造，近年來這些手工藝的工業逐漸式微，代之用機械動力作較大量的製造與生產。

5.工廠的種類與結構改變

鄉村工業結構的改變方向與臺灣整個工業發展趨向有關，戰後臺灣的工業的發展曾經步過四個明顯的不同時期，即：(1)最早時爲著重發展代替進口品的時期；(2) 1960年代與至 1970年代爲著重推動生產出口產品的時期；(3)1970年代末期之後爲偏向重工業的時期；(4) 1980 年代初開始爲著重精密工業發展時期。隨著工業發展政策的轉變，分布在鄉村的工廠之生產性質也大致起了類似的發展趨勢。惟在政策著重在發展不同類型工業的期間，受政策重點支持的工業並不一定立即領先其他的工業種類，至今分布在鄉村的後期設置之較精密工業雖有越來越重要的趨勢，但早期設立的較簡易工業存在的數量也還有不少。由是觀之，臺灣鄉村工業的結構有趨於越來越精密，且也越來越分化。

6.管理越來越嚴格

早期政府對鄉村的工業並無太明顯的管理措施，但於鄉村工業區及工廠逐漸增多之後，管理上也逐漸變爲越來越嚴格，趨於較嚴格的管理顯示在廠地使用的管制及環保措施的監視上。在鄉村工業化的初期，工廠大都零星分布，工廠可任意在村落或農田間設置，但到了晚近，幾乎所有新設置的工廠都集中到工業區內。政府規劃工業區，將鄉村工廠集中管理主要是爲能較有效使用土地，一方面藉以保護農業用地不使受工廠分割並被汚染，以便於進行農地重劃並維護與改進農田間的水利系統。另方面也使工廠的汚染處理能較有效，並能較有效發展配合性的公共設施與服務。

7.工業區及工廠的分布更爲擴散

以往鄉村的工業在繼續發展中，位於鄉村的工業區及工廠的數量不斷增加，分布也更爲廣泛分散。在1981年時已設立的工業區共爲六十二處，至1986年時增至七十三處。遍及各縣分，僅澎湖一縣闕如。工業區及工廠變爲更分散於鄉村各地，鄉村居民在工廠兼業或就業的機會因而增多。

8.已開發工業區的使用率隨開發速度及經濟影響的變動而有變化

在過去數十年間鄉村工業區的開發速度有快慢的變化，這期間臺灣的經濟景氣也有好壞的變化，然而工業區的開發速度與經濟景氣曾有不十分配合的時段，約在 1970 年代中葉至最後一年及 1980 年初之間，臺灣出現經濟不景氣現象，已開發的工業區之銷售及設廠的速度緩慢，一度形成工業化進展遲緩。惟在經濟不景氣階段過後，經濟復甦之時，鄉村工業區的設廠率乃隨之升高，鄉村工業化的進展也變成較爲快速。

9.勞力供應難易的變化

臺灣鄉村工業的勞力供應也曾有難易的變遷，一般變化的趨勢是越來越爲困難，主要原因之一是鄉村的人力外移者越來越多，留鄉並可參與工廠生產工作者也越來越少。第二個重要原因是鄉村工業的技術水準普遍有上升的趨勢，非留鄉可以兼工的農民所能勝任，需要往都市吸收較有技術的工人，但都市工人下鄉的意願很低，故鄉村工廠常有工人不足的問題。

四　臺灣鄉村工業化的得失與展望

晚近臺灣地區的工業發展都循政府規劃並開發工業區的方向進行，政策上幾乎不再准許零星工廠的設置，故要檢討鄉村工業化的得失與展望，也必要掌握鄉村工業區的得失與展望爲中心課題。本節首先檢討工業區開發的成功與失敗之處，進而指出改進之道，以作爲今後如何繼續在鄉村地區發展工業的建議。

(一)鄉村工業區所盡到的功能

鄉村工業發展的成功之處與鄉村工業區所盡到的功能息息相關。

要評估鄉村工業區的成敗固可從多種角度着眼，但從檢討是否達成其開發目標應是最重要的評估焦點所在。依照政府所標示的工業區開發的主要目標有四：(1)配合區域經濟的均衡發展；(2)配合興辦工業者需求；(3)提高土地利用價值；(4)減少工業公害。就這四大目標的每一方面看，鄉村工業發展都達成了某些部分，但也都還有未竟全功之處，於此先就其已達成的功能作一綜合說明，之後再進而指出其缺點，或未達成之處。

1.達成部分區域計畫的目標

工業開發的首要目的是要配合區域經濟的均衡發展，而區域經濟平衡發展不但要強調區域之間的平衡，也要著重區域內城市與鄉村間的平衡。工業區的分布已能注意普遍分布於臺灣的四大區域之內，且越來越分散在鄉村地區，故大致說來具有達到第一目標的部分功能。就至七十五年底爲止，分布在各區域及各縣市的已開發及開發中的工業區的數量及面積已列於表〈三〉。

區域計畫的經濟平衡發展可再細分成人口分布的平衡、產業分布及結構的平衡。不但要注意區域之間的平衡，且要注意區域內的都市與鄉村之間的平衡。大致看來，分布在鄉村地區的工業都能產生這種區域經濟平衡的成效。鄉村的工業創造鄉村居民從事農場外工作的機會，因而可以避免鄉村人口外移都市或跨越區域間遷移，根據行政院工業局的統計，至民國七十五年底，臺灣地區共開發 8,551公頃的工業區，容納員工 265,587 人。這些工業區多半分布在鄉村地區，故其員工也多半分布在鄉村地區，其中有者固然由原來居住在鄉村地區的農民兼職或轉職而來，但也必有從都市遷移而來者。事實上，因鄉村工業區所穩住而不必外移的人口應不只工廠的員工，且也包括其家屬，故其可以吸引分布在鄉村的人口應比其可吸引的人力還多，大致約多兩、三倍。

鄉村工業發展增加農民兼業的機會，使其所得提高，因而具有縮短並平衡城鄉之間及農民與非農民之間所得差距的成效。目前雖然農家的所得仍不及非農家所得，但也達70～80%左右。農民所得中大致有三分之二得自非農業部門，其中固有從都市的非農部門的產業工作賺取而來者，但從分布在鄉村中的工業能賺得的工資所占比率也高，如果臺灣的鄉村中缺乏工業發展，則農民的所得水準必然較實際水準為低，其與非農家所得水準的差距必會較大，整個鄉村居民與都市居民間的所得差距也會較大。由是可以看出鄉村工業對於平衡農村與都市的所得差距，因也具有平衡區域內鄉村與都市間經濟差距的作用。

2.配合興辦工業者的需求

臺灣地區土地稀少，價值昂貴，工業發展又極快速，政府對於土地利用的管制也甚嚴格，故工業用地甚為難求。鄉村工業區的開發可提供新工業用地，為工業投資者解決設置廠房用地的需求。此外，為配合工業發展也建設了運輸道路，也供電供水，乃至電訊、郵政金融機構的設施與服務，甚至於也附設醫療、娛樂場所，並興建工業區員工的宿舍，提供工作人員住的場所，也曾為配合員工子弟的需要而建造學校等公共設施，不但能達成工業資本者的需求，而且也能配合工人的需求，比之無計畫無系統的零星設置工廠，較能作有效的配合措施。

鄉村工業區的廠地普遍較廣，比較容易配合工業投資者設置大型工廠的需要。又在工業區內通常也能規劃大小不同的廠房用地，供給大小規模不同工廠的興建。

此外，在工業區內也經常建築一批標準廠房，出售或出租給工業興辦者，以能配合其需要。工業區的開發單位也經常使用分期付款辦

表〈三〉 臺灣各區域及各縣市間的工業區分布，民國七十五年

	合計		北區		中區		南區		東區	
	數量	面積(公頃)	數量	面積	數量	面積	數量	面積	數量	面積
合計	81	15,703	27	4,089	23	6,135	28	5,321	3	158
已開發	73	10,468	24	3,389	21	2,167	25	4,754	3	158
開發中	8	5,235	3	700	2	3,968	3	567	0	0
鄉村地區	71	12,727	25	4,000	20	5,554	23	3,015	3	158
都市地區	10	2,976	2	89	3	581	5	2,306	0	0

資料來源：行政院主計處，《統計年鑑》，中華民國七十五年，頁 466～467。

法出售區域內的土地，便利工業興辦者購用土地，分散其投資負擔，對於促進工業投資發展頗有功效。

3.提高土地的利用價值

許多新開發的工業區原來都爲農田或山坡地，開發前生產價值不高，地價也較便宜，土地被開發成工業區後，地價必然上漲，土地的生產價值也大幅提升。前面曾述及至七十五年底時，臺灣地區共已開發 8,551公頃的工業區，分成八十一處。這些大小不同的工業區共引進 5,968家工廠，投資金額共達 3,000億元，生產價值更多。工業區的開發與使用不僅使區域內的土地價格上漲，也刺激附近土地的價值上升。一般工業區用地的售價是以開發成本再加成數不薄的利潤而計算。但隨著開發及設廠的歷史越久，其土地價值也越增。

4.減少公害

工業區的設計規劃都包括工廠水污染及空氣污染的處理在內，在區域內工廠集中，要進行公害防治也較容易，比之零星分散的工業更具收到公害防治與消除的效果。通常工業區都設有一個大型的污水處理場，淨化區域內各工廠排放的污水，可使工廠排放污水的爲害減輕不少程度。政府在管制工業區內的公害也可經由對廠家的申請計畫書中加以審核，計畫書必須附帶周詳嚴謹的防止公害設施，始可能核准。工業區的設計，往往也按照發展工業污染性程度而分類，如此可以使公害減到最少的程度，例如水污染性高的石化工業，就被分配到河川下游地帶的工業區內設廠，至於水污染及空氣污染性較高的工業，也都被規劃分布在遠離人口密集市鎮的沿海地區發展，目的也在減少工業公害。

(二)鄉村工業區的問題與缺陷

臺灣鄉村工業區的開發雖曾發生如預期的功能， 但若經仔細檢討，也可發現存在著諸多問題與缺陷，致使其目標未能完滿達成。就這些未能使目標完美達成的問題與缺陷舉出並分析如下:

1.配合區域計畫目標上的問題

為能充分發揮平衡區域間經濟平衡的功能，工業區的分布必須平衡分布於各不同的區域之間，甚至有必要多分布於經濟發展較為落後的地區。以臺灣區域計畫下的四個區域的經濟發展狀況而論，北區原是較發達的地區，東區則是最不發達的地區，故工業區的開發若能較側重分布在東區而較少集中於北區，則對於促進區域間平衡發展的功效將較可觀。然而事實上至民國七十五年為止，已開發的工業區，北區雖不偏多，但東區則顯然偏少，在八十一個全部已開發及開發中的工業區中， 僅有三個分布在東區， 用地僅有 158 公頃， 僅占全部15,703公頃用地中的 1%。顯然工業區的開發並未顧及側重發展相對落後的東區，故也無法寄望達到區域間的發展趨於較平衡的理想。從工業區實際開發地點的分布情形看，可說還是本著顧及開發單位的營利目的為重，把配合政府推動中的區域計畫之目標放在其次，甚至不予重視，顯然與其目標不甚一致。

2.配合興辦工業者需求上的問題與缺陷

雖然在前面已說明過，基本上工業區的開發具有顧及配合興辦工業者需求的目標，但根據過去的實際開發過程，卻也存有若干不能符合興辦工業者需求的問題與缺陷，將重要者列舉如下:⑴有些工業區的地點不很適當，例如太偏遠，交通也不便，以致不能吸引興辦者前往投資設廠的興趣;⑵有些工業區設置時間不當，不能與興辦者的需求充分配合；(3)有些工業區的規模大小也不當，其中規模太小者無法有效做好基礎設施及必要的公共服務；(4)缺乏強有力的誘因政策，故難以改變興辦者傾向遠離都市或市郊設廠的興趣。故迄今在偏遠落後的地區，工業的發展終究還是落後；(5)若要配合興辦工業者的興趣，便不能顧及平衡區域經濟的目標，因爲興辦者興趣設廠地點常偏向都市或郊區，也較有興趣偏向北區，因爲在都市或在北區設廠土地增值的可能性較大，故此一目標與平衡區域經濟目標具有衝突性。

3.提高土地利用價值上的問題與缺陷

工業區的開發若能充分利用，應無疑的可使土地利用價值升高，但實際上在臺灣開發鄉村工業區的過程中，曾發生下列數種土地利用價值不能充分發揮的問題與缺陷。有些工業區的開發時間不當，或開發速度過快及地點不當等問題，以致開發之後荒廢甚久，既未能設廠生產，也未能再恢復當爲農田，生產作物，形成土地的浪費。

此外，有些工業區因爲公害防治的設施不足或雖有設置，但興辦者也未能照規定使用。有關政府部門也未能採取有效的管理措施，終究還是會造成污染，傷害附近農田或漁塭的生產，導致農業用地或漁業用地生產力的減退及品質的下降。

4.公害防治上的問題

雖然多半較有規模的鄉村工業區都有公害防治的設施與管理措施，但也另有些工業區因規模太小，或設置時間較早，乃有設計不週的缺陷與問題。也有些工業區雖有公害防治設施，但因管理不嚴，或因經營者存心爲了節省成本而未能依規定實施，以致仍然造成災害，引發不良後果。隨著工業區分布的擴大，水污染及空氣污染的面也越大，以致曾經發生鄉村中受污染的農漁經營者與污染者的工業經營者之間產生衝突的情形，此點不能不說是鄉村工業化的一重要負面成效。

(三)今後鄉村工業發展的展望

今後臺灣地區的工業將會陸續發展，因而也將會不斷設立許多新的工廠。鑑於都市中可用爲工業的土地有限，且因人口也密集；今後政府的政策將不會側重都市的工業發展，新興的工業都將以鄉村地區爲重要的分布地點與出路，故今後臺灣的工業發展將與鄉村的工業發展並肩齊進。

往後國家的組織結構將更複雜，鄉村工業發展與國家的社會、經濟與政治等多方面的關係也將更加複雜，故政府對於有關鄉村工業發展的策略也必要作更周詳的考慮。基本上很必要仍把鄉村工業發展當爲多目標的政策來處理，使其不僅可以促進國家的工業，發展國家的經濟，且也可配合區域計畫及發展鄉村社會的目的。爲能更有效配合區域計畫的目標，今後鄉村工業區的開發，很有必要更多注意達成區域間經濟、社會的平衡發展。在四大區域中北部的發展水準顯然最高，人口產業已甚密集，故今後尤不宜在北區發展工業，東部是顯著落後的地區，故在政策上有必要加強誘因，加速此區的鄉村工業發展，由配合加強基礎設施及公共服務，使能吸引人口內流，如此才能達成區域間平衡發展的理想。

依過去，鄉村工業發展的經驗，曾發生的缺陷與問題仍多，今後要繼續發展時尤應避免重蹈覆轍。雖然鄉村工業發展不是可以解決現階段全國性經濟及社會問題的萬靈藥，但如有較完善的設計及實施，不但可以避免增多問題，且還能積極的減少問題，因而促使臺灣的社會經濟更爲進步。

參考文獻

一、中文部分

1. 經建會，《臺灣地區綜合發展規劃》，民國六十六年。
2. 經建會，《臺灣工業區開發的主要問題》，民國七十年。
3. 工業局，《臺灣地區工業區發展的回顧》，民國六十八年。

二、英文部分

1. Beckman, Martin, 1968, *Location Theory, Random House,* New York.
2. Chapman, Keith and Walker, David, 1987, *Industrial Location, Principle and Policies,* Billing and Sons Ltd., Worcester, England.
3. Chebbi, Vijay K., Abdullah, Ahmad bin, Conti, Ruben M., Mangabat, Arturo O., Morse, Richard and Suparno, 1977, *Initiating Rural Nonfarm Projects: A Working Guide,* East-West Center, Honolulu, Hawaii.
4. Chuta, Enyinna and Sethuraman, S. V. edd, *Rural Small-Scale Industries and Employment in Africa and Asia,* International Labour Office Geneva.
5. Development Center of the Organization for Economic co-operation and Development, 1967.
6. Promotion of Small and Medium-Sized Firms in De-

veloping Countries Through Collective Actions, Paris.

7. Fischer, Wolfram, 1973, "Rural Industrialization and Population Change", in *Comparative in Studies Society and History,* Vol.15, No.2, March, 1973, pp.158~169.
8. Florence, P. Sargant, 1964, *Economics and Sociology of Industry,* C. A. Watis & Co. Ltd., London.
9. Gupta, Devendra B., 1982, *Rural Industry in India, The Experience of the Punjab Region,* Hindustan Publishing Corporation Press, New Delhi, India.
10. Hamilton, F. E. Lan, 1978, *Contemporary Industrialization,* Longman, London, England.
11. Hewings, Geoffrey, 1977, *Regional Industrial Analysis and Development,* St. Martin's Press, New York.
12. Hoselitz, Bert ed., 1952, *The Progress of Underdeveloped Areas,* The University of Chicago Press, Chicago.
13. Hunker, Henry, 1974, *Industrial Development, Concepts and Principles,* Lexington Books, D. C. Health and Company, Lexington, Massachusetts, Toronto, London.
14. Isard, Walter, 1956, *Location and Space-Economy,* The M. I. T. Press, Cambridge, Massachusetts.
15. Isard, Walter, Smith, Tony E., and Isard, Peter, Tung, Tze Hsiung, Dacay, Michael, 1969, *General Theory,* The M. I. T. Press, Cambridge, Massachusetts and London, England.

16. Mandelbaum, K., 1955, *The Industrialization of Backward Areas,* Basil Blackwell, Oxford.

17. Moen, Elizabeth, Boulding, Elise, Lillydahl, Jane and Palm, Risa, 1981, *Women and the Social Costs of Economic Development: Two Colorado Case Studies,* Westview Press/ Boulder, Colorado.

18. Moore, Wilbert E., 1951, *Industrialization and Labor,* Cornell University Press, Ithaca and New York.

19. Moore, Wilbert E. and Feldman, Arnold, ed., 1960, *Labor Commitment and Social Change in Developing Areas,* Social Science Research Council, New York.

20. Organization for Economic Co-Operation and Development, 1983, *Industry in Transition, Experience of the 70s and Prospects for the 80s,* Paris.

21. Peel, Lynnette, 1974, *Rural Industry in the Port Phillip Region, 1983～1880,* Melbourne University Press.

22. Pescatore, Gabriele, 1971, "The Role of Industry in the Development of Rural Areas" in Weitz, Raanan ed., 1971, *Rural Development in A Changing World,* The M. I. T Press, Cambridge, Massachusetts and London, England, pp.104～114.

23. The South African Institute of Race Relations, 1968, *Industrialization and Human Relations.*

24. Staley, Eugene and Morse, Richard, 1965, *Modern Small Industry for Developing Countries,* Mcgraw-Hill

Book Company, New York, London, Sydney, Toronto.

25. Shand, R. T. ed., 1986, *Off-Farm Employment in the Development of Rural Asia,* National Center for Development Studies, Australian National University.

26. Steigenga, Willem, 1955, *Industrialization Emigration, The Consequences of the Demographic Development in the Netherlands,* The Hague Martinus Nijhoff.

27. Stephnek, Josephi E., *Small Industry Advisory,* International Industrial Development Center, Stanford Research Institute.

28. Mukhopadhyay, Swapna and Lim, Chee Peng ed., 1985, *Development and Diversification of Rural Industries,* Asian and Pacific Development Centre.

29. Tsai, Hong-Chin, 1984, Rural Industrialization in Taiwan, *Industry of Free China,* No.5, 6, Vol.61, No.1, Vol. 62, May, June and July, 1984.

30. UNESCO Research Center on Social and Economic Development in Southern Asia, 1962, Social Aspects of Small Industries in India, University Enclave, Delhi, United Nations, 1978, Industrialization and Rural Development, United Nations, New York.

31. Walker, David F. ed., 1980, The Human Dimension in Industrial Development, Department of Geography Publication Series No.16, University of Walterloo.

32. Walker, David F. ed., 1980, *Planning Industrial De-*

velopment, John Wiley & Sons, Chicheste New York, Brisbane, Toronto.

33. Inayatullah ed., 1979, *Approaches to Rural Development: Some Asian Experiences,* Asian and Pacific Development Administration Centre, Kuala Lumpur, Malaysia.
34. Weitz, Raanan ed., *Rural Development in A Changing World,* The M.I.T Press, Cambridge, Massachusetts and London, England.
35. World Bank, 1978, *Rural Enterprise and Nonfarm Employment,* A World Bank Paper, Washington D. C., USA.

叁拾　鄉居工人通勤狀況及對農業生產的貢獻

一　前　　言

臺灣鄉村工業化的現象日趨普遍，與此有關的問題應受到注意並加以研究。本研究所關心並急欲了解的兩個問題因而將之視爲研究之目的者是：(1)被鄉村工業發展所吸收而留鄉的工人有無早晚通勤或經常來往於農家與工廠之間？(2)鄉居工人是否將其部分勞力或賺得的工資等貢獻於農業生產上？如果這兩個問題的答案都是正面的，則鄉村工業發展對農家的農業生產才有好處，對整個國家的農業發展也才有正面的功能，鄉村工業發展也才更值得鼓勵。本文分兩部分來探討上述問題，首先探討鄉村工人通勤及來往於農家及工廠間的情形，進而探討鄉村工廠工人對農家農業經營之貢獻。本文所依據的資料係作者於民國六十八年暑期間訪問五個鄉村工業區內160個工廠主及240名工人得來。這五個樣本鄉村工業區是幼獅、南崗、福興、埤頭及義竹。

二　鄉村工廠工人的通勤狀況

就鄉村工人通勤的情形看，重要的性質有三點：(1)多數人早晚都通勤於住家與工廠之間；(2)通勤時以摩托車及脚踏車爲最重要的交通工具；(3)通勤時間以不超過半小時爲主。就這些性質分別敍述如下:

(一)通勤者所占比例高

影響鄉村工廠工人是否早晚通勤或經常來往於農家與工廠之間的因素很多，其中最重要者有二：其一是工人工作的工廠地點是否與本家住處相近；其二是工人家中是否有務農。

筆者在另文中指出，根據在六十八年時調查一百六十個鄉村工廠的結果，發現在所有樣本工廠中的 9,761 個員工中有半數以上卽 53.93%或 5,264 人住家與工作的工業區屬同鄉鎭。另有 19.18%是住家與工業區屬同縣但不同鄉鎭。又就工廠主所知員工家中是否有務農的情形加以分析，發現其中也有半數以上卽 57.84%或 9,117人中的 5,287人家有務農。由這些資料也可以大略測知，在鄉村工業區內的員工中，家有務農，且住處與工業區相距不遠，因而可能於早晚通勤或經常往來農家與鄉村工廠之間者爲數將不甚少。

本研究特意爲了解鄉村工廠的工人將勞力貢獻於農業上的情形，在所抽選的240個樣本工人中家有務農者所占比例偏高，共占 81.7%或共有 196 人，其中 54.7%或 130 人家中以務農爲主要生計。又在240個樣本工人中，住家地點與工作的工業區屬同鄉鎭者占 45%，屬同縣但不同鄉鎭者占 30%，屬不同縣者僅占 25%。由樣本工人家庭的職業背景及住家與工作地點的距離，也大致可推知其中早晚通勤或經常往來農家與工廠之間的樣本工人所占比率不會太低。經實際訪問 240 個樣本工人是否早晚通勤於住家與工廠之間，得知共有 190人或 79.2%的答案是肯定的。僅有 50人或 20.8%的樣本工人因住家與工

表〈一〉　各工業區樣本工人中通勤者及所使用的交通工具

工業區別／通勤類別	合計		幼獅		南崗		福興		埤頭		義竹	
	人數	%	人數	%	人數	%	人數	%	人數	%	人數	%
住宿舍不通勤	49	20.4	21	31.8	15	23.1	9	22.0	0	0	4	9.1
通勤：乘工廠交通車	26	10.8	10	15.2	9	13.8	3	7.3	0	0	4	9.1
通勤：騎摩托車	100	41.7	23	34.6	30	46.2	20	48.8	15	62.5	12	27.3
通勤：騎脚踏車	39	16.2	2	3.0	5	7.7	8	19.5	6	25.0	18	40.9
通勤：乘客運汽車	15	6.3	7	10.6	3	4.6	1	2.4	0	0	4	9.1
通勤：乘火車	1	0.4	0	0	0	0	0	0	0	0	1	2.3
通勤：步行	9	3.7	2	3.0	3	4.6	0	0	3	12.5	1	2.3
通勤：其他	1	0.4	1	0.4	0	0	0	0	0	0	0	0
合計	240	100	66	100	65	100	41	100	24	100	44	100

表〈二〉 樣本工人通勤單程所花費的時間

	合計		幼獅		南崗		福興		埤頭		義竹	
人數或%	人數	%	人數	%	人數	%	人數	%	人數	%	人數	%
合計	240	100	66	100	65	100	41	100	24	100	44	100
15分以內	115	47.9	21	31.8	27	41.5	22	53.7	17	70.8	28	63.6
16—30分	57	23.8	22	33.3	15	23.1	8	19.5	6	25.0	6	13.6
31—45分	9	3.7	2	3.0	4	6.2	1	2.4	1	4.2	1	2.3
46—60分	7	2.7	0	0	4	6.2	1	2.4	0	0	2	4.5
61—90分	1	0.4	0	0	0	0	0	0	0	0	1	2.3
90分以上	2	0.8	0	0	0	0	0	0	0	0	2	4.5
住宿舍故不必花時間	49	20.4	21	31.8	15	23.1	9	22.0	0	0	4	9.1

廠距離較遠，故不得不住在工廠的宿舍。

(二)通勤工具以摩托車及脚踏車最爲重要

至於通勤的交通工具，按重要順序而列，依次是摩托車、脚踏車、工廠交通車、客運汽車、步行及火車等。這種重要順序在不同工業區之間大同小異，只有在義竹工業區的工人使用脚踏車通勤者反而比使用摩托車通勤者多。此種情形多少反映出此地區工人收入較低，且對交通的觀念也較保守。將各工業區樣本工人通勤的情形及其所使用交通工具的種類列如表〈一〉。

(三)通勤時間大致不超過半小時

就通勤者花費在通勤上的時間來看，多數人的單程通勤時間以不超過半小時爲限，其中大部分的人都不超過15分鐘。可見多半的通勤工人其住家與工廠的距離不遠。將有關通勤者所花費時間的資料列如表〈二〉。

三　留鄉工人對農家農業經營之貢獻

關心農業發展的政府部門及農業專家，對因鄉村工業發展所吸收並留居在鄉的人力，無不寄望其除能貢獻於工業發展之外，也能貢獻於農業發展上。爲追究這種預期是否成眞，本研究乃一方面訪問在鄉村工廠工作的工人是否將部分勞力貢獻於家庭的農業經營上，另方面又查尋這些工人是否也將由工廠賺來的工資所得投入於農業生產上。訪問的結果獲得相當肯定的答案。以下就鄉村工廠工人對穩定農家農業勞動力的貢獻，及對增加農家收入與農業投資能力的貢獻略作分析

與說明:

(一)穩定農家勞動力

鄉村工廠的設置可以穩住部分農家的勞力，使之不致外移，因而能繼續將勞力用於農業經營上。分析此種留鄉人力約有兩種: 一種是被工廠吸收且基本上已成為工廠工人，但仍能於農忙時期或休假之日下田耕種與收穫者; 另一種是鄉村工廠工人的家屬，隨工人留鄉並將全部或部分勞力用於農業經營上者。由本研究之訪問資料得知在前一種人之中，若家中仍有農田者，大多數都常利用工廠休假之日或於到工廠上班前後，親自下田幫忙農事。在 240 個鄉村樣本工人中有 82.2%或 195人家中還有種田，其中有 34.6%或 83人常利用假日親自下田耕種或收割，而另有 18.8%或 45人則常利用上班前及下班後幫忙農事。合併兩者共佔53.4%。這些工人之中多半其住家與工廠距離較近，樣本工人中共約 80% 其住家與工廠距離不遠，故早晚可通勤者。此外，僅有26.2%或63人其家雖有田地但本人卻不過問農事，這些不過問農事的工人大多數是年紀較輕且家中尚有父母務農者。

在82.20%或 195 個家有務農的樣本工人之中，多數人其家中農事的主要負責人都為工人的父母，共占 54.2%或 130人。其次的「主要負責人」依重要順序是留鄉的兄弟姊妹或其他家人，占11.2%或27人。工人本人為家中的農業經營者，僅有 6.3%或15人。委託他人代耕者共 5 %或12人，而僱人幫忙者則共有 4.6%或11人。由這些調查的結果可知，鄉村工人家中的主要農業勞動者是工人的父母，這些勞動者多半是已上了年紀的老人。臺灣農村農業勞動力以老年人為主要的現象由此也可以得見。儘管家有務農的工人中，其本人非為農家農場勞力的主要貢獻者，但在82.2%家有務農的工人中，共有53.4%能利用假日或到工廠上班前或下班後的時間協助家庭經營農業，足見農村工廠所吸收的部分工人，對農業勞動力的供應仍具有可觀的效果。

鄉村工廠的工人下田務農時間的多少，視個人家中土地多少與家人中其他農業勞動者之有無及多少而有差別。就本研究訪問的結果，工人中每月下田幫忙農事的天數大致以不超過 10 天爲限，但也有少數以務農爲主而以務工爲副的工人，則將大多數的工作時間用於農田上。表〈三〉是有關樣本工人每月用於農事時間的分配。

進一步分析調查資料之後還發現部分家有務農的工人中，不但能利用假日從事農業工作，且當家中農事與工廠工作衝突時一向以農事爲主。亦即向工廠請假而返家處理農事，這種工人占樣本工人的26.7%或64人。足見鄉村工廠工人中，視農業經營爲重，將本身勞力優先用於農業者爲數還不少。

(二)增加農家收入及農業投資能力

農村家庭中從事工廠工作的分子可直接從工業部門獲得收入，而這些收入中的一部分常被用於農業生產上。由本調查得知：在各農村工廠工作的 240 個工人中，平均每月賺得的工資以界於 4,000 元至 5,999 元之間，及 6,000 元至 7,999 元之間者最多，分別占總樣本工人的42.1%及27.5%。表〈四〉列舉樣本工人每月工資的分配情形。

進一步分析樣本工人的工資收入占其全家收入的比重，發現所占比率介於20%～39%者相對較多，此外，介於40%～59%及19%以下者也不少。足見每個工人工資收入占全家收入的百分比不低。表〈五〉所示的資料即爲樣本工人工資收入占全家總收入比率的情形。

因爲多數樣本工人的家庭不僅是樣本工人一人在工廠工作而已，故其整個家庭收入中實際由工廠工資得來部分所占的百分比，常比其

表〈三〉 樣本工人每月務農天數

	共計	家有種田者						家無種田者
每月務農天數	—	0 天	5 天以下	6~10 天	11~15天	16~20天	21天以上	—
人數	240	62	89	35	2	1	6	45
%	100	25.8	37.1	14.6	0.8	0.4	2.5	18.8

表〈四〉 樣本工人每月賺取工資的分配

每月收入（元）／人數及%	不滿2,000	2,000~3,999	4,000~5,999	6,000~7,999	8,000~9,999	10,000以上	不詳	合計
人數	2	33	101	66	24	13	1	240
%	0.8	13.7	42.1	27.5	10.0	5.4	0.4	100

表〈五〉 樣本工人工資收入占全家總收入的百分比

所占百分比	100%	80~99%	60~79%	40~59%	20~39%	19%以下	不知道	合計
人數	16	19	21	47	87	40	10	240
%	6.7	7.9	8.8	19.6	36.2	16.7	4.2	100

本人的工資收入所占的百分比高。在 240 個樣本工人中有 133 人或 59.6%家中至少還另有一人在工廠工作。其中有48人（20.0%）家中另有兩人在工廠工作，有21人（18.8%）家中另有三人在工廠工作，而有 8 人家中另有四人以上在工廠工作。隨著工廠工作機會普遍增加，農村家庭的分子在工廠工作的機會也增加，其家庭收入中得自做工的工資者所占的比率也愈來愈高。

農村工廠工人中若家有務農者，則甚可能將其由工廠工作賺來的工資的一部分用為農業生產費用，譬如用為購買農業生產工具、器材或支付農業僱工的工資等。在 195 個家有務農的工人中共有 135 人（69.2%）表示曾用去部分賺來的工資於農業生產費用上，其中有21人表示，其用於農業生產上的費用高至其在工廠工作的工資收入之半數以上。足見鄉村工業的發展不僅能直接改善農家的收入，且也能間接加強農家的農業投資能力。

四　後　語

由本文前面的分析得知，當前在鄉村工廠工作的工人中來自農家者為數不少，經常通勤於農家與工廠之間者為數也不少，可見鄉村工廠的設置確有留住鄉村人力之效。留鄉的工人對農業經營的貢獻是相當可觀的，他們除常利用假日、早晚下田或於農忙時請假協助田裏的農事外，還經常將工資所得用於農業經營費用上。由此可知，鄉村工業發展對農家的農業經營確也有正面的影響效果。

當然鄉村工業發展也可能由相反的方面影響農業發展，譬如會造成汚染以致減少農產，或者因其吸去勞力致使農業勞動力更為缺乏。當農民不易從農業收益中改善其生活及生產環境時，鄉村工業發展正可帶給農村居民增加收入的機會， 因而可以改善農民的農業投資能力，甚受農民歡迎。於是農村工業發展的計畫不僅值得推動工業發展者支持，同時也值得推動農業發展者支持。

今後若從使鄉村工廠的工人也能適合兼農的角度去考慮，則鄉村工廠的設立地點似乎以能分散在廣濶的農村地區內爲宜，如此留在鄉村中的勞力才能便於早晚通勤於農家與工廠之間，並將部分勞力貢獻於農場上。然而目前鄉村工業發展計畫似乎朝向較集中方式的工業區方向， 集中式的鄉村工業區固有不少好處， 但若太集中於少數的幾個地區，則分散在各地鄉村中的勞力若想「亦工亦農」或想「專工兼農」就不十分方便了。故今後若期望農地與農業還有人願去管理與經營，則鄉村工廠的設立地點似乎也應逐漸轉爲配合農村勞力的分布，儘量分散在廣濶的鄉村中，以便吸收並穩住許多本來不得不移往外地謀生的鄉村勞力，使其能在家鄉附近的工廠工作並便於在假日或早晚還能照顧自己的田產。

叁壹　臺灣休閒農業發展的策略

一　把握農村旅遊與休閒發展的需求與資源的供應

近來臺灣島內居民對於休閒旅遊的興趣大爲提升，主要目的在增廣見聞，娛樂身心，也有不少人是藉著旅遊以顯示其社會、經濟地位，炫耀於親友之前者。不少人旅遊的地點不僅遍及島內各地，也遍及世界各大都市與名勝。國民對於農村休閒旅遊興趣的提升，主要受下列各因素的影響：

(1)都市人口增多，對於戶外旅遊及其它活動感到格外可貴並有趣。

(2)經濟發展，所得增高，乃有餘力從事旅遊與休閒消費。

(3)生產效率提高，閒暇時間也增多，故於工作之餘有較多的時間從事休閒旅遊活動。

(4)交通設施與工具便捷，到各地旅遊的可行性大爲提升。

在發展休閒旅遊的過程中，地點的選取一向以名勝風景區及重要都市爲主要目標，包括國內的及國外的。但在晚近都市化提升之後，都市人口增加，經過長期缺乏綠意與接觸自然的都市生活以後，許多都市居民對於農園與農村的休閒旅遊興趣乃大爲提升，只因至目前爲止，農村與農園尚少設計並發展成以休閒旅遊爲目的，唯越來越興起普遍的興趣與狂熱。展望未來，不斷增加中的都市人口對於農村與農園的休閒旅遊的興趣將會有增無減，一旦將農村與農園多加精巧規劃與設計，將甚具有吸引都市人口前往休閒旅遊的潛力。

臺灣土地甚少，且都市以外具有農村與農業色彩的面積也甚爲有限，但也尚有可爲。如能再加精心設計與發展，許多農村與農業地帶將可吸引都市人口樂於前往停留觀賞，也能發揮休閒與娛樂的功能。

不少已甚吸引人前往休閒旅遊的地區，都爲缺乏農業的山地林區或濱海之地，這些休閒旅遊地區多半都已投入巨額的資本與人工，並已染上濃厚的商業氣息。唯迄今尚未普遍開發的農村與農園，或許將可變爲不同於商業色彩濃厚的旅遊區，以另一種風味引人入勝，成爲未來待發展的鄉村娛樂與休閒的重要去處。

二　了解並選擇農村旅遊與休閒的類型

參照國內外過去的發展經驗，農村旅遊與休閒的重要類型約可分成下列重要的幾種加以說明。發展旅遊與休閒事業時應參照這些類型愼重加以選擇。

1.較大規模休閒勝地的類型

此種鄉村旅遊休閒的型態都因具有重要天然美景，再加上人爲力量的投資、設計與開發而成爲著名的休閒旅遊區。美麗風景的資源多半爲山川湖泊或海濱等。除了自然的條件外，再加上人爲精巧設施，包括可供遊客過夜居住享樂的旅館、餐廳、球場等。這類的遊樂地點多半也都具有濃厚的商業色彩。

2.可供過夜農舍或鄉村旅店之類的遊憩場所

此類農村觀光旅遊場所規模較前者爲小， 鄉土風情卻較前者爲足，一般設施都較簡便，卻具有比較寧靜的性質，來自都市的旅客至此種地方過夜，以能充分享受農村和平寧靜的氣氛爲主要目的。

3.設置多種戶外競賽或活動藉以吸引遊客的類型

此類休閒旅遊的重要內涵包括滑雪、滑草、打高爾夫球、游泳、賽帆船、賽車等，以這些項目吸引遊客前來參與活動，至於是否過夜並非重要。

4.非正式性的戶外遊戲

這類休閒活動包括垂釣、野餐、騎馬、寫生、攝影、放風箏、露營、漫步等的遊樂休閒方式。

5.採收水果

這類旅遊休閒的方式相當盛行於都市近郊的農村地區，農民以開放果園給市民消費者自行採拮食用，經由收費或就地出售果實，以維持經營成本。 常見開放供市民採收的果園種類包括蘋果、 梨子、 柑橘、芭樂、楊桃、草莓等，有時也擴及各種蔬菜。

6.打獵遊戲

在地廣人稀的國家，農村地區的旅遊與娛樂型態，也常以提倡打獵方式來發展戶外的休閒遊樂活動，重要的獵物包括各種野生獸類、家畜、鳥類及家禽等。

7.野生動物的觀賞與研究

這種農村地區的戶外旅遊休閒內涵，以觀賞野生物及對野生物的研究爲主要目的。近來臺灣正在發展水鳥觀賞區及紅樹林保護區，供爲遊客前往觀賞及研究之用。

8.品嚐野味的休閒旅遊方式

不少老饕到戶外旅遊休閒時常把品嚐當地野味當爲最主要目的。近來在都市近郊標榜土鷄城，在濱海漁村標榜海鮮，在偏遠山村標榜山產野味，異曲而同工，同樣是以提供新鮮特殊口味的食品以吸引遊客，多數遊客遠道而來，也以獲得品嚐美食飽餐一頓爲主要趣味與目的。

上列中外已形成並經驗過的農村地區旅遊發展模式，均可供爲未來更進一步發展臺灣地區旅遊休閒事業之參考依據。在上列各種休閒模式當中，有些商業氣息過於濃厚，且建設與經營成本也相當龐大，非適合於在本省農村地區由農友們有效配合發展，如第一種重要休閒勝地旅遊業發展模式即是。另有些類型，在某些國家或地區可行，但在臺灣地區就頗有限制，如打獵遊戲方式，在臺灣因爲地小人稠，很難劃出可以不傷人畜的安全獵區，且野生獵物又極稀少，將難有發展的希望。除此而外，其餘每種農村的休閒旅遊型態都有可能在臺灣的農村地區發展起來。

三　排除農村旅遊休閒事業的發展與農業發展的衝突及發揮其互補關係

農村旅遊休閒事業的發展與農業的發展之相互關係是多面性的，具有相當複雜的性質。兩者之間具有相互衝突性，但也有相互輔助性。就兩者不同的相互關係分析說明如下，在發展策略上應儘量排除兩者的衝突並發揮兩者的互補關係。

(一)相互衝突關係

農村旅遊休閒事業的發展與農業發展的重要衝突關係包括三方

面：(1)兩者競用土地及人力資源；(2)旅遊休閒可能破壞農業及其環境；(3)農業發展會破壞農村天然美麗的景觀。

1.旅遊休閒事業與農業競相利用資源

農村旅遊休閒事業的發展需要利用農村的土地及人力資源，而這些資源本來是可用於農業經營與發展的。爲能開發休閒旅遊設施，可能需要動用農地作爲基地，也以農民作爲建設及經營的人力，於是造成農業用地及農業人力的損失。目前臺糖公司計畫將原來部分農場開發成遊樂區，即將直接致使農業生產用地減少。

2.遊客對農業及其環境會造成破壞

衆多遊客到達之地，對於農業及其環境可能造成破壞。依據以往的經驗，重要的破壞狀況有下列情形：(1)休閒農園的開放造成遊客折損果實及果樹的枝葉；(2)遊客踐踏土壤，致使土壤品質變壞；(3)遊客帶來的垃圾對於農田及農民居住的環境造成污染；(4)人多吵雜，也破壞農村寧靜安詳的氣氛；(5)遊客的粗魯無理可能帶給農村產生社會衝突；(6)爲開闢遊樂區或配合性設施可能造成土壤流失，尤以山地的開發更容易引起此種不良後果，終至造成對農業生產的不利。

3.農業發展可能破壞農村天然美麗的景觀

從另一方面看農村休閒旅遊業的發展與農業發展的衝突性，可從農業發展可能破壞農村天然美麗景觀的後果見之。這方面的衝突情形包括各種農田設施的建設會破壞田園的清新調和之美，設立於田園中的農產品加工廠或園藝設施即會產生此種不良的影響。近來臺灣農業發展朝向大規模飼養牛豬及鷄鴨，畜場附近臭氣沖天，尤其是當洪水氾濫之時，污染物極容易流進村落，對於居住衞生造成嚴重的威脅，必然也不利於農村休閒旅遊的發展。此外，普遍使用過量的農藥發展模式，也會對遊客接近田園及作物形成一種阻力。

向來農民經營農業是以謀生營利爲主要目的，講究有利可圖的農業經營方式，並不能處處顧及維護田園的美麗風光，以及井然有序的農舍配置。事實上小農經營的農業發展模式，農家普遍少有能力可以發展休閒遊樂設施。

(二)相互補助性

農村旅遊休閒事業雖與農家的農業發展具有多方面的相互衝突性質，但如果能將兩者配合得宜，也未嘗不可相助相輔。如果農田上能多栽種利潤既高，形狀又美麗的作物，或將農舍整理的既舒適又美觀，就可達成兩者互輔之效果。又若農村旅遊休閒事業的發展也能同時帶給農家良好的經濟收入，必將可增強其農業投資能力，以促進農業之發展。

當今農業發展處於艱困難爲的時期，正是發展農村旅遊與休閒的良好時機，農村旅遊與休閒事業的發展，或可爲臺灣農業與農村的發展帶來轉機，使其成爲另一種成長的模式，使農村與農業經濟不至於衰敗，經過這種新模式的演變與發展而獲得再生的機會。

四 愼重設定臺灣農村旅遊休閒事業的重要發展性格與基本政策

本來旅遊休閒事業是一種重要的企業，若由企業家投資管理會有較可觀的休閒設施以吸引遊客。惟農村旅遊休閒發展計畫的目標，與一般商業氣息濃厚的休閒旅遊事業的目標與用意頗有不同，故發展的策略也應有所不同。此種旅遊休閒事業所異於一般商業營利性色彩濃厚的休閒旅遊事業的特殊性格有下列這些：(1)保持自然的田園風光；

(2)配合農業的發展及農村的繁榮;(3)減低唯利是圖或精於計較紛爭的工商都市生活心態，增進歸返簡樸與純眞的淸高境界。爲能符合這些特殊的發展性格，則適當的發展至少應顧及下列諸策略：(1)顧及資源與環境保護的策略;(2)整合田園及村落美化的策略;(3)發揮農民合作經營以提高效率的策略；(4)配合發展社會教育的策略。就這四項原則或策略再進一步闡述如下:

1.顧及資源與環境保護的策略

農村的遊樂觀光發展將對農村的土地、農業及自然資源加速開發與利用，對於各種農村資源也更容易造成破壞與傷害。然而在臺灣這個人口數量衆多，分布稠密的彈丸土地上，資源的維護卻越形重要，未來農村旅遊業與休閒發展極有必要注意對資源與環境的維護。要能有效保護農村的資源環境，首先要能避免遊客對於遊樂休閒區造成環境汚染，不使對於土壤及植物花草造成損壞，對於有價値的自然景觀也極應加以維護與保存。進一步還應使可供觀賞的資源更加豐富，未來在農村地區尤其必要多種植賞心悅目的樹木花草，藉以保持水土及防風，並添增美麗的風光。栽種美麗的樹木花草以農村道路兩旁及河流兩岸最爲合適。

2.整合田園及村落美化的策略

農村地區要能吸引遊客前往，必須再加美化，而美化的範圍不僅包括田園，也應包括村落及四周的環境等。故開發單位尤應多加整合田園及村落美化的發展途徑。

至於美化田園的重要措施，則應包括推廣栽種既有高價値經濟利潤、外形又美觀的農作物。對於動物性的農場，更應注意維持整齊淸潔與衞生，對村落的建築物也需要作配合性的整修與美化。此外，爲美化農村的環境則更必要作好觀光路線的規劃與建設，包括在觀光道路兩旁有計畫地栽種林木與花草，使人行駛其間，如入美麗公園之境，令人產生流連忘返之感。

3.發揮農民合作以提高效率的策略

有效的農村休閒旅遊發展常需要作較大規模的規劃、籌設與管理，否則如令農民以零星個別的力量努力奮鬥，實很難發生效率。透過發揮農民合作的方式，將可集合農民整體的資源與力量，作較整體的規劃與開發，且於開發利用之後也能發揮合作管理的方式，共同經營。如此發展模式的效果會比農民獨立作戰的方式爲佳，農民也可在合作經營的過程中分享較多的利益，對整個農村造福的程度也會較高。

當前政府部門規劃中的特殊農業區域發展計畫，擬定以二百公頃左右爲獨立經營區域，此項計畫極合農村旅遊休閒發展計畫。也即以約兩百公頃左右的農地，規劃成一個可供農業生產及休閒旅遊的綜合性區域。當然這種綜合農業與休閒旅遊的特殊農業區域，極需要由區域內的農民發揮高度的合作經營方式，才能發生良好的效果。

4.配合發展社會教育的策略

以往偏於商業性的遊樂觀光發展計畫，都缺乏配合發展社會教育的措施，以致所能收到的教育效果之品質極低。時下到外國旅遊的國人當中，不少人都顯露了缺乏社會公德與高尚氣質的丟人現眼的醜態行爲。農村旅遊休閒事業的發展，既含有影響遊客改變心態及氣質的高遠目標，就必須配合社會教育的策略，才能較容易達成這種目標與理想。

要教育或影響遊客，使其能減低唯利是圖或精於計較紛爭的工商生活心態，且能增進歸返簡樸與純眞的鄉土倫理，則在作法上很需要考慮重要的內容及對象，重要的教育內容應包括農業產銷的過程及農村社會文化的性質，而重要的教育對象則除了包括成人外，更應擴及到兒童羣。

五　政府應有的配合性政策措施

經由推動農民發展鄉村休閒旅遊事業，是國土開發利用的一個重要環節，也是農村建設的一個重要項目，極需要政府能以政策性措施加以配合，才能收到立竿見影之效。政府方面必要投入的政策性措施，重要者至少有下列諸點:

1.調整土地利用政策

因爲農村的旅遊休閒建設必要利用到部分土地，其中大部分極可能爲優良的農田，譬如是十等則以內的水田。因此政府對於目前規定十等則以內的水田，不能變更作爲他用的僵硬規定，勢必要加以合理的調整與修正。例如選擇性地准由農民合作開發經營的農村旅遊休閒計畫，經其開發利用，則此項計畫才能較有發展的前途。

2.抵制大資本家的介入，保護小農的合作經營

農村旅遊休閒事業不能視同一般風景區或國際性的休閒旅遊業，任由資本家作大規模的投資與參與，而應以本著保護小農採行合作經營方式的大前提，惟如此才能收到造福農民及造福農業與農村的目的。爲能有效保護小農進行農村旅遊休閒事業的合作經營與發展，政府除從旁提供資金及技術援助外，更應主動投入計畫與行動。在保護小農進行合作經營的過程中，政府尤需要扮演農民合作組織教育者之角色。

3.政府參與發展規劃與行動

農村旅遊休閒事業的發展極需要政府參與計畫與行動，才能有效的發揮整體性的發展功效。在政府體系中，上層的農政機構或經建機關，固應下定政策，發揮輔導功能，且地方性的政府機關，如縣政府或鄉鎮公所等，更應將之當爲地方行政工作或地方建設的計畫方案，正式編入施政計畫及預算之內。而且進而也要負起教育農民及遊客的責任，使其有效推動此一發展計畫。

4.開放部分海防地帶使之納入農村旅遊休閒事業範圍的一部分

海濱的軍事安全管制對於農村旅遊休閒事業有部分限制，故要能有效發展農村旅遊休閒事業，有必要由政府開放軍事管制多年的海岸地區，使海濱的遊樂與農村田園的旅遊連成一線，以增遊客的興趣。

叁貳　休閒農業區的創設與經營特性的開發

當前臺灣地區農業行政單位在推行中的休閒農業區，是本地區農業歷史上的一種創舉，　即使在全世界的農業經營發展史上也誠屬少見。臺灣與世界各國在過去以來甚少見到休閒農業區的經營型態，乃因過去的環境條件不很適宜休閒農業型態的發展。但是今後臺灣的地區所處的時空環境與條件，　卻變為具備了發展休閒農業區的良好時機。其有利於創設休閒農業區的重要因素或條件包括：(1)高度工業化與都市化，致使人們難耐擁擠與煩躁的都市及工廠的工作與生活，而迫切需求綠色戶外空間的休閒活動，休閒農業區乃應運而生；(2)各種農業生產技術進步，單位土地產量大增，不必再斤斤計較將全部農業土地用於生產上，可以擬出部分土地作為經營休閒農業；(3)由於農產品大量由國外進口、農業勞動力流失及農業資材成本提升等因素，致使農地的傳統生產功能難以持續，如果改為發展休閒娛樂為主要功能，反而較有利潤可得；(4)農民也順應社會需求及農業環境的改變，而逐漸增強經營休閒農業的意願與能力；(5)政府農政單位也能從善如流，給予農民施展開發休閒農業的輔導。

由於上述主客觀環境條件的變化，臺灣農民曾於數年前創設了少數的零星休閒農業區，繼而政府的農政部門也約自一年前以來，以政策性作較廣層面的推動與輔導，當為現階段施行的「農業結構調整方案」新措施的一環。這種將農地與農業的主要功能著眼在提供休閒與娛樂功能的政策性措施，是與歷史上一向重視農業的生產功能之傳統相背道而馳的，卻也具備了十足的開創性。

至今在臺灣地區內經由農民自創自設，並已對外提供服務功能且有營業收入的休閒農業區已有多處，唯近來政府的農政單位卻也投入更積極與更具體的計畫，約自七十九年年初開始，將於六年之內共擬開發數十處的休閒農業區。預期這些休閒農業區將可滿足衆多國民（主要爲市民與勞工）的休閒目的與需求。

由於休閒農業是一種創設性的事業，經營的主體農民及輔導的農業行政單位都尙處於摸索階段，兩者並行尋求有效的經營模式與發展途徑，期能邁向成功之路。當前政府的輔導方向是經由宣導，鼓勵農民透過農會等組織，以及鼓勵合作農場等單位提申開發休閒農業區的計畫，繼之經由休閒農業推動小組前赴勘察評估，如決定接受，即由農政單位提供補助，委託規劃機關規劃開發方案，而於規劃定案之後，即進行開發。

對於農民而言，過去一向很習慣於耕種生產及經由銷售產品以獲得收入的行爲。但是發展中的休閒農業的經營方式卻大爲不同。一般先要經過土地相鄰農民的契合與同意，繼而需要投入巨資並進行開發，而後才能吸引遊客，並以收取門票、住宿費以及直銷產品以賺取收入與利潤。這中間的合作、投資、開發，以及接待遊客、處理收入、計算成本及分配盈餘等各種步驟，都屬高度商業化的行爲，對於普通農民而言，都是新鮮的經驗，也是前所未有的挑戰，因此更需要獲得悉心的輔導。而農民本身也需要更加用心經營。

在農政單位輔導農民創設休閒農業區的同時，也允許大農場單位，如臺糖公司、退除役官兵輔導委員會、各級農會及其他農業合作團體等單位劃地參與開發。這種休閒農業區將另成一種型態，這也是創設性休閒農業開發過程中較特別的一環，通常規模較大，資金較足，乃較有可為。

一　休閒農業區的共同特性

綜合農政單位所輔導開發的休閒農業區，都具有若干重要的共同特性，將之定位如下。

1.經營受益主體為農民或農業法人

到目前為止，臺灣地區休閒農業區的經營與主體尚脫離不了自然的或法定的農民，如此則若有經營利益可得，也才能歸屬農民所有。就以已經選定的休閒農業區看，各區的經營者若為自然農民，則鮮為只有一人者，多半包含多數的農民，如由十數位或數十位農民將土地加以合併，藉以擴大經營規模，增進經營效率。如果經營的主體是為農業法人，如農會、臺糖公司、退除役官兵輔導會或合作農場等，則情形較為不同。但卻也寄望由農業法人所開發經營的獲利，也能歸屬或分沾給轄區內的農民。

未來臺灣休閒農業區的開發與經營，是否也會像若干資本主義國家，如美國、澳洲或西歐等國由企業界財團所主持，尚不得而知，主要看農地利用基本政策是否會有大幅度改變而定，但是目前則尚無這種性質的跡象。

2.範圍內土地仍作為農業利用為主

休閒農業區原為農業生產用地，開發為休閒農業區時，部分土地難免需要改變用途，用為增添設施，藉以吸引消費者遊客。但是既為休閒農業區，土地利用型態基本上仍將保持濃厚的農業色彩，用以農業經營爲主，不像一般商業性遊樂區，可變爲完全沒有農業的氣味。當然土地在用爲農業經營的範圍內，不一定要完全維持原來的生產模式，除用作農業生產以外，也可用爲觀賞農產加工、農業教育示範或農業技術改良試驗等。

在開創時期所規劃的休閒農業區內，是否也可以添設足以吸引遊客的非農業性活動設施呢？究竟可以添設何種設施？以及能夠添設多少呢？對這些問題迄今尚未有十分明確的規定，不過考慮遊客的需求與嗜好是多樣性的，對於太單調的休閒農業區不會有太大興趣，因此爲能促使休閒農業區經營成功，准許其增添部分非農業性的活動設施或許有其必要。唯不能讓其喧賓奪主，完全取代休閒農業的趣味與性質，否則休閒農業區的開發意義就喪失了。

3.具有吸引人的景觀與活動

將來不同休閒農業區的景觀情景及活動內容，或許因個別地區的原始條件及經營者的理念不同，而有不同模式的發展。唯都將具備一項共同特性，卽外表的景觀及活動內容都能吸引人，令人置身其中都能感到興奮與舒暢。於是在選擇休閒農業區加以開發時，若能顧及選擇在天然條件上已具備美麗景觀的地方，就較容易成功。

爲使休閒農業區的景觀與活動能夠更吸引人，更令人嚮往，在開發過程中更需要運用巧妙的心思，精於設計，使原來美麗景觀的休閒農業區經過規劃開發以後更能使人著迷。而原來景觀較爲平淡的地區也能變爲令人觀之覺得美麗，引發心曠神怡的效果。至於活動設施與內容的設計，也要能恰到好處，使遊客置身其中能感到享受而不覺得累贅。

爲使休閒農業區的景觀及活動能更吸引人，在規劃時所應用心之處，也頗爲複雜，但若考慮相關的實情，則下列三項重點原則或許是應加以特別注意者。首先應掌握個別休閒農業區的先天優良特質及人文條件而再加發揮，繼而要切合消費者的休閒動機與需求，再次則是開發計畫也要能爲經營者所承擔得起。

4. 良好交通路線與補助系統的配合

休閒農業區經營的成敗最受遊客的有無及多少所決定。而遊客能否及願否前往休閒農業區的首要決定條件是交通路線。此外，其他多種補助系統的條件，如用水、沿路的風景、商業服務，及附近的民風與治安等等生態的、經濟的、社會的及文化等環境性或補助性的因素，也都事關緊要。由此可以推知，比較像樣的休閒農業區，都要有良好的交通路線及其他補助系統爲之配合。

這些補助性的設施或環境條件可能是原已存在者，但也可由休閒農業區的經營單位，或地方政府及農會組織等單位給予支援改善。

二　個別休閒農業區發展特色必要性

個別休閒農業區之間，開發經營的基本理念、目標與方法大同小異，但在相近的理念、目標與方法的前提下，其可以提供給消費者、遊客的消費項目與內容，則有必要強調個別的特色並加發揮。其所以必要具備特色是基於如下所述的幾點重要理由:

1. 因爲不同休閒農業區的環境條件不同，可供開發的潛力也不同

不同休閒農業區先天有利開發的條件殊爲不同，有些以景觀秀麗吸引人，有些則以生產特產而馳名，也有因爲位置適當而取勝，此外，也有因具備特佳服務品質的人和條件，甚至也有因爲附近的補助條件特別優良者。總之，先天條件不同，發展潛力也異。

2. 消費者喜好特殊及新鮮的品味

未來經有計畫開發之後，休閒農業區的數量將會很多，分布也會相當密集，消費者遊客將有較多機會加以擇選。究竟消費者將會如何加以選取呢？則休閒農業區的特色將是重要的考慮變數之一。如果各區間特色的差別越大，同一消費者前往消費的普遍性可能越高，因為若有更多不同特色的消費地可供更換，就能不失其無新鮮感，故會刺激其消費次數增多。反之，如果不同休閒農業區間的性質千篇一律，少有特色，則個別消費者的消費行為可能只選擇代表性者而不普遍去加以嚐試。也因此較容易失去新鮮趣味而降低總消費量。不同的消費者的主要消費嗜好不同，不同特色的休閒農業區分別可以吸引不同偏好的遊客當為基本消費者，藉以穩固其基本的遊客數量。總之，個別休閒農業區各展特色，不僅有助於本身多招徠顧客，也有助於增加遊客在休閒農業區上的總消費量。

3.特殊風格可提升休閒目的與效果

休閒行為的目的是具有多樣性的，除了尋求平靜、舒暢的心情外，也包括獲取創意靈感與找尋懷念、回憶與增多經驗和見聞等。由是可知，不同休閒農業區的外形面貌及提供的活動與服務性質越具有特色，則消費者遊客所能收穫的靈感、創意、經驗、感覺、回憶、滿足等等心理上的滿足與生理上的健康效果，都會較為多面性，較為豐碩，於是休閒目的也較為完滿。

4.經營者的經營能力有其特殊性

不同休閒農業區經營者的條件不一樣，其理念、能力、專長等條件也不同，其能盡的最佳開發與經營功能也不相同，故其能提供的最佳休閒模式也不一樣。若能順應這些開發者與經營者的種種特點，由其提供所能辦到的最具特色也是最為良好的休閒供應與服務，對於消費者大衆，對經營者本人以及對全社會的人，都可達成最佳的影響與後果，也可以使休閒農業區的正面功能發揮到最高點。

5.優良特色是建立信譽的重要法寶

許多商業都靠具有優良特色的商品或服務品質而維持商譽，且以此商譽而維持其生存並發展其前途 。 每個休閒農業區的開發成本不低，經營者對其生存與前途都不能等閒視之，必須全心全力去建立良好的信譽，使遊客與生意能源源而來。而要建立良好的信譽，就必須好好選擇本身的特色並善爲發揮與推廣，使之成爲能與人競爭並取得勝利的重要法寶。沒有特色的休閒農業區常可能是不吸引人的，且較易爲人所遺忘者，也難以和其他有特色的地區競爭，其前途可能會很渺茫。

三　個別休閒農業區經營特色的開發與維護

任何個別事物的特色之建立與發展，往往不是一蹴而幾的，常要經由長時間的苦心經營與培育，並善加維護才能達成之。個別休閒農業區建立特色之事既然這麼重要，發展過後，就應好好愛惜。以下就休閒農業區所能開發的各種經營特色的類型試加說明，供爲經營者努力開發與維護的參考目標。在此也寄望經營者於開發建立各種特色之後能夠善加維護，使其特色的信譽能夠細水長流。

開發一種商品或服務品牌的特色，最需要掌握其最基本的優良條件並再細加琢磨發揮 。 以目前開發中的休閒農業區的基本優良條件看，約可分成幾種不同的重要類型，要發揮特色的要點與方法也應以這些類型爲基礎。

1.以美麗天然景觀吸引人爲特色者

具有這種特色的休閒農業區主要分布在山區的林地，這種地區所要建立的特色，是對這些美麗景觀善加維護並略加修飾，使遊客能夠直接到達每一處優美景觀的地點與角落。故重要的開發策略是善加整理且增種樹木花草，也宜建築富有自然情調的住宿木屋，以及開闢通路及步道。當然開發過程中也應能注意做好水土保持。

2.以優良產品爲特色者

這種地區重要的開發與經營策略，應在於將優良特產品的生產、儲藏、加工與運銷過程等加以趣味化及精緻化，藉以吸引遊客前往參觀並購買。可以吸引遊客前往參觀消費的農業特產區，包括各種花卉園、水果園、草莓園、茶園、鱷魚池及釣魚池等。唯向來這類休閒農業區或觀光農園都因規模狹小，產品單調，故能夠吸引遊客停留的時間都很短暫，消費額也甚有限，這些限制在未來開發的策略上都極待加以改善，可由聯合鄰近農園同時開放觀光，藉以擴大經營規模。

3.以人工大力創造美景爲特色者

有些已開發的休閒農業區，如臺南縣的走馬瀨農場，原是平淡無奇的甘蔗園農場，至今已開發成兼備農、林、漁、畜等綜合色彩的美麗休閒農業區。前後變化的幅度很大，幾乎全靠人工作巨額投資與大幅改造而開發成功。其給予遊客的印象是大手筆的規劃性改造特色。如今消費者都樂於見其改造後的新景觀，並樂於前往休閒消費。

4.提供特種口味餐飲服務爲特色者

近來有些觀光農園是以提供特種口味餐飲服務爲特色以招徠顧客。而所謂特種口味的餐飲無非包括山產、海鮮、土窰鷄、蟋蟀或無農藥蔬菜等。不少都市遊客很樂於假日馳車到鄉村走動一天，順便到這種鄉村農園的餐廳飽餐一頓。

5.以提供民宿供市民享受鄉村寧靜夜晚爲特色者

隨著都市居住環境趨於更加吵雜，尋求寧靜生活的市民乃日漸增多，於是促使休閒農業區的開發計畫中，也含有提供民宿給市民居住一類。這種以提供民宿為特點的休閒農業區，以接近觀光旅遊區者較為常見，鹿谷的開發計畫就屬這種特色者。因其位於溪頭臺大實驗林風景區附近，平時遊客源甚豐，民宿的生意乃會較別地為佳。休閒農業區內所提供的民宿，多半是將已向外移民的農家住宅，改裝而成。就空出的老農舍加以裝修後，讓遊客居住，使其在道地的農村中過夜，得以享受寧靜夜晚的情趣。

6.以提供農業文物展覽為特色者

這種休閒農業區的重要特色是以提供農業之文物展覽品為特色，寓教育於觀賞農業文物展覽品之中，故特別能夠吸引學生與幼童遊客。其在觀賞農業文物展覽品的過程中，甚可接受農業與文化的教育與薰陶效果。

7.以提供綜合性功能為特色者

雖然上述諸種具有特色的休閒農業區都有吸引遊客的潛力，但一般休閒農業區都朝多種特色的計畫目標進行開發，這種多目標的經營內容，多半也較能讓消費者顧客樂於接受並獲得較大的滿足。通常占地大、投資金額越多之地區，綜合經營功能也越易發揮。綜合功能的內容包括有得看、有得玩、有得吃、也有得住等。

8.以親切服務為特色者

休閒農業區的特色既可建立在硬體的實質設施上，但也可建立在軟體的活動節目與服務品質上，其中以提供良好服務品質為特色的休閒農業區，可能是最省本最多利者，也最具發展潛力，值得經營者注意與努力。

四 後 語

休閒農業區係順應臺灣地區社會、經濟變遷的客觀條件，而新開發的一種農業經營型態，至目前開發與經營的經驗尙少，需要各界的關心與協助，包括專家提供發展概念、消費者提供消費心得，以及開發者與經營者虛心去學習與揣摩。其中尤以經營者的努力最與休閒農業事業發展的成效有關。

至於經營者應如何去學習與揣摩呢？想必很需要經由閱讀吸收有關休閒農業的各種理念，也需要常到經營成功的地區多作觀摩，吸取他山之石。此外，經常與消費者交談互動，藉以了解其需求與反應，也是改進經營策略的良好資訊來源。精明優秀的經營者更要能運用自己的心思，設想出良好的經營方法，建立自己的特色與信譽，克服種種困難，使提供的休閒服務品質能讓消費者遊客感到高度的滿意。如是不僅可使個別休閒農業區經營成功，也可爲臺灣新型態的農業經營開創出美好前途。

叁叁 論農村福利政策與措施的推行——一種挑戰性的發展方向

一 緒 言

鑒於農業發展在國家發展及國民生計中的重要性，今後臺灣的農業發展策略，固然仍不能不從生產的技術要素、經濟要素以及教育方面等加以改善，但是改善農村社會福利的政策與措施也是一項非常重要的發展方向。如果政策上對這方面的發展支持不力，則將影響農民留村務農的意願繼續低落，對農業的生產力終會產生不良的影響。今後，爲維持農業的發展與成長，我們的農業發展政策中就不能忽略這一項，因之，今日我們的決策者似乎面對了很大的挑戰去樹立堅強的農村福利政策與措施，而我們各級工作人員似乎也面臨很大的挑戰去推行這類政策及措施。

二 農村福利政策措施的背景因素與理論依據

推行農村福利政策與措施尚有幾點重要的背景因素及理論根據:第一，爲平衡農民與非農民之間的所得及生活差距。由於晚近農業經營成本節節上升， 農產品價格卻很難作等幅度上升， 農民的農業所得嚴重偏低，目前全省農家每人平均所得約爲非農家每人平均所得的60%餘，又其支出水準尙不及臺北市家庭每人平均支出水準的一半。一般農民依賴農業爲生的困難日顯嚴重，因而轉業移動致成田園缺乏充分照料的問題也十分嚴重，成爲農業發展的瓶頸，要能有效克服這一問題且改善農民生活，使其願意留鄉務農，發展農村福利乃是重要途徑。唯今後農民要能有效改善生活程度，尤需要依賴農業外的收入及福利措施爲之彌補。第二，必須承認政策的力量。在劇烈進行的都市化及工業化過程中，農業收入偏低的問題並非由放任經濟政策或制度所形成，也有政治經濟（Political Economy）因素的影響在內，這種問題有必要由政府重新調整政策，加重採用農村福利政策的政治經濟方法來加以修補。第三，基於社會正義的理由。以政策性措施爲農村中無法靠自己的能力改善生活條件的低收入者，乃至殘障之人提供吃、住、醫療等生活上基本需求，使其也能維護做爲一個人的基本尊嚴，是至高無上的正義行爲。第四，由家庭性轉變至社會性福利的必然趨勢。社會劇烈變遷的結果，農村家庭結構普遍發生變化，家庭分子普遍分離，其價值觀念也大有改變，農村家庭的管、敎、養、育及生產等功能頗有「相對」減弱之勢，甚至有頗多失能的情形，極待社會專業性的福利政策與措施來彌補這種功能，以減少社會問題之發生。第五，發展農村福利是促使社會安定的必要做法之一。因爲相對低落的農村生活水準若能因更多的福利措施而獲彌補，鄉村居民及其移往都市的子女都能增加生活的安定感，也能增加對社會、國家及政府的信任感。社會中許多危及衆人安全的偸、搶等犯罪也必可因而減少。第六，積極推行農村福利政策與措施是進步的國家所常努力的目標。我國近來的經濟發展在世界上頗享盛譽，再努力邁向開發國家的發展水準是政府一向努力的目標。在這發展過程中，就不能不同時參照進步國家注重社會福利建設的做法，對一向相對落後的農村地區大力施展福利措施。此項努力當可樹立國家在國際政治社會中的良好形象。

有了上述種種實際上及理論上的理由，今後政府確有必要努力制定並推行農村福利政策及措施。接着而來的重要課題是政府的決策階層及各階層的農村發展工作人員，應如何朝這方面的發展來努力？這問題需要大家費心來商討。今日我們都面臨挑戰去思索這一問題的答案。以下是個人對這問題所提出的一些淺見，供作拋磚引玉之用。

三　如何推行農村福利政策與措施

過去國內曾陸續推行了多項農村福利方案與措施，例如各種農業建設措施、農村基層建設、農民住宅改善方案及農業災害救濟等。唯這些福利措施中並非樣樣都很充分，也有些措施在推行過程中顯出設計不盡良好而極需加以改善者。今後農村社會勢必繼續快速變化，新問題乃會不斷顯現，農村居民的新需要也將會不斷產生，因而農村福利政策與措施勢必需要再不斷革新與加強。今後要使農村福利措施能更有成效，推行單位或許需要考慮遵循如下幾項重要的步驟或原則：

(一)積極尋求更適當的福利政策目標

農村福利措施要能有較可觀的成果，必先有較明確的政策目標作爲依據。廣泛的農村福利政策目標應將生產福利及生活福利的範圍包括在內。就生產福利方面言，重要的政策目標顯然應著重在增進農業經營利潤上。就生活福利方面看，則重要的政策目標照理就應著重在改善農民的各種生活條件上。政府或民間在探討這種目標時，首先極需回顧過去已實施的各種福利措施，加以檢討並參考，將合理有效者給予保留並繼續推行，將無效或不盡合理者加以改進後再採行。參照過去的措施，其中較合理有效且可繼續採行者，譬如災荒時的減免租稅政策或救濟、社區基礎建設、農忙托兒所及家政改善計畫、家庭計畫服務等。需經改善而後考慮推行的項目，譬如稻穀保證價格收購措施一項，若能將收購量酌予提高，並設法將餘糧外銷或經加工後消費，將可改善農家收益，因而可以增進農村福利。此外，爲顧及農村福利的重要性，若干足以妨害農業生產、農民收益及農家生活的種種農業性或非農業性的政策或措施，則都應該考慮放棄或更正。就以目前向外國大量採購農產品的措施一事，已嚴重影響到國內的雜糧及其他項目的生產前途，並危及農民之生產利潤，究竟如何平反？事關農村福利問題至鉅，若能針對這種政策加以修改，對農村福利措施的推行必有正面的效果。

進步的農村福利政策與措施還應不斷注入新的優良目標，在尋求新目標時固可參考工、商、軍、公、教各界的福利措施辦法，也可參考外國先進國家的農民福利措施來加以研擬。前種譬如已片面仿照軍、公、教界辦理福利中心的辦法所辦理的農民福利商店即是，此外，擬推展的農民健康保險也是參照公保而來。後者譬如可考慮參照日本在工業化過程中逐漸採行高農產價格的政策，以補救農民的經濟弱勢。此外，因爲今後因工業化的衝擊，農村環境遭受污損的情形勢必逐漸加重，新農村福利改革措施似乎也很必要加入防治農業環境污染這一項。

(二)由調整稅制籌措經費來推展福利措施

一般福利性的措施需要較充裕的經費與之配合，今後農村福利政策與措施的推廣，只賴往例由地方政府以有限的預算來推行將是不夠的。目前一般屬於較偏遠及較農業性的縣分及鄉鎮，其財政條件都相對較差，其建設能力也因而較差。然而這些地區極待發展的福利措施也都較爲殷切，很必要由政府組織上的較上層財政機關以較大幅度的作法，由調整全國各地區間財稅的收支結構，提供農村地區的行政單位較充足的福利建設經費，如此，農村福利政策措施才能奏見功效。

(三)制定及修訂有關的法令及其他配合措施

各種農村福利措施的推行往往需要政府制定適當的法令或必需的應對措施及辦法爲之支持才能見效，已制定的法規或辦法中若有不合理之處，也需能及時修正才不致成爲妨害的絆腳石，目前農會法中規定只能將盈餘的30%提做福利事業的規定，對有些想擴大福利措施的農會而言就成爲限制性的法令。又如上層行政系統支援基層從事社區建設時，經常要求地方提供相對等配合款的規定，也往往會產生不能如預期的效果，在經濟條件不佳的地區，往往因礙於此項規定而分享不到上級補助的建設經費，類似這種法令或規定似乎都應逐漸加以修訂，使其更爲合理。

若干農村 福利措施的推行 也常要有支援性的 設備 與辦法才能見效，就以遲遲未能展開的農民健康保險爲例，此項措施的推展極需有健全的農村醫療網作爲基礎，然而此種建設至今仍然相當脆弱，看來此種支援性的建設極需先加以改善，而後才能有效推廣全面性的農民健康保險。

四　展望與憂慮

農村福利政策是一種十足可以造福農民與農村的良好政策，也是一種爲穩定農業發展所必須的先決政策。事實上，政府已大致能夠體認這種政策與措施之優良性與可行性，而相繼展開若干福利性的農村建設措施，今後也必然會再繼續推行，終可獲得具體的成果。

然而至目前爲止，由幾種跡象似乎反映出農村福利政策與措施仍然有一些阻力與困難。其一是，有些宣布施行的福利政策，如農民健康保險，推行的速度顯得緩慢；其二是，從若干重要人士的言論中似乎可看出其對「福利」的概念與哲學未能十分贊許；其三是，農民反映的福利需要未必都能有效實現。面對這種跡象，顯然今後政府與民間上上下下的人需要努力之處仍多，除非大衆首先都能同意這種福利措施必須加以推行，而後也都能即刻認眞去推行，否則農村福利的前途將不無可憂之處。

叁肆　重視農民在職訓練

一　在職訓練是什麼

在職訓練有別於職前教育，後者係就職前之準備教育，包括非專業性的及專業性的。前者是指就職工作以後再接受與職業或工作有關之專門訓練而言。職前教育通常以學校教育或補習教育爲主。如爲學校教育，則受教的時間通常較長，一個階段最少也要三兩年，如爲補習教育則爲時可能較短。在職訓練就時間而論，通常比職前教育爲短，理由是因爲受訓者都有工作或職業在身不能離開崗位或職位太久。

農漁會的員工當中，不少人的職前教育爲高農或水產職業學校畢業。也有少數是大專畢業或曾接受其他種類的學校教育者。由於我們社會中少有職業性的補習教育機關，故很少農漁會員工於就職前便先接受了專業補習教育。

至於就職後的在職教育或訓練，機會與種類卻也不少，以推廣人員而論，就有在大學農學院進修一年之計畫，也有暑期研習會，或其他短期性的講習會、研討會或觀摩會等，這些教育機會都可稱爲在職訓練。

二　人人都需要在職訓練

各級農漁會的員工，依其職位的性質可分爲許多不同的類別，也可分爲若干不同的階層。上至總幹事、下至工友，照理都有接受在職訓練的必要。唯按一般的情形，最高層的主管如總幹事及最低層的工友接受在職訓練的情形相對較少，而位居中階層的職員接受在職訓練的情形則相對較爲普遍。因爲最高階層的主管如總幹事者，工作繁忙，其職位之重要性有如機關之總樞紐，故較不適長時間離開崗位去接受在職訓練。又最低層的工友因其工作較屬體力性質而少用腦力，性質較爲單純，故也較少有接受在職訓練之必要。唯中級的工作人員如各股的股長或職員，其工作性質一來相當複雜，且有較大之變動性，故接受在職訓練的必要性及機會相對較大。

三　接受訓練的理由

農漁會員工需要接受在職訓練的重要理由，約有如下數點：(1)職前教育的廣度與深度不足；(2)個人可能變換工作或職務；(3)同一職位的內在及外在環境條件不斷改變；(4)工作期望提升；(5)知識及技術之演進；(6)政府的計畫與安排。就這數個理由再略作說明於下：

1.職前教育的不足

農漁會員工的職前教育程度大致可用其正式學校教育程度來衡量。多數基層農漁會員工的教育程度以高職、高中爲限，其中不少低於高中、高職程度者。由於農漁會是民衆團體，用人任職不像公家機關那樣需經較嚴格的考試及詮敍過程，故任用較低教育程度爲職員者相對較多。一般低教育程度的人其學識能力也較爲狹窄短淺，工作成效可能會受到影響。如要提昇工作效率，只好由加強任職後的教育或訓練著手。

2.變換工作或職務

農漁會機關的工作人員有升遷或變換職位之可能，對新職位所需要的知識與技能事先也有觀摩學習的機會，但此種學習機會通常只是非正式的，效果不見得很好。若能於調整或改變職位之後，有機會再接受較正式性的教育或訓練，對其新職務必定會有較大的助益。

3.內外在環境改變

即使員工的職位不變，其相關的內在及外在環境可能也會因時而變，迫使其負擔的業務內容與性質改變，由是各員工可能面對新業務，其中會有不少新業務是相當艱難者。員工面對這種新環境以其現有的知識與技能常不易應付，因而必要再接受專門教育或訓練。常見同一職位之內在及外在環境改變的情形如：會員對農漁會的服務要求擴充，政府會不斷下達新的農漁業措施或方案，農漁會的設備也不斷增加。這其中特別是有關最後一項，在可預見未來，各農漁會增加電腦設備的可能性甚大。因爲操縱電腦是一項高度專業性的工作，除非各農漁會能隨著電腦之引進而增聘電腦的程式設計師，否則若由現有的職員兼代，則此被指定的職員非先接受電腦使用的訓練不可。

4.工作期望提升

隨著工作時日之增加，工作者本身及其主管與同事對其工作的期望也會提升，希望他能把工作做得更好。這種期望會在員工的心中形成一種需求與壓力，使其覺得有必要再接受更多的教育與訓練，來改進工作的水準與品質。不少機關首長，於有意栽培某個員工之時，往往也會安排他去接受更廣、更深的在職教育與訓練，使其能勝任各方面的工作，以便提昇其職位。

5.知識技能之演進

各種知識與技能日新月異。即使某一方面的專家，若不隨時努力上進，很快就會與新知識脫節而落伍。一般農漁會的工作人員所需要技能與知識的範圍相當廣泛，這些相關知識都日日快速的進步。例如總幹事們最需要各種管理及農業結構變化之知識，推廣人員最需要有關農業新技術及新推廣方法，信用部的工作人員，最需要有關金融知識及有關農民貸款前因後果之資料，供銷工作人員最需要銷售農產品及供應農用品的運銷及合作知識。凡是這些方面的理論概念不斷在進步，其相關的客觀情勢也無時不在變動。農會工作人員若無機會去接受新知，去思考問題，就會脫節與落伍，所做的工作，所辦的事務也不能合乎實際，而不會有效率。

6.政府計畫與安排

政府爲使農漁業發展及農漁村建設更有成效，對各級農漁業工作人員經常安排在職訓練的機會 。 例如安排上層的工作人員赴國外進修，安排農漁會及其他農漁業機關的工作人員，到各大學農學院或水產學院進修，或參加大學及政府機關舉辦的各種講習會及研討會。這些在職進修機會對農漁會機關的工作人員而言，有點被動性，但卻頗能產生增進專業知能及改進工作方法之效果。這種在職訓練也能有效配合政府推展農漁業及農漁村建設措施。對各方面而言，都有其必要性。

四　重要困難及克服之道

各種在職訓練的時間不一，長者有一年甚至更長者。在職教育或訓練的地點常在機關及家鄉之外，有者甚至遠在國外。時間及地點的因素常使部分人員及其機關主管感到困擾。重要的困擾有：(1)受訓員工的業務代理困難；(2)其對家庭事務處理不便等兩項。員工在受訓期間其職務需要有人代理，否則會有不便。對於員工不多且大家都很忙碌的農漁會，找職務代理人尤爲不便，內部的人限於繁重的工作負擔而不易兼代，若要另聘僱用新人代理，則常礙於經費負擔而有困難。有些機關會由受訓人定期返回機關處理業務，這種情形一來使受訓人不能無後顧之憂，而影響受訓效果，另外也因不能隨時處理，而耽誤公務。

第二種困難是受訓人員對家庭事務的處理會有不便。農漁會的員工多半都已成家，且常有兼營家庭副業者，如務農或營商等。長時間離家接受在職訓練，必然影響其對家庭副業的管理以及家庭生活的調適，故也不無困擾之處。

面對前述難以避免的困擾，受訓員工及其機關的主管，都需以極大的毅力及充分的準備來加以克服。首先在心理上要能正視在職訓練的必要性，使這種價值駕乎其他的價值之上，毅然去接受訓練與教育機會。此外，也應按實際情形於接受訓練之前，對於工作崗位上的職務及家庭事務作適當的安排，使不因接受在職訓練而發生紕漏，並在接受訓練的過程中能保持愉快的心情。有此準備，受訓才會有效。

叁伍　臺灣農村生活的現代化目標

一　前　言

本文旨在擬定今後臺灣農村生活的現代化目標 。 這些目標的擬定，係經過分析晚近臺灣農村生活上的種種重要變遷事實，與當前農村生活上所存在的種種問題之後，再考慮農民對農村生活的種種願望及意見作成。農村生活現代化目標的架構概括十餘項重要農村生活的指標。本文逐一列出現代化的目標並略加說明，設計現代化農村生活目標所根據的農民意見資料於民國六十九年初調查而得。

二　農莊大小及分布等型態的現代化目標

現代化的農莊大小及分布等型態並無一定的標準，但鑒於當前臺灣農莊在不同規模及分布型態下卻存有種種不同問題，且農民及農村領袖也持有多種的願望及看法 ，乃將今後農莊在不同大小分布型態下，所需要現代化之目標歸納成爲如下幾點:

1.擴大人口擁擠農莊的建築範圍以減輕人口對住宅的壓力

至今不少農莊的住宅相當擁擠，但四周農地礙於法令規定不易變更爲建築用地，嚴重影響住處環境之改善。今後農莊生活品質現代化的過程中，人口擁擠的問題先要能予解決，而解決的方法則有賴由擴大農莊的建築範圍，以疏減人口之密度。

2.鼓勵小村或散村合併聚合而居

至今不少農村聚落零散分布，建設困難，故其公共設施往往較差。在這類農村地區，現代化的建設目標之一是，鼓勵鄉民儘可能合併聚合而居，以便利建設住處四周之環境，如修築道路、水溝及公共活動場所等。

3.住宅重劃計畫

過去本省農莊的住宅及道路無甚規劃可言，致使其外型往往零亂而無規則，不但有礙觀瞻，也影響實際的生活品質。今後農莊外型的現代化，極應包含住宅及道路之規劃在內。規劃的目標固應顧及整齊美觀，但也應注意不強迫村民之意願，因爲這種重劃措施極可能與部分農民的利益衝突，必須小心協調，不使矯枉過正。當全部重劃有困難時，只要能達部分重劃即可。

4.積極推行公墓公園化

今日農村公墓普遍已很擁擠零亂，很必要給以現代化的整頓。農民中大多數都已贊成公墓公園化的構想，故地方政府對此一計畫應可即刻著手進行推展。具體的做法是將墳墓平面化、規格化，不使個別墳墓占地太多，並成高突難看的形狀。在公墓用地範圍內儘量種植花草樹木，予以美化，且有必要設一骨灰塔，將十年以上舊墳中的靈骨檢出存放於靈塔中，以便空出原墓地供爲重新利用，此一計畫若能早日推展必能及早替鄉村農民解決墓地難求的問題。

三　住宅建築及室內設備的現代化目標

目前農家中住宅條件相當衞生美觀者固然爲數不少，但設備簡陋，衞生不良，美觀欠佳者數目也多。近年來，鄉村居民漸有機會到都市觀摩都市住宅的現代化設備，因此普遍提升改善本身住宅的建築及室內設備之願望，只要經濟能力許可，都能積極實現願望。農村居民住宅及室內設備的現代化，大多以都市新住宅的室內設備爲模式，頗爲講究舒適與方便。綜合當前鄉村居民住宅建築和室內設備之多種問題，及鄉民和鄉村領袖對這方面的多種願望，理想中農村房舍建築及室內設備的現代化目標，也涉及頗爲廣泛之層面。本研究列舉數項較爲重要者，供爲負責改善農宅建築及設備的有關單位參考之用。

1.新建農宅以兩層樓房爲標準型態

未來新建農宅建築若能異於過去的傳統平房型態，改爲二層樓房方式，將可節省用地增加空間，也必爲多數農民樣戶所樂意接受，實應作爲今後新建農宅時之主要依據。爲配合農民之需要，未來設計標準二樓型態的農宅時，也應注意容有足夠的空間，至少應在六十坪左右，以便能供人居屋之外，還可供爲儲藏穀物、農具或飼養家禽家畜等用途。

2.分離住宅與禽畜舍寮

以往農村建築最不衞生的一點，是人的住宅與家禽家畜的舍寮緊密相聯，極不衞生。未來現代化農村住宅的造型極應將人與禽畜舍寮分離，在不致於造成十分不便的範圍內能使兩者分離越遠越好。

3.充實室內的現代化生活設備

農民住宅設備一向相當簡陋，今後若其經濟能力許可，當會儘量改善居住條件。而農民致力改善居住條件時，當以充實現代化設備爲首要目標。重要的現代化設備包括裝設紗門紗窗、裝設冲水廁所、建築冲洗浴室、自來水、沙發椅、電視機、冰箱及瓦斯爐等。

4.設置曬穀場並在房舍四周種植樹木花草以美化環境

現代化農戶爲方便曬乾稻穀及其他農業產品，極需有一自用之曬穀場，故未來現代化農舍建築之設計仍要儘量保留曬穀場地。過去農家在住宅四周種植樹木花草者雖非全無，但並不普遍。現代化農家住宅的建設目標，極應包括在屋前屋後多種植花草樹木，以美化環境。

5.由政府提供經常性的農宅建築及設備改善之補助與貸款資金

上述種種農宅建築及設備的現代化計畫，需有充分的資金爲配合才能實現。今後農家的農業收益的不良情形若長久持續下去，則上述種種現代化之改善工作將無法實現。政府非經常提供充足的資金，供爲補助或貸款之用不可，否則農民的居住環境現代化計畫便無法有效推展。

四　道路交通及其他公共設施的現代化目標

針對前述農村道路及其他公共設施方面所存在的問題與農村居民之願望，今後農村在道路交通及其他公共設施方面的現代化目標，至少應包括如下幾大方面:

1.將農村中的道路儘量舖成柏油路面並加以維護

過去農村有部分道路未能舖成柏油路面，另有一部分雖舖設了柏油路面但未能定期修護，主要原因是地方政府缺乏能力。今後農村道路交通的現代化應以普遍舖設柏油路面爲重要目標，而這種目標要能達成，則極需要中央或省政府予以財力支援。

2.繼續開闢產業道路

臺灣農村需要開闢產業道路的地帶以山區爲最，今後尙有必要借用政府及地方民衆力量繼續多加開闢。政府在參與這種發展過程中除能提供資金之外，也有必要提供人力及技術，譬如運用軍方力量協助地方提供爆破障礙物的人力技術及材料。

3.發動農村民衆自願參與推動地方公共建設並維護建設成果

農村公共建設若能獲得地方民衆之熱烈推動並維護便可更加速成效。今後農村各種公共建設現代化過程中，極應由教育並鼓勵民衆參與，使民衆能較自動自發協助建設並維護建設。

五　農家就業型態現代化之目標

就多數農家過去務農的經驗及於近年來對謀生方面之願望，則未來現代化的農家就業型態應是以兼業農的型態最爲實際。因爲選擇這種就業型態較有可能改善家庭的經濟與生活。農家分子在農業外較可能的就業種類是工廠工作，故這種農人兼工人的就業型態將是未來兼業農的主要就業型態，這種就業型態要能普遍並成功，則有賴政府推動工廠下鄉。

未來另一種現代化之農家就業型態，也許是大規模的企業化專業農型態。然而這種農業型態要能形成並持久，必須農業經營能絕對有利可圖，否則將無人能夠依賴這種專業農爲生，當然也就無人願意朝大規模的專業農發展。事實上，若照目前農戶就業意願加以預測，則未來僅有極少數的農家會選擇專業農的就業型態。

目前政府推行的農場共同經營，委託代耕及委託經營等新農業制度，將有助兼業農或大戶企業性專業農之形成。因爲有一種農戶將因有人代耕或代爲經營而可放心去兼業，而另有一種農戶則因可替人代爲耕作或經營，而可擴大農地面積以便作較大規模的企業化經營。根據種種資料， 我們可以預測未來前一種農戶的數量將會較多， 而後一種的農戶則爲數將會較少，然而後者將是留村務農勞動力的主要來源。未來可能並存的兩類不同就業型態的農家中，第一類是較普通性的一類， 其現代化的主要目標是， 將自己在農業外的工作時間或收入，與在農場經營或操作上的時間及資金作最適當的調配。而後一種企業化專業農戶將是較少的一類，其主要現代化的目標，則是力求以機械操作配合企業化經營，以謀得農業經營的最高利益。

爲使大多數農戶的就業型態能便於朝向兼業型態健全發展，政府極應在農村地區發展工業，創造更多可供農民兼業的機會。又爲使小部分的專業農戶能朝機械化及企業化健全發展，則政府的重要輔導方針應是，輔助農戶購買機械並提高農產價格，使農產經營確實成爲一種有利可圖的產業。

六 農家收入與支出水準及結構的現代化目標

前已分析目前農家收入與支出水準及結構的主要問題有三：(1)收入與支出水準相對偏低；(2)農業收入占總收入的比率越來越少；(3)農家的若干支出項目卻又無法減少。面對這些問題農家幾乎全數都希望能夠提高農業及非農業收入。基於農家在收入支出上所遭遇的問題及其願望，今後政府所應努力的現代化目標顯然至少應包括如下諸點：(1)由提高農產品產地價格或其他保護農民及農業的政策性措施，促使農家的農業收入水準增高；(2)繼續指導農家妥善經營農業以增加農家的農業收益；(3)在農村地帶發展工業或開放農地，供爲建築房屋或設立工廠等非農業用途，藉以增加農家兼業機會，增加非農業收入。(4)由阻止農業用油、用電、用水、肥料、機械及租稅等的上漲，以便抑制農家農業生產成本的不斷上升，使農家的支出不超乎收入水準之上。(5)經由舉辦農村醫療、教育福利等途徑，減輕一向增加中的農家生計支出額。

農家收入與支出水準及結構的現代化要能達成，一方面固需要政府的努力，另方面也需要農家本身的努力。農家本身應現代化的重要目標至少有如下數點：(1)善作計畫及妥爲經營農業以增加農業收入；(2)儘量利用時間從事農業外生產，以增加非農業收入；(3)妥爲控制各項支出水準及減少不當支出項目與數量，不使開支過於浮華不實，以免加重家計負擔。

七 農村社會組織及社會參與的現代化目標

農村社會組織及社會參與的現代化，和其他農家生活指標的現代化相同，一方面固需要政府的輔導，另方面則需要由農村居民特別是農民本身的努力。參照當前各種農村社會組織與參與所存在的問題，以及農民對各種農村社會組織與參與的意見及願望，將各種社會組織與參與的現代化目標及政府、農民雙方面應有的作法，加以列舉並說明如下：

1.改善村里民大會之功能及增進農民參與大會的興趣

在村里民大會上，村民所反映的意見代表農村社會最基層的意見，代表村民與政府的主要通道，理應爲農民所重視。但目前農村居民對於參與村里民大會表示缺乏興趣，主要原因是在大會中所表示的意見未能受到上層機構的重視，因而會中所提的問題也未能獲得有效解決。今後政府要推動農村社會組織及社會參與的現代化，顯然必要從改善村里民大會的功能及增進農民參與大會的興趣做起，實際上應有的做法是，重視農村居民在村里民大會中所反映的意見，並以其意見做爲施政的重要目標。

2.振作或增設適合農民興趣與需要的社會組織

過去農村中雖經由政府努力或由自然發展而設有多種的社會組織，但近年來不少社會組織卻因人口外流而功能式微，致使留鄉的農民覺得社會組織活動相當貧乏，有重新振作舊有組織及增設新組織的必要。依留鄉農民的意見，對農業性、福利性、教育性、醫護性或娛樂性的組織相對較有興趣。今後政府的內政或農村發展推動部門，顯然應以促進農村中這類社會組織之活動爲努力目標，使鄉居的農民能由多參與社會組織，而獲得較充分並有益處的社會生活。

3.現存的各種社會組織應能改善領導力及服務農民之功能

農村社會中，現存的多種社會組織關係農村居民的福利至鉅，如鄉鎮農會及公所等。雖然不少這類組織的領導者之資格及領導功能尚爲農民滿意，但其中資格欠佳，也未能爲農民及其他鄉村居民謀福利者爲數也不少，極待改善。這類組織中若爲政府組織系統之一部分者，政府本身便極應從內部改善做起，若爲民衆團體者，政府便應從旁輔導其改善。

4.緩和農村內部的社會衝突

不少農村地區的內部因政治選舉或其他原因，導致許多社會衝突，乃至影響社會發展與建設的效率，在這類農村地區，社會組織現代化的目標應以緩和社會衝突爲要項。然而化解社會衝突的良好方法並不容易獲得，極待政府及居民深思反省形成的原因，並極力加以避免。

八　社會福利的現代化目標

爲能有效解決目前農村社會福利所存在的種種問題，也爲能切實滿足農村居民對社會福利措施的種種願望，今後農村社會福利現代化的重要措施可從如下兩大方面說明：

1.基本精神的現代化

政府有關機構對農村社會福利，首先應在精神上建立幾點重要的現代化概念，這些概念包括：(1)農村社會、經濟福利措施應爲今後重要內政工作事項，因爲過去這項福利措施相對較爲脆弱，也因晚近農村社會、經濟發展相對較爲落後之故；(2)政府推行這類福利性措施時，不能以被動塞責態度處之，而應以較爲主動，較爲切實且較大手筆的態度處理。因爲代表農民之心聲通常較爲脆弱，政府不能等到有足夠的社會壓力才實施農村福利，應當在即使農村居民不強烈要求時，政府亦應能像照顧殘障嬰兒般加以體恤並實行；(3)認識農民福利事業的發展是最能平衡國家發展及符合民主公平精神的一項措施。因爲這種福利事業不是一種錦上添花性的表現，而是一種雪中送炭的作爲。

2.具體做法的現代化目標

政府在推動農村社會福利時，應努力研究並展開新福利項目，並應時時改進已實施的福利事項，農村社會福利才能稱爲現代化。目前能妥切符合農民需要，並能有助解決農村問題的農村社會、經濟福利項目計有：辦理福利商店、設立農村衞生室或醫療巡廻所、辦理農民健康保險、設置託兒所或老人院、協助農民更新並改善住宅，以及提高糧價增加農民收益等。

就農民的立場言，有關農民福利事業現代化的重要作法，時時思考需要何種福利及所需要的適當理由，之後將需要與理由清楚有力的表達出來。此外，也應儘量由尋找內部資源以滿足福利需求，減少對外界之依賴性。

九　風俗習慣與信仰的現代化目標

當前農村中，不良的風俗習慣與信仰仍有不少，極應改進並現代化，若以改進現存較有問題的風俗習慣及信仰，當爲現代化的重要目標，則重要的目標可被列舉如下：

1.拜拜花費應儘量樸實從簡

農村地區拜拜時宴請賓客的消耗幾近浪費，爲不少家庭感到是一種沉重負擔，顯然必要加以改善並現代化，現代化的準繩應以虔誠樸實不超越經濟能力負擔的極限爲原則。

2.簡化婚喪禮節

目前農村中不少人家辦理婚禮及喪禮時，常因礙於傳統習俗而過分浮華，未能妥爲節制，以致不勝負荷，也極需要現代化。現代化的婚喪禮節也有必要以較爲樸實節儉爲目標，以儉樸代替浮華，以嚴肅代替誇張，以革新代替陋習。

3.徹底根除偷竊與賭博等不良習慣

目前在不少農村中偶而也出現偸竊及賭博的不良習慣，這種不良的習慣極應加以根除，才能使農村社會朝向現代化，這方面的現代化極應由村民及治安單位共同努力，才能達成。

4.去除製造汚染之不良行爲

目前有些村民的衞生習慣仍不甚佳，如亂丢動物屍體於河中，亂拋髒物於路旁、水溝中，或是亂吐檳榔汁於公共場所等，這些不良的髒亂習慣到處製造污染，在現代化過程中極應加以革除。

十　衞生需求及醫療保健的現代化目標

歷年來臺灣的衞生醫療保健設施雖然進步很多，但在農村地區進步的速度相對較爲緩慢，至今仍存在多種問題，譬如鄉鎮衞生所的醫療設備及人員都不充足，村中密醫流行，缺乏農民健康保險制度，以及部分農民有病經常醫治不起。這些問題的存在反應出極需要較大幅度的改進並現代化。具體而言，鄉村醫療及保健設施的現代化目標可分如下數點說明:

1.充實公立醫療機關的設備及人員

未來農村地區的公立醫療機關如衞生院 、衞生所及衞生室等機關，有必要多負責照顧低收入農民的醫療保健事務。爲能充分負起這種責任，這些機關首先應能充實設備及人員。這種充實的工作應由中央衞生主管機關負責協助。

2.在缺乏醫療機關的農村地區應增設公私立醫療機構

目前在本省若干農村地區，公私醫療機關都付之闕如，今後現代化的重要目標之一是，增設各種公私立醫療機構。按農民之經驗及希求，在這種地區所迫切需要設置的醫療機關，按主治類別而分依次是內科、外科及小兒科等。爲能有效鼓勵夠資格的醫護人員下鄉爲農民服務，政府需要建立鼓勵優秀醫護人員下鄉的制度，例如由提高下鄉工作的津貼，實行輪調或將下鄉服務當爲獲得醫護證書的必要條件之一等。

3.加強農民衞生教育

農民對衞生健康知識的多少關係其保健的程度甚鉅，目前不少農民的衞生健康知識尙不夠充分，故加強教育其衞生知識乃極有必要，未來農村醫療保健現代化目標中極需包括此一項目標。

4.快速實現農民健康保險制度

農民健康保險制度若能實現，農民的疾病必能受到較好的照顧，故辦理農民健康保險也應爲農村醫療健康保健現代化的目標之一。

十一　娛樂的現代化目標

近年來農村娛樂活動的內容改變了不少，有變好的一面，也有變差的一面。針對近年來農村娛樂問題及農民之願望，今後農村娛樂現代化的重要目標有如下數端:

1.提倡正當娛樂設施及活動

因爲當前農村娛樂方面所存在的問題之一是，正當的娛樂設施與活動缺乏，故今後若能適當的發展，必能促使農村娛樂更爲現代化。

2.消除不正當的娛樂

存在於農村中之若干不當娛樂雖能產生娛樂效用，但不良的後遺症也大，這些不良娛樂有待糾正並消除，消除的辦法除以法律禁止外，更應以發展正當娛樂予以代替。

3.增加農民經濟條件使其較有能力滿足正當娛樂願望

今日不少農民在娛樂上所面對的一項重要問題，是經濟能力不足以有效滿足娛樂願望。譬如不少農民期望能出國觀光或購買彩色電視機等，但其經濟能力卻不爲所許，故發展農民經濟能力乃成爲農民娛樂現代化之必備條件。經由改善此一必備條件而後順著正當的娛樂願望獲求滿足，此乃最實際的娛樂現代化目標之一。

十二　教育現代化的目標

農村教育現代化目標可分成數方面，將之說明如下：

1.提高農民子女的正式教育水準

儘管正式的學校教育不無弊端，但接受正規的學校教育畢竟是提升教育水準之要道，農村教育的現代化目標中，實不能忽略提高農民子女的正式教育水準一項。依照多數農民的願望，子女的現代化教育程度至少都須達到大專水準。

2.建立使農民子女享有減免學費的教育制度

農民在經濟發展過程中犧牲了經濟利益，爲國家社會的安全盡了貢獻，卻常無能力提供子女的教育費用，故未來現代化的農村發展教育過程中，由建立使農民子女享有減免學費的制度，不但可以直接加速農民教育的現代化，間接也可促進社會國家發展的平衡化。

3.興辦農村技術學校教育及農民推廣教育

對多數農家而言，讓其子女就近進入技術性的專科學校，從中接受技藝教育乃是一大願望。故未來農村教育現代化過程中，有一項重要的目標，即是在農村地區興辦技術性的專科學校。

因爲不少農民也希望能有再接受成人教育的機會，故在鄉村中多興辦農民推廣教育，也是頗爲實際的農村教育現代化的另一重要目標。

4.改善農村地區中小學的設備與師資

近年來由於農村人口及資金嚴重外流，鄉村中部分學校失修，極待改善，又因爲鄉村地區的各級學校較難羅致優良師資，影響學校教育的品質甚鉅，故今後鄉村學校的現代化目標中，也很有必要增加羅致優良師資一項。

十三　生活改善的現代化目標

現代化的農村生活應時時帶有改善的觀念，而生活改善的現代化應先樹立目標。從農家的立場言，重要的目標至少有如下諸點:

1.樹立生活改善的願望

農家生活要能有效改善，農家本身須先樹立改善生活的願望，才會進而去實現願望，農民改善生活的願望越強，實際改善的幅度往往也越大，生活現代化的速率因而也可能越大。農民現代化且健康的生活改善願望，卻不應太不實際，否則會因不能實現而徒增苦惱，或因強要實現不實際的目標而不擇手段。

2.多方面開發改善生活的資源

未來農村生活改善的重要資源是農業經營收入，然而近年來農業經營少有利潤可得，單只依賴農業經營的收入常不易達到生活改善的目的，故應朝多方向目標開發生活改善的資源。農業外的生活改善資源無非是由從事工商文教等的收入，或來自政府所提供的福利。

3.妥善的消費

同樣的收入不同的用法可能會顯出不同的生活水準與品質。妥善消費實是達到生活改善的重要途徑，故也應被視爲生活現代化的一項重要目標。至於如何妥善消費，重要的原則至少應包括：(1)量入爲出；(2)依實際需要而安排消費的順序及數量；(3)少作反效果之消費等。農家若能依照這些原則而消費，當有助其生活的改善及現代化。

4.攝取精神生活資源並避免精神上的困擾

生活改善的內容除了充實物質資源外，尙也含有提昇精神境界的涵義。現代化的生活改善也應顧及精神生活改善，而要達到精神生活改善的目標，概略的說有積極及消極兩大類，前者是指多攝取可以充實精神生活的資源，而後者則指儘量避免會致使精神困擾的因素。

十四　後　　語

瞭解農村生活改善上所應樹立的現代化目標之後，政府各部門若以推展農村生活改善爲要務，便可順應這些目標給予有效的輔導或協助，如此農村生活改善的現代化便可快速進行。

滄海叢刊書目㈠

國學類

中國學術思想史論叢㈠～㈧	錢　穆　著
現代中國學術論衡	錢　穆　著
兩漢經學今古文平議	錢　穆　著
宋代理學三書隨劄	錢　穆　著

哲學類

國父道德言論類輯	陳立夫　著
文化哲學講錄㈠～㈤	鄔昆如　著
哲學與思想	王曉波　著
內心悅樂之源泉	吳經熊　著
知識、理性與生命	孫寶琛　著
語言哲學	劉福增　著
哲學演講錄	吳　怡　著
後設倫理學之基本問題	黃慧英　著
日本近代哲學思想史	江日新　譯
比較哲學與文化㈠㈡	吳　森　著
從西方哲學到禪佛教——哲學與宗教一集	傅偉勳　著
批判的繼承與創造的發展——哲學與宗教二集	傅偉勳　著
「文化中國」與中國文化——哲學與宗教三集	傅偉勳　著
從創造的詮釋學到大乘佛學——哲學與宗教四集	傅偉勳　著
中國哲學與懷德海	東海大學哲學研究所主編
人生十論	錢　穆　著
湖上閒思錄	錢　穆　著
晚學盲言(上)(下)	錢　穆　著
愛的哲學	蘇昌美　著
是與非	張身華　譯
邁向未來的哲學思考	項退結　著
逍遙的莊子	吳　怡　著
莊子新注（內篇）	陳冠學　著
莊子的生命哲學	葉海煙　著
墨子的哲學方法	鍾友聯　著

韓非子析論	謝雲飛 著
韓非子的哲學	王邦雄 著
法家哲學	姚蒸民 著
中國法家哲學	王讚源 著
二程學管見	張永儁 著
王陽明——中國十六世紀的唯心主義哲學家	張君勱原著、江日新中譯
王船山人性史哲學之研究	林安梧 著
西洋百位哲學家	鄔昆如 著
西洋哲學十二講	鄔昆如 著
希臘哲學趣談	鄔昆如 著
中世哲學趣談	鄔昆如 著
近代哲學趣談	鄔昆如 著
現代哲學趣談	鄔昆如 著
現代哲學述評(一)	傅佩榮編譯
中國十九世紀思想史(上)(下)	韋政通 著
存有・意識與實踐——熊十力《新唯識論》之詮釋與重建	林安梧 著
先秦諸子論叢	康端正 著
先秦諸子論叢(續編)	康端正 著
周易與儒道墨	張立文 著
孔學漫談	余家菊 著
中國近代哲學思想的展開	張立文 著

宗敎類

天人之際	李杏邨 著
佛學研究	周中一 著
佛學思想新論	楊惠南 著
現代佛學原理	鄭金德 著
絕對與圓融——佛教思想論集	霍韜晦 著
佛學研究指南	關世謙 譯
當代學人談佛教	楊惠南編著
從傳統到現代——佛教倫理與現代社會	傅偉勳主編
簡明佛學概論	于凌波 著
修多羅頌歌	陳慧劍 著
禪話	周中一 著

自然科學類

異時空裡的知識追求 ——科學史與科學哲學論文集	傅大為 著

社會科學類

中國古代游藝史 ——樂舞百戲與社會生活之研究	李建民 著
憲法論叢	鄭彥棻 著
憲法論衡	荊知仁 著
國家論	薩孟武 譯
中國歷代政治得失	錢 穆 著
先秦政治思想史	梁啓超原著、賈馥茗標點
當代中國與民主	周陽山 著
釣魚政治學	鄭赤琰 著
政治與文化	吳俊才 著
中國現代軍事史	劉 馥著、梅寅生 譯
世界局勢與中國文化	錢 穆 著
海峽兩岸社會之比較	蔡文輝 著
印度文化十八篇	糜文開 著
美國的公民教育	陳光輝 譯
美國社會與美國華僑	蔡文輝 著
文化與教育	錢 穆 著
開放社會的教育	葉學志 著
經營力的時代	青野豐作著、白龍芽 譯
大衆傳播的挑戰	石永貴 著
傳播研究補白	彭家發 著
「時代」的經驗	汪琪、彭家發 著
書法心理學	高尚仁 著
清代科舉	劉兆璸 著
排外與中國政治	廖光生 著
中國文化路向問題的新檢討	勞思光 著
立足臺灣，關懷大陸	韋政通 著
開放的多元化社會	楊國樞 著
臺灣人口與社會發展	李文朗 著
日本社會的結構	福武直原著、王世雄 譯

財經文存	王作榮　著
財經時論	楊道淮　著

史地類

古史地理論叢	錢　穆　著
歷史與文化論叢	錢　穆　著
中國史學發微	錢　穆　著
中國歷史研究法	錢　穆　著
中國歷史精神	錢　穆　著
憂患與史學	杜維運　著
與西方史家論中國史學	杜維運　著
清代史學與史家	杜維運　著
中西古代史學比較	杜維運　著
歷史與人物	吳相湘　著
共產國際與中國革命	郭恒鈺　著
抗日戰史論集	劉鳳翰　著
盧溝橋事變	李雲漢　著
歷史講演集	張玉法　著
老臺灣	陳冠學　著
臺灣史與臺灣人	王曉波　著
變調的馬賽曲	蔡百銓　譯
黃　帝	錢　穆　著
孔子傳	錢　穆　著
宋儒風範	董金裕　著
增訂弘一大師年譜	林子青　著
精忠岳飛傳	李　安　著
唐玄奘三藏傳史彙編	釋光中　編
一顆永不殞落的巨星	釋光中　著
新亞遺鐸	錢　穆　著
困勉強狷八十年	陶百川　著
我的創造・倡建與服務	陳立夫　著
我生之旅	方　治　著

語文類

文學與音律	謝雲飛　著
中國文字學	潘重規　著

中國聲韻學	潘重規、陳紹棠　著
詩經研讀指導	裴普賢　著
莊子及其文學	黃錦鋐　著
離騷九歌九章淺釋	繆天華　著
陶淵明評論	李辰冬　著
鍾嶸詩歌美學	羅立乾　著
杜甫作品繫年	李辰冬　著
唐宋詩詞選——詩選之部	巴壺天　編
唐宋詩詞選——詞選之部	巴壺天　編
清眞詞研究	王支洪　著
苕華詞與人間詞話述評	王宗樂　著
元曲六大家	應裕康、王忠林　著
四說論叢	羅　盤　著
紅樓夢的文學價值	羅德湛　著
紅樓夢與中華文化	周汝昌　著
紅樓夢研究	王關仕　著
中國文學論叢	錢　穆　著
牛李黨爭與唐代文學	傅錫壬　著
迦陵談詩二集	葉嘉瑩　著
西洋兒童文學史	葉詠琍　著
一九八四	Georgf Orwell原著、劉紹銘　譯
文學原理	趙滋蕃　著
文學新論	李辰冬　著
分析文學	陳啓佑　著
解讀現代、後現代——文化空間與生活空間的思索	葉維廉　著
中西文學關係研究	王潤華　著
魯迅小說新論	王潤華　著
比較文學的墾拓在臺灣	古添洪、陳慧樺主編
從比較神話到文學	古添洪、陳慧樺主編
神話即文學	陳炳良等譯
現代文學評論	亞　菁　著
現代散文新風貌	楊昌年　著
現代散文欣賞	鄭明娳　著
實用文纂	姜超嶽　著
增訂江皋集	吳俊升　著

孟武自選文集	薩孟武 著
藍天白雲集	梁容若 著
野草詞	韋瀚章 著
野草詞總集	韋瀚章 著
李韶歌詞集	李韶 著
石頭的研究	戴天 著
留不住的航渡	葉維廉 著
三十年詩	葉維廉 著
寫作是藝術	張秀亞 著
讀書與生活	琦君 著
文開隨筆	糜文開 著
印度文學歷代名著選(上)(下)	糜文開 編著
城市筆記	也斯 著
歐羅巴的蘆笛	葉維廉 著
移向成熟的年齡——1987～1992詩	葉維廉 著
一個中國的海	葉維廉 著
尋索：藝術與人生	葉維廉 著
山外有山	李英豪 著
知識之劍	陳鼎環 著
還鄉夢的幻滅	賴景瑚 著
葫蘆·再見	鄭明娳 著
大地之歌	大地詩社 編
往日旋律	幼柏 著
鼓瑟集	幼柏 著
耕心散文集	耕心 著
女兵自傳	謝冰瑩 著
抗戰日記	謝冰瑩 著
給青年朋友的信(上)(下)	謝冰瑩 著
冰瑩書柬	謝冰瑩 著
我在日本	謝冰瑩 著
大漢心聲	張起鈞 著
人生小語㈠～㈣	何秀煌 著
記憶裏有一個小窗	何秀煌 著
回首叫雲飛起	羊令野 著
康莊有待	向陽 著
湍流偶拾	繆天華 著

文學之旅	蕭傳文 著
文學邊緣	周玉山 著
文學徘徊	周玉山 著
種子落地	葉海煙 著
向未來交卷	葉海煙 著
不拿耳朵當眼睛	王讚源 著
古厝懷思	張文貫 著
材與不材之間	王邦雄 著

美術類

音樂人生	黃友棣 著
樂圃長春	黃友棣 著
樂苑春回	黃友棣 著
樂風泱泱	黃友棣 著
樂境花開	黃友棣 著
音樂伴我遊	趙琴 著
談音論樂	林聲翕 著
戲劇編寫法	方寸 著
戲劇藝術之發展及其原理	趙如琳譯著
與當代藝術家的對話	葉維廉 著
藝術的興味	吳道文 著
根源之美	莊申 著
扇子與中國文化	莊申 著
水彩技巧與創作	劉其偉 著
繪畫隨筆	陳景容 著
素描的技法	陳景容 著
建築鋼屋架結構設計	王萬雄 著
建築基本畫	陳榮美、楊麗黛 著
中國的建築藝術	張紹載 著
室內環境設計	李琬琬 著
雕塑技法	何恆雄 著
生命的倒影	侯淑姿 著
文物之美——與專業攝影技術	林傑人 著